国土空间功能“双评价”及分区优化研究

the Function Partition and Optimization of Territorial Space Pattern Based on the Integration of “Double Evaluation”

王璐瑶◎著

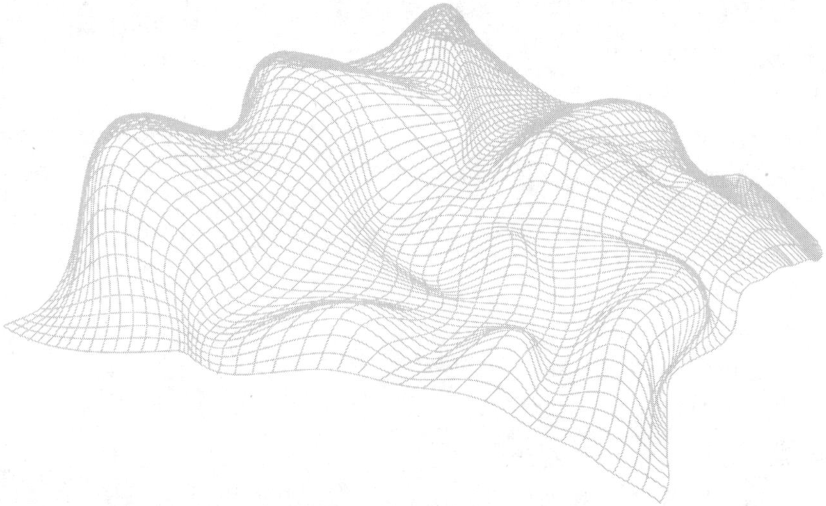

中国经济出版社
CHINA ECONOMIC PUBLISHING HOUSE
·北京·

图书在版编目（CIP）数据

国土空间功能"双评价"及分区优化研究 / 王璐瑶著. --北京：中国经济出版社，2022.12（2023.2 重印）
ISBN 978-7-5136-7160-6

Ⅰ. ①国… Ⅱ. ①王… Ⅲ. ①国土规划-研究-中国 Ⅳ. ①F129.9

中国版本图书馆 CIP 数据核字（2022）第 222426 号

责任编辑　牛慧珍
责任印制　马小宾
封面设计　任燕飞

出版发行　中国经济出版社
印 刷 者　北京富泰印刷有限责任公司
经 销 者　各地新华书店
开　　本　710mm×1000mm　1/16
印　　张　15
彩　　插　0.5
字　　数　200 千字
版　　次　2022 年 12 月第 1 版
印　　次　2023 年 2 月第 2 次
定　　价　88.00 元
广告经营许可证　京西工商广字第 8179 号

中国经济出版社 **网址** www.economyph.com **社址** 北京市东城区安定门外大街 58 号 **邮编** 100011

本版图书如存在印装质量问题，请与本社销售中心联系调换（联系电话：010-57512564）

PREFACE 前言

国土是生态文明建设的载体，国土空间是社会经济发展的载体。国土空间资源与生态环境是人类赖以生存且永续发展的基石。改革开放以来，伴随着中国工业化和城镇化进程的快速推进，我国在经济、社会领域取得巨大发展成就的同时，国土空间利用格局的不平衡及功能失调的问题也越来越严峻。党的十八大报告明确提出要“大力推进生态文明建设，提高生态文明水平”。党的十九大报告将生态文明建设和生态环境保护提升至新高度，树立起生态文明建设新的里程碑。生态文明建设承载着“美丽中国”愿景，是“五位一体”总体布局的重要内容，是建设人类共有生态系统命运共同体的“中国方案”。

国土空间规划是国土空间发展的指南和可持续发展的计划蓝图，将绿色发展理念贯穿国土空间开发保护新格局是时代发展的新要求。资源环境承载力评价和国土空间开发适宜性评价（简称“双评价”）是国土空间规划编制工作的基础。近年来，国家相继出台了一系列资源环境承载力评价和国土空间开发适宜性评价规程，就“双评价”的适用范围、评价目标、评价原则和工作流程等进行框架式规定，极大地推动了我国的国土空间开发利用可持续发展及相关理论和实践研究，对我国的国土功能空间用地的资源合理配置和向好发展起到了决定性的作用。然而，在现有的国土功能空间评价及实践中，仍普遍存在着只考虑资源环境承载力或开发适宜性等单一评价及研究的地域尺度性问题。未来长时间内经济社会发展与生态环境保护之间的冲突仍将继续存在，如何实现国土空间开发利用保护与经济社会发展、生态文明建设的融合共生仍然是亟须破解的难题。

“双评价”是以摸清国土自然资源禀赋和生态环境本底、厘清国土资源开发利用与生态环境保护之间的冲突以及定位区域国土空间开发适宜方向等为主要内容，在尊重自然与社会和谐共生的基本前提下科学布局生产空间、生活空间、生态空间（简称“三生空间”），涉及土地、农业、环境、城建、地矿、水利等诸多领域的一项复杂系统工程。在逻辑内容、评价指标、方法模型等方面，“双评价”均有值得研究与探讨的空间。基于“双评价”的国土空间功能分区优化工作的科学研究和实践探索是本书编写的初衷。

本书考虑我国国土资源管理形势与需求的现实背景，在系统认知和研究综述的基础上形成理论支撑，并引入案例研究作为实证补充，分环境背景、理论框架、对象界定、体系梳理、尺度衡量、方法搭建、案例介绍七个部分展开对国土空间功能“双评价”及分区优化的研究。在理论上，本书以国土空间视角为切入点，梳理涉及的国土空间相关概念和主要支撑理论，界定国土空间资源与环境要素，归纳现行的国土规划分类体系，衡量国土空间“双评价”尺度。在方法上，本书划分国土空间功能分类体系，构建国土空间功能“双评价”及分区优化的概念模型和核心方法，并选择县域单元作为研究案例。县域作为城镇开发的基本单元，遵循生态优先、农业生产优于城镇开发、城镇开发建立在生态保护和生产发展基础上的规则。本书尝试探索县域国土空间功能“双评价”及分区优化方案。

本书是在作者博士论文的基础上进一步修改完善而成的，在编写过程中结合了国家国土规划指南和相关文件的要求，参考和借鉴了国内外诸多同行和专家的研究成果。本书也得到了师长、同门及相关单位的帮助，在此一并表示衷心的感谢！

限于作者理论水平和实践经验不足，书中难免存在疏漏，不当之处敬请专家和广大读者批评指正。

CONTENTS 目录

第 3 章 对象界定：自然资源与环境特征

第4章 体系梳理：国土功能空间分类体系框架

第5章 尺度衡量：保障国土空间规划的精准落地

第 1 章

环境背景：可持续发展与国土空间变革

1.1　可持续发展的全球化背景

1.1.1　资源环境约束加剧

地球上供人类消耗的资源是有限的。随着全球人口爆炸性增长、工业革命剧烈变革和科学技术的不断进步，人类发展与资源供给能力、环境人口容量和环境承载能力之间的矛盾日益凸显，资源短缺和生态破坏已经成为世界各国发展道路上难以回避的问题。随意开发、不计成本地过度消耗资源并向自然环境排放污染物，生态环境严重破坏，灾害性环境事件频频发生（Ward & Dubos，1972）。以卡逊《寂静的春天》为代表的经典著作和以“增长的极限”项目为代表的科学研究相继提出“人类若持续按照传统的开发利用方式消耗资源，地球生态系统将不堪重负，资源枯竭危机加剧，导致环境污染和生态灾难”。在此共识下，无论是政府组织还是学界个人，都深刻认识到可持续发展应当成为全球人类文明发展的必然路径。1972 年斯德哥尔摩人类环境会议明确了人类发展与自然环境之间的密切关系，明确提出“可持续发展”这一国际性概念。此后，2000 年联合国千年首脑会议、2012 年联合国可持续发展大会、2015 年联合国可持续发展峰会的相继召开，为解决人类发展基本问题提供了目标明确的行动纲领，有力推动了可持续发展理念的落地实施。

我国作为世界上最大的发展中国家和联合国常任理事国，有着庞大的人口基数。21 世纪的前 15 年间我国在消除贫困与饥饿、普及初等教育、促进性别平等、保障妇幼健康、防控疾病、保护环境等方面取得了巨大进展，千年发展目标成绩显著，但在自然资源等方面仍面临着严峻的形势。我国的自然资源总量丰富但人均资源量少，资源分布不均，长期以来沿用粗放型发展模式，使得自然资源利用率偏低且浪费严重，最直观的表征是：改革开放以来中国工业化和城镇化进程的快速推进过程中自然资源供需矛盾日益突出。国家统计局数据显示，全国人口从 1978 年的 9.63 亿增长到 2018 年的 13.95 亿，常住人口城镇化率由 1978 年的 17.9%提高到 2018 年的 59.58%，不断增长的人口和需求使得大规模持续性开发建设活动成为满足快速城镇化的主要途径，也促使人地关系、城乡格局及国土空间开发利用格局剧烈演变（樊杰，2007；刘芳等，2016）。同时，也衍生出不可回避的国土空间利用格局的不平衡及功能失调的问题，如城镇用地空间无序扩张、农业空间和生态空间不断受到挤压，农业空间面临重构、生态空间脆弱性加剧等（孟宝、邓伟和彭立，2019）。国土空间格局决定了开发利用的资源环境要素组合效率，在新型城镇化和生态文明建设的战略背景下，如何更好地调整资源配置，全面摸清国土空间家底，促进国土空间有序、适度和可持续开发利用，优化国土空间开发利用方式，是国土空间分区优化着重考虑的重大方向，也是本研究着力突破的实践点。

1.1.2 生态文明建设理念实施的实践支撑

生态文明建设承载着“美丽中国”愿景，是“五位一体”总体布局的重要内容，是建设人类共有生态系统命运共同体的“中国方案”。如何处理社会经济发展和环境保护的关系是生态文明建设必须解决的根本问题。党的十八大报告明确提出要“大力推进生态文明建设，提高生态文明水平”。党的十九大报告将生态文明建设确定为“中华民族永续发展的千年大计”，强调“必须树立和践行绿水青山就是金山银山的理念”，把生态文明建设和生态环境保护提升至新高度，树立起生态文明建设新的里程碑。《国民经济和社会发展第十四个五年规划和 2035 年远景目标纲要》[①] 中指出，“坚持绿水青山就是金山银山理念，坚持尊重自然、顺应自然、保护自然，坚持节约优先、保护优先、自然恢复为主，实施可持续发展战略，完善生态文明领域统筹协调机制，构建生态文明”。我国全面进入实施生态环境分区管控的新时期。

快速城市化背景下国土空间利用强度日益增大，各类国土空间利用冲突加剧。国土空间“双评价”由资源环境承载力评价和国土空间开发适宜性评价两部分构成，资源环境承载能力评价实质上是对自然资源和生态环境本底的客观评价，国土空间开发适宜性评价着重对资源保护和开发利用关系、人地关系进行分析和判断。“双评价”工作的最终出口是要落实在用地的适宜性分区、开发限制分类和风险警示分级上，能客观地认知现状资源环境的优势和短板，发现未来发展的潜力并对现有规划成果进行校正，是探索国土空间资源环境可持续发展能力的必然选择，优化国土空间资源配置，力图解决快速城市化带来的一系列国土空间问题，从而实现空间一体化和有序性发展，提高国土空间的整体竞争力，并保留国土空间的多样性、特色性等特征。现有的“双评价”技术指南和国土空间规划编制尚未形成最终的行业标准，因此，探讨基于“双评价”的国土空间功能分区优化是国土空间资源优化配置的核心内容，也是当前国土空间规划编制工作的前提和基础，为构建“全域、全要素、全过程、全维度”国土空间管控体系提供支撑。

---

① 中央人民政府门户网站．中华人民共和国国民经济和社会发展第十四个五年规划和 2035 年远景目标纲要［EB/OL］. http：//www. gov. cn/xinwen/2021-03/13/content_ 5592681. htm.

1.2 国土空间变革的现实需求

1.2.1 传统空间规划弊端掣肘社会经济发展

20世纪80年代，随着市场经济和分工化合作的推进，经济全球化和区域一体化加速推进，使得贸易自由化和区域经济合作不断深化，极大促进了资源要素的流动。中国处于亚太经济核心区，具有得天独厚的地缘优势，能够为我国构建开放的国土空间新格局提供良好的外部环境。中国自身处于大发展大变革大调整的转型时期，经济发展进入新常态，社会转型步伐加快，内生动力明显增强，生态文明建设日益推进。人类的发展最终均要依托于国土空间，因此要对国土空间进行合理的开发利用保护，也必然对国土空间分区优化提出相应需求。

改革开放以来，我国的空间规划取得积极成效，但体制方面还存在一些弊端，如重开发轻保护的传统倾向，各类规划自成体系、缺乏衔接、内容冲突等，不同规划对同一指标的目标差距较大，同一块用地在不同规划中的属性、管控措施不一，严重掣肘着社会经济发展（张京祥和夏天慈，2019）。在此背景下，探索国土空间规划新理论新方法，已经摆上各级政府的议事日程。受到我国幅员辽阔、地形复杂多样、各地经济水平迥异等条件的限制，当前国土空间分区主题重叠，分区尺度存在差异，实施过程难以衔接，国土空间功能评价、分区与优化研究滞后于现实决策需求。如何综合考虑资源环境承载能力、开发适应能力和发展潜力，减少规划内耗，是建立完备的"多规合一"国土空间规划体系、提升空间管控能力的重要手段。

国土空间功能"双评价"通过确定国土空间开发约束与适宜性，服务于国土空间功能格局优化。国土空间功能分区优化是建立在对国土空间内涵及国土空间现状格局以及国土空间存在问题认识基础之上的，需对国土空间有全面的认知。因此，以“双评价”为抓手开展国土空间功能综合评价并提出国土空间功能分区及优化方案，有助于全面摸清国土空间“家底”，系统剖析国土空间现状问题，确定不同国土空间功能分区土地利用功能主导限制类型，有针对性地进行国土空间功能分区优化，提高国土空间利用效率，缓解空间结构性矛盾，推动国土空间统筹均衡发展，优化国土开发格局、规范空间秩序，达到国土空间持续高效利用和资源优化配置，有利于决策者在可持续发展框架下做出更加科学合理的决策方针，为国土空间规划编制提供参考依据。

1.2.2　机构改革为国土空间变革提供新的契机

改革开放以来，随着中国经济社会的快速发展，在地方竞争模式、“GDP 至上”背景下，过度开发、无序开发和生态环境破坏的现象屡见不鲜。各类空间规划和相应管控机制也各不相同，如土地利用规划要保护耕地尤其是基本农田，城乡规划要遏制城市粗放用地和无序蔓延，主体功能区规划要控制开发强度和管控开发行为等。当前我国的国土空间面临诸多问题，如“规划打架”“千规一面”“空间事权冲突”“事权划分不清”“规划约束力不足”等，由此产生中央和地方关系职能和规划冲突。中国的国土空间规划也被认为是在中央与地方关系的制度安排和地方竞争模式下的产物（宣晓伟，2019）。

2018 年《深化党和国家机构改革方案》[①] 和《国务院机构改革方案》[②] 相继出台，组建自然资源部，“为统一行使所有国土空间用途管制和生态保护修复职责，着力解决自然资源所有者不到位、空间规划重叠等问

① 中央人民政府门户网站．中共中央印发《深化党和国家机构改革方案［EB/OL］．http：//www. gov. cn/zhengce/2018-03/21/content_ 5276191. htm#1.

② 中央人民政府门户网站．国务院机构改革方案［EB/OL］．http：//www. gov. cn/xinwen/2018-03/17/content_ 5275116. htm.

题”，整合国土资源部、国家发展和改革委员会、住房和城乡建设部等职责，建立空间规划体系并监督实施。本次机构改革加强了各职能部门的横向整合，明确了自然资源部建立、监督和实施空间规划体系的职责。

构建完善的空间规划体系，提高空间治理能力，是我国治理体系和治理能力现代化的重要组成部分。由于不同层级面临的空间规划问题、空间管控重点和方式都存在明显的差异，所以要根据空间规划的层级性制定各级政府空间事权清单，履行相应的空间管控职责，从而实现“中央办大事、地方办小事”。自然资源部的成立，推动了空间规划领域的相关变革，是目前构建完善空间规划体系的必然举措，有力地推动了中央集中统一领导与地方机构自主权的有机结合。

1.2.3 国土空间差别化管理的现实要求

国土空间功能分区与优化是国土空间规范管理的必然要求，受到我国政府的重视和关注。2011 年，国务院实施的《全国主体功能区规划》[①] 依据国土空间差异化特点走人口、经济、资源环境协调发展的道路，指导全国性国土空间开发。2012 年 11 月，党的十八大报告明确要优化国土空间开发保护格局，并提出“生产空间集约高效、生活空间宜居适度、生态空间山清水秀”的发展目标。2017 年相继出台《省级空间规划试点方案》[②] 和《全国国土规划纲要（2016—2030 年）》[③]，明确要求以主体功能区规划为基础，坚持国土开发与资源环境承载能力相匹配、与人口资源环境相均衡，划定城镇、农业、生态三类空间开发管制界限。《国土资源

① 中央人民政府门户网站．国务院关于印发全国主体功能区规划的通知［EB/OL］. http：//www. gov. cn/zwgk/2011-06/08/content_ 1879180. htm.

② 中央人民政府门户网站．中共中央办公厅　国务院办公厅印发《省级空间规划试点方案》［EB/OL］. http：//www. gov. cn/zhengce/2017-01/09/content_ 5158211. htm.

③ 中央人民政府门户网站．国务院关于印发全国国土规划纲要（2016—2030 年）的通知［EB/OL］. http：//www. gov. cn/zhengce/content/2017-02/04/content_ 5165309. htm.

“十三五”规划纲要》[①] 的颁布，标志着国土空间战略性、综合性、基础性顶层设计正式出现。2018 年 5 月，习近平总书记在北京全国生态环境保护大会上重申对优化国土空间开发布局的重视，加快形成节约资源和保护环境的空间格局、产业结构、生产方式、生活方式等。党的十九届三中全会进一步强调“国土空间开发保护制度，强化国土空间规划对各专项规划的指导约束作用”。2019 年 5 月 23 日，《中共中央　国务院关于建立国土空间规划体系并监督实施的若干意见》[②] 的发布标志着国土空间规划体系顶层设计和“四梁八柱”基本形成，国土空间规划系列工作全面展开。2019 年 5 月 28 日，《自然资源部关于全面开展国土空间规划工作的通知》[③] 要求全面启动国土空间规划编制审批和实施管理工作。2020 年 1 月 17 日，自然资源部制定的《省级国土空间规划编制指南》（试行）[④] 对于全国各省国土空间规划编制工作具有重要的指导意义。党的十九届五中全会决议明确提出要优化国土空间布局的要求。一系列政策文件的出台为国土空间开发利用提供了战略性指导，标志着国土开发利用将以实现城镇、农业、生态空间协调发展为目标，国土空间开发格局的构建应以确保生态安全为基础。

国土空间功能分区优化应根据执行和实施主体的不同，表现在国家、省、市、县和乡等不同尺度。不同空间尺度下都存在着不尽协调的矛盾，表现在人和自然、生产和生活活动等方面。同样，各级国土规划决策者追求目标的差异性也决定了国土空间开发利用及管理措施的差异。国家尺度

---

① 中华人民共和国自然资源部网站．国土资源部关于印发《国土资源“十三五”规划纲要》的通知［EB/OL］. http：//www. mnr. gov. cn/gk/ghjh/201811/t20181101_ 2324898. html.

② 中央人民政府门户网站．中共中央　国务院关于建立国土空间规划体系并监督实施的若干意见［EB/OL］. http：//www. gov. cn/zhengce/2019-05/23/content_ 5394187. htm.

③ 中华人民共和国自然资源部网站．自然资源部关于全面开展国土空间规划工作的通知［EB/OL］. http：//gi. mnr. gov. cn/201905/t20190530_ 2439129. html.

④ 中华人民共和国自然资源部网站．自然资源部办公厅关于印发《省级国土空间规划编制指南》（试行）的通知［EB/OL］. http：//gi. mnr. gov. cn/202001/t20200120_ 2498397. html.

的分区优化应全局安排，保证全国国土安全，多侧重战略性；省级尺度的分区优化应落实国家规划并具有承上启下的控制作用，侧重协调性；市级尺度的分区优化应细化落实底线划定、资源的安排配置和突出重点区域，侧重实施性；县级尺度的分区优化应在落实上级分区优化的要求的基础上重点突出空间结构布局和激发乡村发展活力，侧重实施性；乡级尺度的分区优化要确切安排具体地块的用途和各类空间要素整合，侧重实施性等。因此，要针对不同的尺度单元有所侧重地进行国土空间功能分区优化。

同时，为了实现国土空间整体综合效益的最大化，只有“宜水则水、宜山则山，宜粮则粮、宜农则农，宜工则工、宜商则商”，充分发挥各区域的比较优势，兼顾自然地理要素和空间发展要素的“双评价”，能够全面认知区域的自然地理特征和发展格局演变规律，在倒逼开发类空间转型优化的同时，给保护类空间以强有力的保障，是适应国土空间高质量发展要求的必然选择。

第 2 章

理论框架：系统认知和研究综述

2.1　概念内涵

2.1.1　国土空间

国土空间综合了两个概念：国土和空间（林坚、刘松雪和刘诗毅，2018；林坚等，2019）。国土（Territory）从广义上指一个国家主权管辖范围内的全部陆地、领海及大陆架，不仅包括地面和水面，还包括上空和地下；从狭义上指一个国家主权管辖的土地（胡序威，1982）。空间（Space）具有长宽高特征，是物质存在的一种客观形式，而不同的学科概念理解也各不相同。单从地理学角度来说，空间指地球及表面的一部分，即为地理空间，根据研究对象与目的分为社会、经济、文化、生活、景观和感知6种类型，具有要素属性、尺度属性、主体属性、过程属性以及结构属性5种属性（胡长慧，2019）。《全国主体功能区规划》[①] 中明确提出国土空间（Territorial Space）是国家主权及主权权利管辖范围内的地域空间，包括陆地、陆上水域、内水、领海、领空等，是国民生存的场所和环境，强调了国土的区域属性。随着经济体制的转型，在生态文明体制改革背景下推出了开发、整治、保护三位一体的《全国国土规划纲要（2016—2030）》，强调对国土资源保护的落实。

---

① 中央人民政府门户网站．国务院关于印发全国主体功能区规划的通知［EB/OL］. http：//www. gov. cn/zwgk/2011-06/08/content_ 1879180. htm.

当前，对国土空间内涵的理解尚未达成共识。肖金成和刘保奎（2013）认为，国土空间是“区域”在国家尺度上的叫法，又相比于一般区域呈现出更强的行政属性并需要中央政府辅助管制，具有基本的自然地理属性、一定的经济属性和政治属性。马海涛（2015）认为，国土空间既是一个由自然—社会多种主题要素构成的复杂空间，又是一个具有主体功能的功能空间，同时是以不同存在模式共同组成的有机空间，更是一个宝贵的有限空间。林坚、刘松雪和刘诗毅（2018）认为，对国土空间的认知可分为区域型国土空间和要素型国土空间，区域型国土空间强调综合性，划分类型以主体功能区规划提出的四类政策区划为代表；要素型国土空间强调用途或管理的限制性，又细分为用途类和管制类要素空间，用途类划分为耕地、林地、草地等非建设用地和城市、乡村建设用地，管制类划分为城市开发边界等建设用地和生态保护红线、永久基本农田等非建设用地。刘效龙（2019）认为，国土空间越来越多地考虑环境质量和生态功能，提出国土空间兼具载体、资源和生态三种属性。曹宇、王嘉怡和李国煜（2019）指出国土空间是一个具有明确边界、复杂的地理空间，强调各类国土要素聚集于不同空间尺度性的综合地理单元之上，同时注重各要素在空间中的物质交换和能量的流通，并在特定的空间尺度范围内体现出空间异质性及特定功能。孟宝、邓伟和彭立（2019）认为，国土空间是政治范畴下的概念，本质上以土地为实体，以地域、区域为表现形式，且其社会属性和社会服务属性更为显著。郝庆等（2021）认为，国土空间是由自然地理环境和人类社会活动两个子系统相互作用构成的人地耦合系统，是自然地理演化过程和经济社会发展过程的综合体，具有时空尺度嵌套性。

当前，由于制订部门、划分层次、分类依据、分类重点和体系结构的差异，国土空间分类标准尚未统一，主要分为主体功能区划体系、土地利用规划体系、城乡规划体系和生态环境功能区划体系 4 大国土空间分类体系（黄金川、林浩曦和漆潇潇，2017；孔江伟、曾坚和高梦溪，2019；贾克敬等，2020）。例如，按照提供产品类别的不同可划分为城市、农业、生态和其他空间；按照主题要素的不同可划分为土地、水、矿产、生态环境、社会经济等空间；按照认知角度的不同可将国土空间划分为区域性国土空间和要素型国土空间；按照功能的不同可划分为生产空间、生活空间和生态空间。三生空间是当前对国土空间功能划分普遍得到认可的分类体系，既有对空间规模的认识，又包含对空间对象属性的认识。袁国华、郑娟尔和周伟（2016）在考虑国家级、省级主体功能区规划的基础上，根据资源状况、产业基础、城镇化进程和发展潜力划分县级行政区单元，分为城市化地区、城镇化地区、农业发展区、生态保护区、矿业经济区和海洋经济区。

本研究所提到的国土空间指陆域地表国土空间，是由自然—社会多种要素构成的，能够衔接土地利用和土地功能分类体系，具有生态保护、农业生产和城镇开发功能指向的复杂功能空间。

2.1.2　国土空间“双评价”

国土空间“双评价”是指资源环境承载能力评价和国土空间开发适宜性评价，二者之间并不是孤立的，而是一种串联递进的关系，是在确定承载能力的基础上进行开发适宜性评价。“双评价”在主体功能区研究中首次提出并得以应用，通过综合分析自然本底条件和区域空间结构关系，科学评估区域对人类活动的适宜程度，为主题功能区划及战略制定提供有力支撑（周道静等，2020）。近年来，我国关于“双评价”的主要技术规程从2015年的《市县经济社会发展总体规划技术规范与编制导则（试行）》[①]，到2016年的《资源环境承载能力监测预警技术方法（试

① 中华人民共和国自然资源部网站．国家测绘地理信息局与国家发展和改革委员会联合印发《市县经济社会发展总体规划技术规范与编制导则（试行）》［EB/OL］．http：//www.mnr.gov.cn/zt/ch/ghzl_29815/zyxw/201509/t20150923_2133613.html.

行）》[①] 及《国土资源环境承载力评价技术要求（试行）》[②]，到2017年的《省级国土规划编制要点》[③]，再到2020年1月颁布的《资源环境承载能力和国土空间开发适宜性评价指南（试行）》[④]，在内容和方法指标上不断更新改良，与时俱进（蒋国翔、王金辉和罗彦，2020；张茂省等，2020）。2015年9月，国务院印发的《生态文明体制改革总体方案》[⑤] 指出，规划编制前应进行资源环境承载能力评价。2018年4月，长江经济带发展座谈会会议[⑥]上明确了“双评价”在国土空间保护与开发中的基础性作用。2019年5月，《中共中央　国务院关于建立国土空间规划体系并监督实施的若干意见》[⑦] 奠定了资源环境承载能力和国土空间开发适宜性评价的基础支撑地位。随着2020年1月《资源环境承载能力和国土空间开发适宜性评价指南（试行）》的颁布[⑧]，“双评价”在国土空间中的重要性日益彰显。

① 中央人民政府门户网站．国家发改委、国家海洋局等13部委联合印发《资源环境承载能力监测预警技术方法（试行）》［EB/OL］. http：//www. gov. cn/xinwen/2016－10/13/content_5118667. htm.

② 中华人民共和国自然资源部网站．国土资源部办公厅关于印发《国土资源环境承载力评价技术要求（试行）》的通知（国土资厅函〔2016〕1213号）［Z］.

③ 中华人民共和国自然资源部网站．国土资源部办公厅关于印发《省级国土规划编制要点》的通知（国土资厅函〔2017〕1282号）［EB/OL］. http：//www. mnr. gov. cn/gk/tzgg/201712/t20171228_ 1992741. html.

④ 中华人民共和国自然资源部网站．自然资源部办公厅关于印发《资源环境承载能力和国土空间开发适宜性评价指南（试行）》的函［EB/OL］. http：//gi. mnr. gov. cn/202001/t20200121_2498502. html.

⑤ 中央人民政府门户网站．中共中央　国务院印发了《生态文明体制改革总体方案》的通知［EB/OL］. http：//www. gov. cn/gongbao/content/2015/content_ 2941157. htm.

⑥ 新华网．习近平：在深入推动长江经济带发展座谈会上的讲话［EB/OL］. http：//www. xinhuanet. com/politics/leaders/2019-08/31/c_ 1124945382. htm.

⑦ 中央人民政府门户网站．中共中央　国务院关于建立国土空间规划体系并监督实施的若干意见（中发〔2019〕18号）［EB/OL］. http：//www. gov. cn/zhengce/2019－05/23/content_5394187. htm.

⑧ 中华人民共和国自然资源部网站．自然资源部办公厅关于印发《资源环境承载能力和国土空间开发适宜性评价指南（试行）》的函［EB/OL］. http：//gi. mnr. gov. cn/202001/t20200121_2498502. html.

资源环境承载力是基于特定发展阶段、经济技术水平、生产生活方式和生态保护目标，在一定地域范围内资源环境要素能够支撑农业生产、城镇建设等人类活动的最大合理规模[①]。"承载力"最早从力学概念引入生态学范畴，用以表征特定生态环境下承载的物种最大数量。传统意义上的资源环境承载力是指在自然环境不受危害且具备良好自然演化的前提下，一定范围内的资源禀赋和环境容量所能容纳的最大人口数量和社会经济规模（袁国华等，2016）。随着工业化和城镇化的不断推进，关注重心转移到人类活动对资源环境的影响上面，先后经历了生物种群存活数量土地、水等单要素资源承载力、环境承载力、综合资源环境承载力的发展阶段，体现了多要素综合集成原则，更加科学全面。从本质上看，资源环境承载能力是自然系统与人类社会系统交互作用的结果，自然系统向人类社会提供了供给、调节和文化等生态系统服务功能支撑，人类社会向自然系统施加了资源能源、污染废弃物排放、游憩审美需求等压力。

国土空间开发适宜性是指在维系生态健康和国土安全的前提下，综合考虑资源环境等要素条件，在国土空间上进行农业生产、城镇建设等人类活动的适宜程度[②]。最早产生于土地适宜性评价，为土地利用规划服务。随着20世纪80年代国土整治的热潮，研究重心从农用地转移到非农用地。然而随着生态文明建设的推进，其内涵也从针对城镇建设的单一功能导向深化到包括生态保护、农业生产和城镇建设的多功能导向，涉及要素也趋向多元化，评价体现了多功能综合集成原则，更加科学全面。

2.1.3　国土空间功能

国土空间功能是指处于一定发展阶段的区域在更大范围的国土空间

---

① 中华人民共和国自然资源部网站．自然资源部办公厅关于印发《资源环境承载能力和国土空间开发适宜性评价指南（试行）》的函［EB/OL］．http：//gi. mnr. gov. cn/202001/t20200121_2498502. html.

② 中华人民共和国自然资源部网站．自然资源部办公厅关于印发《资源环境承载能力和国土空间开发适宜性评价指南（试行）》的函［EB/OL］．http：//gi. mnr. gov. cn/202001/t20200121_2498502. html.

内，通过发挥自身潜能及其与其他系统共同作用下所产生的对自然或人类社会有益作用的特性和能力（念沛豪等，2014a，2014b），是由自然生态系统提供的本底功能与人类活动需求功能复合而成（陶岸君和王兴平，2016a，2016b）。国土空间功能包括“态”和“势”两个基本属性，“态”是功能所展现的状态，是“势”发展变化的基础，“势”是功能变化的趋势，是促使“态”转化的能力（刘玉、刘彦随和郭丽英，2011）。

国土空间功能有强弱主次之分，所以存在多重功能和功能叠加的现象，本质上是人地关系的体现，国土空间功能的研究重心在主体功能区建设和国土空间多功能的探索上面。现阶段，在尺度效应的作用下，关于国土空间功能的划分并没有统一的标准，这是由于不同资源配置的空间范围和发展导向差异，而最终的落脚点均在有利于国土空间的可持续利用和正效应递增性上（孟宝、邓伟和彭立，2019），例如，基于我国国情实际的国土空间主体功能区规划。

2.1.4 国土空间分区

国土空间分区是一种高度综合的分区形式，是指在综合考虑国土空间范围内自然、社会经济、生态环境等多种要素的基础上，将具有不同功能和特性的空间要素统筹协调，以地域分异规律为原则，将国土空间划分为区域间既互相独立又互相影响的多要素空间。国土空间分区通常与国土空间规划联系紧密。传统的国土空间分区满足不了当前对国土空间管制的需求，因此国土空间分区的发展阶段也从单一区划过渡到综合区划，并随着社会经济发展和调控管理的需要，进一步出现土地利用分区、城镇体系、主体功能区、土地开发整理工程类型等分区形式，呈现出从理论到决策、从单要素到多要素、由一般定量向综合集成转变的特点。由此可见，整合国土资源多要素的国土空间综合分区成为主要发展趋势（金贵等，2013）。

从本质上说，国土空间综合分区统筹考虑了各地区的自然要素和人文要素，其分区结果既涵盖了国土空间的自然属性，又反映了人类活动对国土空间的影响，还可以反映出各区域在发展过程中的优势和短板，从而为政府因地制宜地制定政策、进行空间管制、整合资源提供支撑，使得不同区域分工合理、优势互补，重塑良好的国土空间开发与保护格局，提高地域系统效益。从意义上来说，国土空间分区既是国土空间规划的重要支撑，也是优化国土空间开发与保护格局、实现可持续发展的重要手段。

2.1.5 国土空间优化

国土空间优化本质上是人类活动与生态环境相互协调的过程，是指利用一定的手段，在时间和空间尺度对区域内的土地结构、利用方式、分区进行空间组织优化的过程，包含动态和静态两方面内涵（莫维燊，2019）。主要是通过主体之间活动以及土地要素的高效配置和有序流动，来建构社会经济生态空间联系与相互作用，从而优化地域空间结构，提升地域空间功能（彭慧和郑琰琳，2019）。从政府角度来说，需要构建以空间治理和空间结构优化为主要内容的空间规划体系。从研究角度来说，通常采用数学规划模型、GIS、智能优化算法等方法，分析土地利用结构在空间上的差异，挖掘土地利用背后的不合理作用机制，明确土地利用下一步的发展方向、利用规模及强度，从而实现土地利用数量结构优化与空间优化。总而言之，国土空间优化路径应基于不同地域、不同发展阶段、不同驱动因素等进行区别对待和分类指导，从而推动生态文明建设和可持续发展。

2.2 理论基础

2.2.1 人地关系理论

人地关系指人类社会活动与地理环境之间的关系，具有动态性、复杂性、开放性等特点，而且随着社会的进化不断向广度和深度发展。人地关系理论的产生和发展经历了漫长的发展过程。在对古代人地关系的认知中，中国有“天命论”“天人合一”“人定胜天”，西方有“神的干预”“上帝主宰一切”等人地相关思想。近代人地关系论最早起源于19世纪初期，德国地理学家Ritter最早阐述了人地关系理论，为人文地理学的发展奠定了基础。随后，Ratzel、Semple的环境决定论，Blache、Brunhes的或然论相继提出，进一步发展了人地相关思想。20世纪上半叶，出现了适应论、生态调节论、文化决定论、环境感知论等反映人地关系视角的不同理论。国内地理学历来重视人地关系的研究，吴传钧（1991）创造性地提出人地关系地域系统思想，陆大道和郭来喜（1998）认为人地关系是地理学的研究核心。20世纪末至今，人地关系理论的研究统一于人地协调发展论，并先后产生了人地系统优化论、人地关系辩证论、人地差异协同论、人地协调共生论、人地关系构型论、人地太极图论、人地关系分形论等新型人地关系理论（方创琳，2004），整个研究发展历程源自人类对人地关系认识的不断深化和升华，进一步推进了人地关系理论的深度和广度。

当前，随着工业化和城镇化进程的不断推进，人类对自然界的改造规模不断扩大，速度和强度也不断加大，人口、生态、社会经济出现全球性失调现象，人地关系呈现负向反馈，如耕地数量质量双下降、生态环境退化、非农建设和农业生产之间的冲突加剧、建设用地和生态用地之间的冲突加剧等，表现在国土空间上就形成了国土空间利用结构、国土空间景观格局、国土空间集约利用、国土功能空间格局等变化情况，能够直观地反映人地关系的变化。如何扭转人地关系的恶化趋势，保持人类系统与自然环境系统各要素在结构和功能上相对均衡，是当前国土空间可持续发展的重中之重。在国土空间的语境下，人地关系中的“人”在特定的地域空间上从事生产生活活动，“地”指与人类活动联系紧密，在人的作用下逐渐改变且呈现出一定地域差异的国土空间。准确厘清国土空间利用与社会经济、生态环境之间的关系，把握国土空间利用结构和功能变化规律，有利于促进农业生产、城镇开发、生态保护功能之间协调发展，推进国土功能分区优化，引导人地关系实现正向反馈。

2.2.2　可持续发展理论

1987年，联合国世界环境与发展委员会在《我们共同的未来》的报告中提出可持续发展的概念，以共同性、公平性、持续性为三大基本原则，既要满足当代人的发展需要，又要满足未来的发展需要，不能以牺牲后代生存发展的需要为代价满足当代的需求。可持续发展理论强调了人类社会与自然环境的和谐发展，当前已成为一个综合性理论，涉及土地、经济社会、资源环境等方方面面。从国土空间中人与土地、自然的关系来看，可持续发展理论是保持国土空间各要素平衡发展的纽带，强调了在国土空间开发利用过程中，不破坏自然生态环境，推动社会进步，促进经济平稳增长。

国土空间功能分区及优化是一个综合性问题，无论是国土空间"双评价"还是功能分区优化，均需要可持续发展这一理论指导实践，化解在该过程中存在的一些不好协调的矛盾。限制开发区下的农产品主产区是特殊的地理空间，具有自身的发展特点和主导功能，可持续发展理论对该区域发展提出具体要求：在综合考虑国土空间资源格局的前提下，对其国土空间进行功能评价，在保持粮食安全稳定增长的前提下，保持社会经济发展和生态安全可持续，具有重要的引领和现实意义。

2.2.3　国土空间规划理论

现代社会最早的空间规划起源于20世纪20年代的欧美国家，如1922年英国当卡斯特矿区规划，1923年德国鲁尔工业区总体规划，1929年美国纽约城市区域规划等。自20世纪50年代以来，随着重建城市和经济发展的需要，国土空间规划从单项要素规划转向综合开发治理阶段，如法国的国土整治计划、日本的国土综合开发计划、德国的国土整治纲要等。70年代至今，资源环境问题在世界范围内出现，以协调为中心的空间规划成为主流。我国的空间规划在20世纪50年代主要研究工业和产业布局的问题，改革开放后转向国土规划编制，90年代后开始了国土综合开发整治规划，如《土地利用总体规划》《全国主体功能区规划》《全国国土规划纲要（2016—2030年）》等。

当前，中国的国土空间规划是对一定区域国土空间开发保护在空间和时间上作出的安排，达到对国土空间有效管控、促进发展与保护相互平衡的目的。国土空间规划的对象是国土空间，本质上是建设美丽宜居家园的一种空间治理手段。它是以主体功能规划为基础，统筹各类空间性规划，实现“多规合一”，完善和落实主体功能区战略和制度，实现主体功能区战略布局在市县精准落地。

吴次芳教授在第29个全国土地日宣传周上提出，国土空间规划绝不是简单的城市规划、土地利用规划或主体功能区规划的延伸，也不是简单的“多规合一”产物，而是“区域整体”的谋划，具有整体性、战略性和时空性的特点。从整体性上，根据次优理论，国土空间规划不能单独强调城市或乡村的重要性，也不能过分强调生态红线最优或永久基本农田保护红线最优或城镇开发边界最优，要以实际整体性效果为首要原则，有针对性地选择规划策略和政策排序。从战略性上，国土空间规划是对未来发展的一种预判和前瞻，对规划地区全部国土空间要素的战略布局作出重要决策，应明确战略目标、战略区位、战略重点及战略利益。从时空性上，国土空间规划研究的对象格局和过程发生、时空分布、相互耦合等特性都要在特定的尺度序列上，同时，国土空间规划要从传统的空间规划走向时空间规划，关注时空间关联、资源、活动—移动系统、结构秩序、行为模式以及路径、活动密度和可达性等问题。

限制开发区下的农产品主产区是国家主体功能区划下划分的一个功能区。在现行的国土空间规划理论指导下，对其进行国土空间功能评价及分区优化具有客观必然性，当前国土空间规划编制标准以及技术指南也为县级国土空间功能评价及分区优化提供了方向指导。国土空间规划理论贯彻落实了可持续发展理念，拓宽了地理学研究领域，促进了人类协调发展，对解决现实存在的规划矛盾、重塑新时代国土空间开发利用保护格局、实现高水平发展和高品质生活等具有重要意义。

2.2.4　地域功能理论

地域功能是特定的地域单元在更大尺度地域空间内，在自然资源系统、生态环境系统或参与人类生产生活活动中所赋予的作用或履行的职能（樊杰，2007），即在地域空间系统中的主导功能，具有复杂性、分异性、动态性等特征（陈小良等，2013；张路路，2017）。地域功能组织的基本原理是，既要满足人类的生活生产功能和空间需求，又不能因破坏自然本底而损害可持续发展的根基，最根本的原则是因地制宜，通过识别不同单元的地域功能，协调和整合当前空间规划，建立可持续的国土空间格局。

地域功能研究是一项应用型研究，依托于功能区建设，既为空间规划服务，也为空间管治提供依据。当前，国土空间规划是地域功能理论在国家规划层面上的全面应用。重视和强化粮食主产县典型区域的研究，以空间协调和整合为出发点，探索其地域功能的格局特征及演化机制等，支撑平原水乡地区功能区建设。在其基础上构建国土空间功能分类和评价体系，在指标选择、方法构建和综合集成时能充分体现该区域地域功能的特征，并且能遵照上级国家规划标准并与其他分类体系进行有效衔接，通过指标的取舍和参数阈值设置适用于同类型区域等，充分考虑成果的可应用性。

2.2.5　地域分异理论

地域分异理论最早提出于19世纪中期，是地理学的基础理论之一，反映了自然地理环境系统中各组成成分及整个自然综合体的整体性和分异性及其本质规律。从广义上来说，地域分异理论既涵盖地带性分异、非地带性分异和垂直地带性分异等自然地域分异规律，又涵盖人口、文化等人文社会要素地域分异规律。

地域分异规律能够直接影响我国国土空间开发格局，是国土空间规划中的基础理论，也是研究农业生产—城市开发—生态保护三者协调发展背景下国土空间分区和开发利用策略的现实基础。其实质是对地域分异规律下国土空间开发利用模式的探索，从而达到实现自然系统和人类社会系统平衡的目的。在进行县域国土空间功能分类时，要充分遵循地域分异规律原则，因地制宜，充分考虑研究区域的资源格局和地域环境特征，结合国土空间的多功能性，准确识别不同的国土空间类型。在对县域国土空间功能进行评价时，要综合研究区域自然地理格局和社会经济格局情况，对其进行资源环境承载能力和国土空间适宜性评价，并在作出评价后划分“同质区”和“异质区”，从而进行国土空间功能分区。地域分异规律能遵循区域的客观性，使研究工作建立在科学的基础上，真实全面地反映区域的实际发展情况。总而言之，地域分异规律对县域国土空间功能评价及分区优化具有重要的指导意义。

2.3 国内外研究进展

国土空间是由山水林田湖草构成的生命共同体，是人类生产、生活和社会经济活动以及生态文明建设和乡村振兴的空间载体。国内外学术界积极投入相关研究和实践，本书从国土空间格局特征、国土空间规划、国土空间功能和国土空间优化等方面展开论述。

2.3.1 国土空间格局相关研究

（1）国外国土空间格局相关研究

空间格局是一种动态演变的过程，具有特定的时空属性，其形态和状态在时空尺度上显示出不同的变化特征。土地利用与土地覆被变化

（LUCC）反映了国土空间格局的演变以及自然—人文系统的相互作用。通过研究国土空间开发格局变化，能够把握国土空间演变规律，促进国土空间有序、适度及可持续开发利用（林伊琳等，2019）。1898 年，Howard 提出将城市发展与乡村结合进行系统处理，最早体现城乡一体的思想，是国土空间规划的启蒙（徐磊，2017；徐磊等，2017）。1933 年，Christaller 提出中心地理论，为城市空间形成多等级分布格局奠定了理论基础。

自从联合国可持续发展目标（SDGs 2030）提出以后，国土空间格局与优化配置问题业已成为全球变化和可持续发展研究的热点问题（Gao & Bryan，2017）。Creutzig（2017）等呼吁有序开发土地与有效管理土地应达成全球共识。全球未来城市扩张将会对农田生态系统、生物多样性和生态系统碳蓄积产生深刻影响。因此，在农田生态系统方面需要重塑全球农田生态系统，合理布局农田，减少水资源消耗，提高粮食生产水平，建立集约化绿色农业，从而实现农业可持续发展（Davis et al.，2017；Pretty et al.，2018）。加强对城市扩张热点区域的管控，调整热点区域的相关政策，从而优化城市空间以及未来城市扩张的趋向，减小城市扩张对生态环境的负面影响（Seto，Güneralp & Hutyra，2012）。

（2）国内国土空间格局相关研究

20 世纪末期，随着我国西部大开发、振兴东北老工业基地、中部崛起等区域发展战略的先后实施，我国的国土空间开发力度呈现中西部渐强势头，经济增长空间也向西拓展，以点—轴为标志的空间经济组织基本形成。我国国土空间开发的战略格局是在经济空间拓展的同时，加强了对国土开发的空间管制，明确战略布局以及空间拓展方向，与区域发展战略相辅相成。国土空间格局是基于资源环境、经济发展、生态安全在国土空间上的配置形态和秩序，是自然生态过程与人文社会系统交互耦合作用的综合体现（方创琳，2013）。国土空间格局体现了人类社会经济活动水平不同开发强度下作用的结果，具有空间维度、时间维度和开发强度维度特征

（匡文慧，2019）。

从研究进程上看，20 世纪之前国土空间多关注经济要素的合理布局和区域发展的空间结构与导向，进入 21 世纪后则更多强调保护和开发并重、强调综合性和系统性视角。国土空间开发格局研究最早从研究城市关系入手（朱道才等，2011），顾朝林（1991）构建了城市综合实力指标体系，利用城市实力指数分析全国城市布局与结构，并划分全国城市经济区。从研究方法上看，20 世纪之前国土空间开发以定性分析和经济学方法为主，进入 21 世纪后偏好采用统计学方法、系统模型建构、资源承载力评价计算、GIS 空间分析等手段为国土空间开发研究提供支撑。孙久文和年猛（2011）分析了新中国成立以来中国国土空间格局的演变、经济活动在国土空间上的集聚与扩散趋势以及对经济发展的影响等问题。唐常春和孙威（2012）以长株潭接合部暮云镇为例，对行政边界区域土地利用结构特征、影响机制以及存在的阶段性和结构性问题等进行了系统分析。叶菁、谢巧巧和谭宁焱（2017）以湖北省鄂州市为例，构建“资源环境承载力—生态弹性力—社会经济协调力”生态承载力综合评价模型，并运用三维魔方法分析鄂州市的国土空间开发布局。时振钦、邓伟和张少尧（2018）利用横断山区多期土地利用数据，分析不同海拔各种国土空间类型的数量、结构变化以及空间格局变化特征，揭示国土空间格局变化规律及影响因素。匡文慧（2019）深刻剖析了新时代国土空间格局优化和管控的科学内涵，分析了进入 21 世纪以来国家国土空间格局时空变化特征，并提出了对标 2035 年和 2050 年愿景的国土空间格局优化配置与调控模式。

（3）国土空间格局研究述评

国土空间开发格局问题是全球变化和可持续发展研究的热点问题，是开展国土空间功能评价和分区规划的基础，无论是在模型与技术方法上还是在理论和实证研究方面均已成熟。今后将在我国资源环境问题突出、经济战略性调整的背景下，在生态文明建设和“多规合一”国土空间规划等政策的实施下，结合国土空间承载能力、开发适宜性等方面进行深化研究。

2.3.2　国土空间规划相关研究

（1）国外国土空间规划相关研究

国外对于空间规划研究起步较早，以对自然界的认识为主，在认知能力、科技手段和实践需求等方面都具有限制性。18 世纪末，德国学者 Hettner 提出地理区划的概念，认为分区就是按照一定原则将整体不断地分解为部分的过程（傅小锋等，2005；郑度，2005）。18 世纪中期以后，工业化的急速发展带来一系列城市空间问题，空间规划多为物质空间的规划，多以项目为主，如“带形城市”“田园城市”“卫星城”等。“二战”之后，世界各国进行战后重建工作，原有的空间规划体系亟待改革和完善，以德国、法国、荷兰为代表的国家和地区，以日本、韩国为代表的亚洲国家纷纷开展了多轮空间规划，带来空间规划工作的兴旺发展和思想理论的繁荣绽放。20 世纪 90 年代后，经济全球化浪潮冲击世界，许多国家开始注重建立大区域尺度空间规划，生态保护得到持续重视，并且分权制衡、公民参与协商治理理念逐渐成为主流。当前，国外较重视国土空间分区与规划工作，许多发达国家和地区通过设置次级区域，实施差异性的经济干预、社会管理、环境引导等政策规范区域发展，形成了独具本国特色的国土空间规划体系（蔡玉梅等，2008；吴殿庭等，2009；蔡玉梅、宋海荣和廖荣，2014）。现以国家为单位对代表性国家的国土空间规划发展进行梳理总结如下：

①德国。德国是国土空间规划体系最为完整的国家之一，也是最早开展国土空间规划的国家之一，在 20 世纪初就开展了柏林、慕尼黑等大城市及鲁尔工业区的区域规划，1935 年成立了帝国居住和区域规划部，负责全国国土整治规划和交通建设工作。“二战”后为了发展经济和缩小区域差距，联邦德国开始着手编制各州县区域规划，先后通过了《联邦德国国土

规划法》《德意志联邦共和国国土规划法》，规定国土整治任务，提出发展联邦领土空间结构。20 世纪 70 年代以后，联邦德国各州都编制完善了国土空间整治（区域/发展）规划。至此，1990 年之前联邦德国已形成以地方、行政区、州和联邦四级为主的完整规划体系，且各规划层次互不交叉、权责分明，空间约束极强。20 世纪末，随着欧洲一体化和东西部融合的加快，社会结构发生变化，在此背景下德国政府建立起了一整套国家国土空间规划体系，先后颁布“区域发展的指导方针”“区域规划行动框架”并修订了《联邦德国区域（国土空间）规划法》。近年来，联邦政府编制了国土空间规划报告，德国国土空间规划的框架性文件从此产生。德国的空间规划从强调代内公平到代际公平再到提高核心竞争力的演变，为规范德国国土空间秩序发挥了重要作用（苗婷婷和单菁菁，2019）。总之，德国的国土空间规划体系健全，分工明确，坚持立法为本，规划先行，同时建立了包含纵向协调、横向协调的地区间的协调机制，此外，其规划的重点在于落实区域政策，在保持区域特色多样性的前提下解决区域发展问题，强化规划过程中的公众参与和知情权，因此，德国的国土空间规划实施成效也十分显著，对中国及其他国家的国土空间规划编制具有示范作用。

②法国。20 世纪 50 年代，法国开始进行国土整治规划，将全国划分为若干个规划行动区域，并设立新的行政区划试点。经过多次修订，规划目标从公共服务规划到大区国土规划，再到地域协调发展规划，最后到土地利用规划，形成了以城市为核心，以国家综合公共服务规划为主导的国土整治规划。法国空间规划分为全国、大区、城市集聚区和市镇共同体 4 个层次，同时，为了平衡区域间的基础设施建设等问题，法国的空间规划打破了传统的行政单元界限，通过建立城市集聚区、聚居共同体和市镇共同体的形式探索跨行政区区域发展问题。

③荷兰。与西欧多数国家相同，荷兰空间规划也源于“二战”重建带

来的开发活动。荷兰的国土空间规划独树一帜，以实用性和战略性闻名，具有全国一盘棋式的整体空间规划设计，分为国家级、省级（区域）、市镇级，与其行政体系相吻合。从20世纪60年代到21世纪初期，空间规划部门共编制并实施了五次国土空间规划，规划目标从“统筹兼顾公平和效率”到“促进经济发展，提高生活质量”再到“优化空间结构，可持续发展”。进入21世纪，在荷兰第五次空间规划中，以增强空间和基础设施、提供舒适安全的生活环境为核心目标，注重提高空间质量，以“绿心”控制城镇发展且无条件永久保留，形成以城市区域和国家城市网络为核心的多极核网络开发模式，且更注重规划过程和公众参与（陈利和毛亚婕，2012）。荷兰的分层规划理论将其国土空间分为基础层（土壤系统、水系统和生物系统等自然空间）、网络层（航线等社会基础设施）和应用层（人类活动及空间模式），且重视与其他规划的联系，建立相互配合的规划体制（Priemus，2004）。

④日本。日本是亚洲国家中最早开展国土空间规划的国家，历来重视国土开发和整治工作。在“二战”后开展了大规模的产业基础设施建设并在重点地区重点建设，用以恢复国民经济水平，随之而来的是大城市地区产业人口过密而其他地区过疏的区域不平衡问题。在这种情况下，为了促进国土复兴和地区社会均衡发展，日本内阁从20世纪60年代开始，在40年间先后编制了六次“全国综合开发规划”，以问题为导向，从解决工业和人口过密和过疏问题，促进区域均衡发展转为建立地区间交流合作的“点—轴—面”多级国土利用格局（潘海霞，2006；刘慧、高晓路和刘盛和，2008）。进入21世纪以后，经济全球化趋势加强，日本进入后现代化时代，随之而来的是人口老龄化、环境破坏严重、财政制约等发展问题，日本进行国土形成规划改革，分为全国规划和广域地方规划，开始在强化国土规划的开发的基础上注重利用、开发和维护的综合规划，明确分工职能并将编制主体改为国家和地方合作，并保证和其他规划的协调性及有效

实施，构建了多样化广域板块的多轴、多核型的国土格局。2015 年编制了《国土形成规划法》，形成对流促进型国土，在广域独立协作发展的基础上强调地方特色文化的融合（胡安俊和肖龙，2017；谭纵波和高浩歌，2018）。日本的国土规划为包括中国在内的资源短缺型国家开展新时期的国土空间规划提供了一定的借鉴作用。

⑤韩国。20 世纪 60 年代，韩国先后通过设立建设部、颁布《国土综合规划法》《国土综合规划基本构想》、特区开发等一系列行动，为开展全国性的国土综合规划奠定了基础。70 年代以后，为促进国土均衡发展，韩国中央政府先后编制并实施了三次“国土综合开发规划”，但受到中央财力、地方民间消极怠慢等因素的限制，实施效果不甚理想。进入 21 世纪以来，韩国编制了第四次“国土综合规划”，标志着韩国的国土空间规划趋于成熟，从强调开发、中央政府主导转向强调环境保护、共同参与的一元化国土规划体系。韩国的国土规划体系分为国土综合规划（道综合规划，市、郡综合规划等）、地域规划（首都圈整备规划、广域圈开发规划等）和部门规划（环境、住宅、工业布局等）（雷国雄和吴传清，2004），为韩国创造了良好的国土发展条件，提高了国家竞争力。

国土空间规划最终要落实在不同的规划单元上，国际上很早就开展了标准单元划分的研究工作，且不同国家关于单元的划分标准、层次和规模也有所差别。国外学者率先将地图、尺度、界线和单元等工具或概念引入到区划研究中，引发了学者们对地域分区原则和依据的探讨，提出了空间分区标准概念化和指标化方案（Wenning，2008），如欧洲的 NUTS 标准地域单元的划定标准（Faludi，2008），美国的 EA 经济区划定标准（Johnson & Kort，2004）等。欧盟在 1988 年、1997 年、1998—2000 年、2003 年先后启动了欧洲标准地域单元划分、欧洲空间发展远景、欧洲空间规划研究计划和跨国境协作计划等 4 个侧重点不同的空间规划研究工作，在标准地域单元、空间区域划分、空间政策图形化（Wenning，2008；Coenen，Benneworth & Truffer，2012）等方面的研究成果值得借鉴。以欧盟的NUTS为例，NUTS由欧洲统计局建立，为欧盟共同体提供统一的地域评价单元，主要以行政区划和人口规模为依据，实行三级分类，为制定空间规划和区域战略奠定了基础。而美国的跨州经济区划定是由其经济分析局负责，基本空间评价单元是县级行政区，根据经济中心及其吸引力的不同，形成了单元经济区—经济区—区域经济组合三级标准区域划分机制，并随着经济发展合理调整规划的层次和范围等，构成了美国国土空间规划的基本框架。至此解决了西方国家不同尺度、不同主题下的空间规划集成融合问题（金贵，2014），而且得到法律上的支持，为美国可持续发展奠定了坚实的基础。

（2）国内国土空间规划相关研究

我国的空间规划实践历史悠久，自几千年前周朝“井田制度”下对辖区内国土九等分的设计开始，到春秋战国时期具有区划思想萌芽的《尚书·禹贡》的问世，再到我国历代王城和景观园林的建造，无不反映了古人关于空间区划的智慧结晶。

我国现代国土空间规划发展研究历程可分为4个时期：

①初始萌芽期（20世纪20年代至40年代末期）。我国是世界上较早进行现代区划研究的国家之一，20世纪20年代，以黄秉维为代表的地理学家就相继完成了地貌、气候、土壤、土文、植被等区划，呈现指标标准单一的特点，主要用于农业生产服务（郑度，2005）。

②酝酿过渡期（20世纪50年代初期至80年代末期）。新中国成立初期，我国面临着生产基础薄弱、国际形势转变的复杂背景，以恢复生产为目标主线，先后编制并实施了五个“五年计划”，制定了以重大生产项目布局为主的区域规划和城市规划，初步具有空间规划的味道，但缺乏对空间资源的配置和调控，仍处于摸索阶段。改革开放以后，我国提出了以推动经济增长为目标的非均衡发展战略，着手国土空间开发活动。但经济快

速增长的背后重开发轻治理，生态环境问题开始凸显，为国土空间可持续利用埋下隐患。随着资源浪费、城镇无序扩张、生态破坏等一系列问题的产生，同时受到西方国家开展国土整治的影响，1987 年《国土规划编制方法》中提出要建立不同层级的以综合开发和整治为主的规划体系，空间规划重心开始转移到国土规划上来，开始进入以合理利用为主的国土空间管制时期。这一时期，以竺可桢、吴传钧为代表的地理学家指出，国土空间是包括土地、水、生物、气候、旅游、矿产等自然资源和社会经济条件的综合，并探索如何处理自然资源合理利用与人口资源环境的关系问题。

③全面发展期（20 世纪 90 年代初期至 2010 年）。20 世纪 90 年代初，我国提出土地利用规划战略研究理念，党的十五大提出要“统筹规划国土资源开发和整治”，这一时期空间规划形成了以推进城市发展建设为主的城镇体系规划和以保护耕地、保障发展为主的土地利用总体规划体系。进入 21 世纪以来，经济发展与国土空间管制之间的矛盾凸显，考虑到我国各地区资源禀赋条件和社会经济发展差异等现实国情，为提高国土空间管制效率，开始推行差别化发展策略，实行主体功能区规划。我国国土空间规划进入了以主体功能区规划为主导规划，土地利用总体规划和城乡规划等专项规划协调运行的规划体系，我国的国土空间规划进入全面发展期。

④实施突破期（2011 年至今）。党的十八大提出要以国土空间保护为前提开展生态文明建设，我国进入了国土空间规划的实施突破期，逐步开展了多规合一的试点工作。在“十三五”规划纲要中明确了“以主体功能区为基础统筹各类空间规划，将国土空间治理能力提质提效”的政策方针。《全国国土规划纲要（2016—2030 年）》的出台标志着我国国土规划事业进一步推进，奠定了优化国土空间发展格局的基础。2018 年，交由自然资源部统一行使所有国土空间用途管制职责，建立完善国土空间规划体系，标志着我国开始转向内涵式的发展和管理模式，更加注重自然资源和生态环境的保护（张年国、王娜和殷健，2019）。2019 年 5 月，《中共中央　国

务院关于建立国土空间规划体系并监督实施的若干意见》和《关于全面开展国土空间规划工作的通知》相继发布，标志着国土空间规划体系顶层设计和实践工作有了新的突破，我国的国土空间规划进入实施突破期。

从目前国内空间规划研究内容来看，主要包括规划体系研究和空间分区研究（方创琳，2004；樊杰，2007；方创琳，2013；方创琳等，2017；王元，2018）两个方面：

①规划体系研究

从国土规划管理的需要出发，迄今形成了多种国土空间分类方式，主要分为土地利用规划体系、城乡规划体系、主体功能区化体系和生态环境功能区划体系（林坚、柳巧云和李婧怡，2016）。具体来看，国土部门主持编制的土地利用总体规划体系同时考虑空间分区和用地分类，以保护耕地、基本农田，控制建设用地规模为目标，更加注重非建设用地的细分，范围覆盖乡级行政单元（黄媛玉，2017）；住建部门主持编制的城乡规划体系也考虑空间分区和用地分类，主要关注城镇内部用地与布局的引导和调控，包括城市、乡（镇）政府所在地和其他独立的建设用地规划与布局；发改部门主持编制的主体功能区规划体系则主要考虑空间分区功能，更为宏观地指引国土空间开发利用方向；而环保、农林等部门主持编制的生态环境功能区划体系则是考虑空间分区，更大尺度上为物质环境建设提供生态底图。当前，随着全国国土空间规划体系等各类方针政策的出台实施以及全国各地试点工作的开展，我国新时期国土空间规划体系框架已基本形成，正式迈入山、水、林、田、湖、草、海等全域全要素统一管理的新阶段。

在理论研究方面，我国学者根据国家政策方针的调整对国土空间类型的划定进行研究和探讨。念沛豪等（2014c）应用本体分类法将国土空间划分为 8 类地理实体，并从“三生”角度将地理实体实现的功能归纳为 14 类，从而构建国土空间地理实体与功能间的多对多网络关系。黄宏源等

（2014）探讨了以地貌、国土空间类型、功能分类的省级国土空间综合功能区划三级体系。林坚、柳巧云和李婧怡（2016）提出了以“1 套体系、2 类管控、5 类分工、4 类空间、多种功能用途”为核心的国土空间分类方案，在国土空间分类体系下建立建设（城市建设、城镇建设、乡村建设、其他建设）和非建设两类空间管控，划分生产空间、生活空间、生态空间、保障空间等四类空间。徐晶、朱志兵和余亦奇（2018）落实国土空间全域全类型管控要求，将国土空间用地分为农用地、建设用地和生态保育用地，包括 3 个一级类、14 个二级类和 23 个三级类。孔江伟、曾坚和高梦溪（2019）结合生态文明建设和国土规划改革的要求，以划定“三区三线”为突破提出 3 大类、18 中类、51 小类的用地分类标准和 3 类主体功能区、6 类政策区及 16 类用途区的空间管控分区，以及与现行规划的差异处理方式共同构成的国土空间规划分类体系。徐勇、赵燊和段健（2019）建立了 7 个一级类、27 个二级类和 79 个三级类空间规划分类方案，在耕地、建设用地等二三级类型上做出重大调整，提出既服务于空间规划又满足各部门需求的分类方案。

②国土空间分区研究

当前我国的国土空间分区已经步入了综合区划阶段，表现在土地、水、矿产、生态等资源和社会经济主题下的不同实施主体的国土空间特征差异（金贵等，2013），可划分为行政单元和自然地理单元两种单元。从行政单元上形成了全国（樊杰，2015）、省域（念沛豪等，2014b；郭艳、张成才和康鸳鸯，2015；郭艳、康鸳鸯和刘晓丽，2015；高庆彦等，2015）、市域（陈雯，2006；蒙莉娜等，2011）、县域（朱媛媛等，2015；罗雅丽等，2016）和乡镇范围（赵海霞等，2016）的尺度序列，多呈现大区域如国家到市县层面空间功能分区的研究，小尺度如县、乡镇层面的研究较少（张路路，2017）。此外，也有学者将区域尺度（刘玉、刘彦随和郭丽英，2011）和城市群（李艳梅等，2015）作为分区对象。从自然地理单元上，多考虑将自然条件相对一致的地区作为对象，涵盖了流域（白杨等，2011）、绿洲（杨发相等，2007）、黄土高原（张甜等，2015）等典型区域。当前研究的侧重点主要集中在分区单元划定、分区指标体系构建、评价方法和模型、分区方法等方面。

从分区单元划定来看，构建完善的国土空间规划体系，关键在于明确空间分区的基本单元，通常选取行政单元、自然单元和栅格单元中的一种，对分区的结果和分区成果的实用性具有一定的影响。行政单元具有简单易用、成果易于实施、主体明确的特点，但评价单元功能单一，导致结果精度不高、科学性不强。在以行政区划为单元的研究中，县域是我国行政管理体系中基本的单元，在系统自身完整性、稳定性和地域多功能性（刘彦随和王介勇，2016）方面具有一定优势，因此成为国家、省级尺度分区研究的首选。金贵等（2013）提出以县级行政区为主体，乡镇组团、保护区等为辅的划分方式，为我国国土空间标准地域单元的识别与划分研究提供了思路。马世发等（2014）借鉴了欧盟国土空间规划的标准地区统计单元划分标准，提出了国土空间标准地域单元划分的原则、依据和技术路线，并探讨了湖南省国土空间标准地域划分的实施途径。在市县以下的分区对象中，又以乡镇和栅格为分区单元的居多。自然单元划分多以道路、河流及其他自然边界的封闭区域作为分区单元，以自然要素为对象和尺度较小的（县、乡）分区使用普遍（刘传明、李伯华和曾菊新，2007；潘竟虎，2009）。以栅格单元作为评价单元的研究通常以评价对象自身条件及其影响因素为依据，确定一定采样间距的像元为评价单元，栅格单元的评价结果精度得到提高，但基础数据获取难度大，区域综合政策实施困难（王琳等，2010；蒙莉娜等，2011；王华、刘耀林和姬盈利，2012）。

从分区指标体系构建来看，评价指标体系是影响国土空间分区科学性的关键因素，大致可分为主体功能分区、土地利用分区两类（念沛豪等，2014a，2014b）。主体功能区指标体系大多以开发利用强度、资源环境承载能力、发展潜力作为主题要素进行构建（马利邦等，2015）；也有学者单从开发适宜性（王传胜等，2010；王秀兰和王霄，2018；韩青、于立和陈有川，2019；韩青等，2019）、资源环境承载力（梁宇哲等，2019；丁冬冬，2019）等某一决定要素出发进行集中研究；一些研究从社会经济和自然生态两个方面进行综合评价；一些则考虑资源环境、生态环境、社会经济等因素。陶岸君和王兴平（2016）以安徽郎溪县为例，从开发条件、农业发展条件、生态重要性、自然灾害危险性和未来发展潜力等方面进行综合集成评价，划定国土空间综合分区。王亚飞、樊杰和周侃（2019）以贵州六盘水为案例，建立控制性目标参数，并在双评价的基础上进行格网单元地域功能的优化。土地利用分区指标体系主要从土地利用（结构、程度、投入产出效益、动态变化）、社会经济（经济总量、结构、人口、交通）、自然生态（敏感性、重要性）等方面进行构建（潘竟虎、石培基和孙鹏举，2009），从而应对不同区域差别化土地利用管理的政策需求。评价因子的筛选方法可依靠规则规范和专家经验，如采用专家经验选择、依据规范文件等主观方法（钟文和钟昌标，2018；纪学朋等，2019）；也可参照客观规律，采用神经网络法、GRNN 模型、模糊数学模型等客观方法（金贵等，2013；魏海等，2014；郭艳、张成才和康鸳鸯，2015；郭艳、康鸳鸯和刘晓丽，2015；孟霖等，2018）。

从评价方法和模型来看，评价的方法或模型是影响国土空间分区科学性的又一关键因素。按照推理机制可将评价方法分为两大类：一类是综合指数法、模糊综合评判方法等基于知识驱动的方法（李涛，2015；张路路，2017）。综合指数方法能有效运用专家的经验确定权重，但主观性成分较大；模糊综合评判法权重计算复杂，评价精度存在误差。另一类是逻辑回归模型、人工神经网络方法等基于数据驱动的方法（金贵等，2017）。神经网络法在决策方法和处理知识等方面效果显著，但具有隐藏性和复杂性的弊端；逻辑回归模型在变量多且相关性强的时候会影响评价结果的准确性。

从分区方法来看，依照层级的角度认定国土空间分区的过程存在“自上而下”与“自下而上”两个分区层级思路。“自上而下”可宏观把握区域的地域分异规律，但难以明晰分区界线，专题图叠加是常见的方法；“自下而上”则将具有相同性质的小块单元进行合并，常见于低等级国土空间划分（郑度、欧阳和周成虎，2008）。从数据处理的角度可分为定性和定量分析两种类型。定性分析是通过总结分区对象的特点和地域分异规律，揭示分区对象空间属性的地域差异性，如决策树方法等。定量分析是通过建立分区对象的地理空间数据库，建立数学模型并计算各个分区单元的评价得分，增加了分区的科学性，常用的有空间叠置法、聚类方法等（吴文恒、徐泽伟和杨新军，2012）。从多方法集成进行功能分区的研究成果也较为丰富（谢高地等，2012；鲁春霞等，2015；彭金金，2017）。

（3）国土空间规划研究述评

从国外的空间规划发展历程和研究内容来看，国外的空间规划体系具有多样性，多侧重体系划分、理念、方法和政策方面。从细节来看，注重凸显区域特色，因地制宜；空间规划理念都经历了促进经济发展、区域协调到可持续发展的过程；关注周边国家和区域间的交流与合作，并且实施跨区域的广域开发；空间规划政策刚柔相济，在对环境要素上刚性控制，在其余人类活动上柔性引导；规划具有层级性，各层级之间的衔接性和实用性较强，同时逐层细化侧重。从主要发达国家的标准地域单元的划分来看，建立了较完备的标准化划分单元，解决了空间规划的集成融合问题，并且得到法律上的支持，具有权威性。

从我国的空间规划发展历程和研究内容来看，我国国土空间分类也具有不同的层级且逐层细化侧重；体系划分主题主要考虑空间分区和用地分类，规划多种标准并行，部门特色突出，尚未形成一套统一的划分体系，目前正朝着统一的“多规合一”的国土空间规划体系迈进。主要研究成果集中在分区单元、识别、指标体系以及评价、分区模型和方法的探讨上，尚处于探索阶段。我国国土空间分区研究经历了从要素、主题到系统的划分过程，研究多以功能覆盖为主，逐渐引入空间形态、弹性需求和政策因素等多重控制目标，当前整合国土空间各类要素、体现功能特征的国土空间综合分区成为发展趋势。今后要增强国土空间规划的透明度和人本化，注重国土空间资源的生态价值，并对接新型国际化，构建人类命运共同体。

2.3.3 国土空间功能相关研究

（1）国外国土空间功能相关研究

20世纪末期，世界粮农组织、经合组织、WTO等对有关农业政策进行了调整，引起了广大学者的关注。国外研究国土空间功能最早从农业多功能开始（Tipraqsa et al.，2007；Firbank et al.，2013；Borrelli，2016）。2001年世界经合组织正式提出了农业多功能性的概念，认为农业不仅具有经济功能，还具有社会功能和生态功能。随着可持续发展理念的提出以及研究的逐步深入，多功能性不仅限于农业领域，在景观和生态系统等领域均得以应用，丰富了多功能性的内涵。1999年，FAO/UNEP提出物质空间有10项功能，分别为调节水功能，提供生命体的栖息地，储存财富，提供生产食品及其他生物材料，居住、工业和娱乐等，系统性较弱。Fleskens、Duarte和Eicher（2008）将功能分为经济、社会、文化、生态和生产五大类。Willemen等（2008）将景观功能分为居住、集约养殖、文化遗产、饮用水、旅游、植被栖息、耕地生产、休闲骑行8项基本功能。Lovell等（2010）将景观功能分为生产、生态、文化三大类15个具体功能。在2004年全球土地计划支持下的SENSOR项目中首次提出土地利用多功能性概念，是指在区域开发过程中为人类社会提供的产品和服务功能，包含社会功能、经济功能和环境功能等（Paracchini et al.，2009；刘愿理等，2020）。通常从可持续利用角度研究土地利用多功能，诸如生态系统价值、气候变化及区域经济社会等方面（Aubry et al.，2011；Valujeva et al.，2016），丰富了理论研究的内涵。Kopeva、Khrapko 和 Ivanova（2018）概述了多功能土地利用政策在保加利亚实施的作用和效果，提出土地功能运用就是要满足土地利用社会、经济及生态的需求，并提出土地利用多用途管制策略。Schößer、Helming 和 Wiggering（2010）认为，土地利用多功能性是基于不同景观所提供的社会、经济和环境商品和服务以及对人类需求的满足程度。

（2）国内国土空间功能相关研究

识别国土空间功能、进行国土空间功能分类是国土空间合理配置的前提和基础，对研究我国国土空间形态、时空演变及驱动因素具有重要意义。随着粮食安全、经济发展和生态保护等多目标需求的刺激以及人们认知水平的提高，研究内容从土地功能利用到主体功能区建设，逐步发展到国土空间多功能相关研究（徐磊，2017）。国土空间功能的相关研究多是从土地利用功能逐步开展的（张洁瑕、陈佑启和姚艳敏，2008；刘沛等，2010；陈睿山等，2011；张晓平、朱道林和许祖学，2014；王枫和董玉祥，2015），并且逐步转移到主体功能区及国土空间功能利用方面，从主体功能区规划理论体系、主划分方法以及意义和作用多个方面出发，相关研究也逐步成熟（王强等，2009；樊杰，2015；汪洋等，2019）。国土空间利用和开发从以生产空间开发为主导模式逐步向生产、生活和生态空间均衡开发改变。国内学者引入三生空间的概念进行国土空间利用和开发的相关探索（崔家兴等，2018），主要围绕三生功能的内涵（马世发等，2014；刘燕，2016）、分类（念沛豪等，2014c；张红旗、许尔琪和朱会义，2015；刘继来、刘彦随和李裕瑞，2017）、空间识别（朱媛媛等，2015；吴艳娟等，2016；杨清可、段学军和王磊，2016；于莉等，2017）等方面展开，近年来，我国学者对国土空间开展了不同的尺度和背景下的功能分类和功能评价研究。

①功能识别与分类研究

根据研究主题侧重点的不同，学者们采用的分类体系在功能识别和分类研究上可分为直接分类和间接分类两种。一种是根据土地利用的主体功能进行划分，划分了生产、生活、生态用地 3 个一级类，并根据不同用地部门分出 65 个二级类，但对其功能多样性方面考虑不够（陈婧和史培军，2005）。另一种是依据土地利用的可持续性，间接地对土地利用多功能的衡量指标进行降维区分，反映的是社会经济发展对土地利用多功能性变化产生的影响程度（罗刚，2019）。随着可持续发展理念的深入发展，国内外学者对土地利用功能进一步细分，如谢高地等（2012）从国土空间三生功能考虑，将国土空间功能划分为“居住容载、就业支持、经济发展、资源供给、生态维衡”五大功能，着重突出了资源供给和生态维持价值。郭艳、张成才和康鸳鸯（2015）从社会、经济、资源、生态环境等功能出发，细分为社会发展、文化休闲、非农业生产、农业生产、基础设施、土地资源、水资源、能源矿产资源、生态维持、环境安全等功能，建立国土空间多功能利用评价指标体系。扈万泰、王力国和舒沐晖（2016）以城乡用地分类为基础，分别从城乡、城镇、乡村等不同尺度进行三生空间划定，并依托各类规划划定三生空间的工作重点和技术路径。李广东和方创琳（2016）从城市空间入手，从土地、生态系统和景观功能综合的视角构建城市三生功能分类体系，并确定不同地类的空间功能主导类型。张路路（2017）基于三生功能理论将土地多功能类型细分为农业生产、经济发展、社会保障居住就业、旅游休闲和生态保育，并利用投影寻踪模型揭示湖南省土地多功能时空变化特征。

②功能评价研究

功能评价旨在测度国土空间多元化利用所提供的产品和服务。从尺度上看，可分为全国、区域、省域、市域等行政规划尺度和图斑、格网等微观尺度两大类。受到数据的限制，全国尺度的研究多以省级行政区划为单元进行评价，省域尺度多以县级或市级行政区划为单元进行评价，市域以县级区划为主要评价单元。图斑和格网等微观尺度的评价单元根据研究区大小进行栅格大小的合理调整，结果更加精细准确。从路径上看，一种是从经济价值和生态视角进行核算的量化路径：李平星、陈雯和孙伟（2014）核算了不同时期乡村地域的农业生产、工业发展、生态保育和社会保障功能及其综合价值，揭示了江苏省乡村地域功能的时空分异规律。另一种是用指标体系表征的路径，已成为当前应用较广泛的功能评价途径（张晓平、朱道林和许祖学，2014；高庆彦等，2015；杜国明、孙晓兵和王介勇，2016；Zhou，Xu & Lin，2017）。从评价指标体系来看，关于功能评价指标体系尚未形成统一的标准。一种是基于可持续发展思想，从经济、社会、生态 3 种角度考虑建立土地利用多功能性的评价指标体系；另一种是基于三生功能理论，结合区域土地利用、经济社会以及生态环境的实际情况将土地利用多功能分为生产、生活、生态三个主体功能。从土地利用多功能指数测算方法来看，大多采用综合指数法（刘超，2017）、灰色关联投影法、改进突变级数法（王枫和董玉祥，2015）、投影追踪模型（张路路，2017）、模糊综合评价、神经网络等方法进行定量评价。当前，基于知识驱动的熵值法与综合加权法结合的功能评价仍是主流（刘玉、刘彦随和郭丽英，2011；王枫和董玉祥，2015；张路路，2017），也被尝试性应用于各类功能评价领域。

（3）国土空间功能研究述评

国内外学者对空间功能的认识从简单到深入，从农业多功能到土地多功能再到国土空间综合功能，从一元到多元化，功能分类从整体性转向可持续性，功能分类逐渐细化。目前，国外空间多功能研究已成为土地可持续利用研究的热点和前沿，研究重点聚焦在基于可持续发展的土地利用多功能变化和区域政策耦合对可持续发展的影响。然而，国内空间功能研究起步相对较晚，研究重心逐渐转移到主体功能区及国土空间功能利用、三生空间研究，学者们根据不同尺度、区域不同主体功能角度，以功能识别和评价为重点研究内容，已初步形成研究框架和方法体系，指标体系衡量标准和权重确定尚不规范，仍需进一步优化和完善，但仍处于应用实践探索阶段。

2.3.4 国土空间优化相关研究

（1）国外国土空间优化相关研究

国外的国土空间优化理论启蒙较早，19 世纪 30 年代，德国经济学家杜能提出的农业区位论最早体现了“优势区位”的思想，随着区域经济学、景观生态学和空间几何学的相互交融，地域空间布局理论日渐成熟，如增长极核理论、点轴理论、同心圆理论等城市空间均衡布局理论和分形理论等为国土空间优化提供了理论支撑。

20 世纪 70 年代以后，以非线性规划和线性规划等控制论为理念的规划为土地利用优化配置方法的创新提出新的解题思路（罗鼎等，2009），数学模型和地理信息技术广泛应用于空间评价和优化研究，如 CLUE 模型、CLUE-S 模型、U-LAM 模型、KBS-DSS 模型等，研究方法日渐成熟。城市土地优化配置也由于城市土地的高价值性一直受到规划学者的格外青睐，而农村土地优化布局也由于农村特殊的生产生活性受到重视。但国外的国土空间优化是在城乡关系问题并不突出的情况下开展的，与中国的具体国情相差甚远，在此不一一展开论述。

（2）国内国土空间优化相关研究

改革开放以来，西方有关国土空间优化理论及方法开始引入中国，专家学者们在根植于我国国情和地域特点的基础上，借鉴国外学者的经验，探索出适合我国国情的新理论，如吴传钧院士（1991）的人地地域系统理论、陆大道院士（1998）的点轴发展理论。20 世纪 90 年代以后，国土空间优化理论进一步细化，樊杰（2015）提出国土规划性质与内容调整的关键问题，并指出经济布局、优化土地利用结构是国土空间规划的核心内容。进入 21 世纪，城镇化进程的推进、资源环境约束、生态退化等普遍存在于不同尺度的国土空间开发层面上。党的十八大报告首次将优化国土空间开发格局提到战略高度，提出了生态文明建设和经济建设同等重要。“十三五”期间，又将生态文明建设与乡村振兴、精准扶贫等国家战略相结合，通过划分空间功能和空间管控实现美丽中国的美好愿景。2018 年自然资源部的成立，对我国空间治理体系提出了新要求，国土空间优化也形成了以国土空间集聚开发、资源环境优先保护和土地整治为核心的空间框架。

学者们开始关注当前的国土空间优化利用问题，无论是在理论研究还是方法体系上都日渐成熟。从优化方法来看，传统的数学模型如线性规划是最早的空间优化方法，GIS 空间技术的发展又为空间优化提供了重要的技术支持，GIS 技术与智能优化算法相结合的方法已成为当前研究的常用手段（张骏杰，2018），如粒子群算法（马世发等，2014）、遗传算法（袁满和刘耀林，2014）。从理论探讨来看，樊杰（2007）指出优化国土空间开发格局的战略任务要从建设美好家园，促进陆地海洋空间统筹发展，构建城市化、农业、生态安全三大战略格局以及形成优化、重点、限制和禁止的四类主体功能区域等 4 个方面进行。邓伟等（2017）在对山区国土空间特性进行解析的基础上，从“需求、供给、关联、效应”四大问题和“功能、状态、权衡、路径”四大层次出发，构建了我国山区国土空间优化的概念矩阵模型和逻辑遵循。匡文慧（2019）系统剖析了新时代国土空间格局优化和管控的科学内涵，并提出对标 2035 年目标和 2050 年愿景的国土空间优化配置和调控模式。孟宝、邓伟和彭立（2019）基于地理学“格局—过程”的基本原理梳理了国土空间相关概念，阐明了国土空间的形成过程、格局和功能，并指出国土空间失衡的原因和功能优化的方向。从实证研究来看，马利邦等（2015）基于主体功能区划框架将天水市空间发展战略与地域功能分区相结合，以乡镇为单元划分国土空间，提出相应的空间定位和发展方向。沈悦、严金明和陈昊（2018）以海淀区为例，划定城乡交错带土地整治功能单元，从而达到空间优化的差异化需求。张骏杰等（2018）改进多目标规划模型并辅以智能遗传算法构建市级国土空间优化模型，为决策者提供优化方案及技术支持。王亚飞、樊杰和周侃（2019）以福建省六盘水为例，通过基于“双评价”的控制性参数测算与降尺度分解，实现格网单元地域功能优化分区。张年国、王娜和殷健（2019）等以沈阳为案例，建立了三条控制线管控体系与调整规则，并提出三条控制线和三大空间协同优化的思路和建议。

（3）国土空间优化研究述评

国外的国土空间优化是在城乡关系问题并不突出的情况下开展的，主要研究了以城市土地为中心的城乡规划、布局等，城乡关系并没有纳入明晰的逻辑框架。而中国存在明显的城乡二元结构，城乡国土空间优化配置差异明显，应构建不同层次、不同尺度、不同战略需求的空间优化模型。当前，国内关于国土空间优化的研究逐步成为学术界探讨的热点问题，从理论方法到实践路径，从城市国土空间优化到三生空间引入空间优化实践等。同时，国家战略的推动也使得优化国土空间格局成为实现中国社会经济可持续发展的必经之路。

2.3.5 存在问题与思考

通过对国内外已有研究的梳理和总结，发现已有研究成果为推动国土空间功能评价及分区优化研究提供了很好的借鉴，但仍存在一些不足和需要完善的方面，总结为以下三方面内容：

（1）国家层面技术指南的适用性问题

《中共中央　国务院关于建立国土空间规划体系及监督实施的若干意见》和自然资源部颁布的《资源环境承载能力和国土空间开发适宜性评价指南（试行）》等相关政策，为全国大尺度的国土空间“双评价”工作提供了参考依据和技术支持；而对于不同地区中小尺度的国土空间“双评价”及后续的功能分区优化而言，并没有涉及具体的方法细节，也不能完全适用于各地区的实际情况，仍处于不断探索实践阶段，对采用何种评价方法仍需进一步研究。

（2）已有研究多侧重于单一的资源承载力评价或开发适宜性评价

近年来，作为优化国土空间格局的基本依据和编制国土空间规划的基础，“双评价”的重要性日益凸显，尤其在2010年以后国家相继出台了一系列关于资源环境承载力评价和国土空间开发适宜性评价的规程方案，这些政策和规程方案极大地推动了我国的国土空间开发利用可持续发展及相关理论和实践研究。然而，在现有的国土功能空间评价及实践中，普遍存在着只考虑资源承载力或开发适宜性等单一评价情况，只强调生态保护目标，或强调社会经济发展，对实现县域国土空间开发利用保护与经济社会发展、生态文明建设的融合共生形成一定的阻力。未来长时间内经济社会发展与生态环境保护之间的冲突仍将继续存在，如何实现国土空间开发利用保护与经济社会发展、生态文明建设的融合共生，仍然是亟须破解的难题。因此，本研究构建国土空间功能“双评价”概念模型和方法体系，并结合县域典型案例探讨实现农业生产、生态保护和社会经济的区域协调发展路径等。

（3）缺乏针对典型区域的全域国土空间“双评价”及功能分区优化研究

受到我国幅员辽阔、地形复杂多样、各地经济水平迥异等条件的限制，当前国土空间分区主题重叠，分区尺度存在差异，实施过程难以衔接，国土空间功能评价、分区与优化研究滞后于现实决策需求。为了统筹谋划未来人口分布、经济布局、国土利用和城镇化格局，《全国主体功能区规划》中明确规定，根据不同区域资源环境承载能力、现有开发密度和发展潜力的差异，将国土空间划分为优化开发、重点开发、限制开发和禁止开发四类，确定主体功能定位，明确开发方向，控制开发强度，规范开发秩序，完善开发政策，逐步形成人口、经济、资源环境相协调的空间开发格局。优化开发、重点开发和限制开发区域原则上以县级行政区为基本单元，禁止开发区域按照法定范围或自然边界确定，因此，针对某一特定类型的典型区域进行全域国土空间“双评价”及功能分区优化研究，具有较强的现实价值，为相同区域国土空间优化与管制决策和指标落地提供思路和精准建议。例如，国家限制开发区下的农产品主产区关系到全国或更大范围区域的粮食安全问题，而在其全域范围内如何在保障农业生产安全的前提下协调城镇发展和生态保护仍需进一步探索，且县域国土空间分区研究还处于探索性研究阶段，亟待开展典型县域的国土空间功能综合评价与分区优化研究，也为平原水乡地区县域国土空间优化决策等提供思路建议。

第 3 章

对象界定：自然资源与环境特征

3.1　自然资源利用与环境关系框架

自然资源与人类对自然资源的利用之间具有显著的双向互动关系，可用“压力—状态—响应”（Pressure－State－Response，PSR）模型表征。PSR模型由经济合作与发展组织（OECD）和联合国环境规划署（UNEP）共同提出，用于评价人类活动对生态环境的影响程度。在PSR模型中，压力指标表征人类的经济和社会活动对环境的作用，如资源索取、物质消费及各种产业运作过程中所产生的物质排放等对环境造成的破坏和扰动；状态指标表征特定时间阶段的环境状态和环境变化情况，包括生态系统与自然环境现状、人类的生活质量和健康状况等；响应指标指社会和个人如何阻止、减轻、预防人类活动所带来的负面影响，以及对不利于人类生存发展的生态环境变化进行补救的行为举措（图3-1）。

自然环境通过影响自然资源的位置特征与理化性质、资源开发利用的难易程度以及产品利用等，改变自然资源的形成与分布条件、开发利用条件以及利用方式等，影响资源实物的获取与初级加工、开发成本和效率以及产品利用效率等。在自然资源开发利用过程中，基于PSR模型理论，通过物理关系变化、化学反应变化及生物物质能量流动的交织作用，三个维度变化共同作用，使得生态系统不断接受综合影响并做出响应。物理关系的改变主要体现在地下和地表的垂直空间维度与区域的水平空间维度，使人类改变开发方式从而对环境产生影响。化学反应变化主要体现在由资源

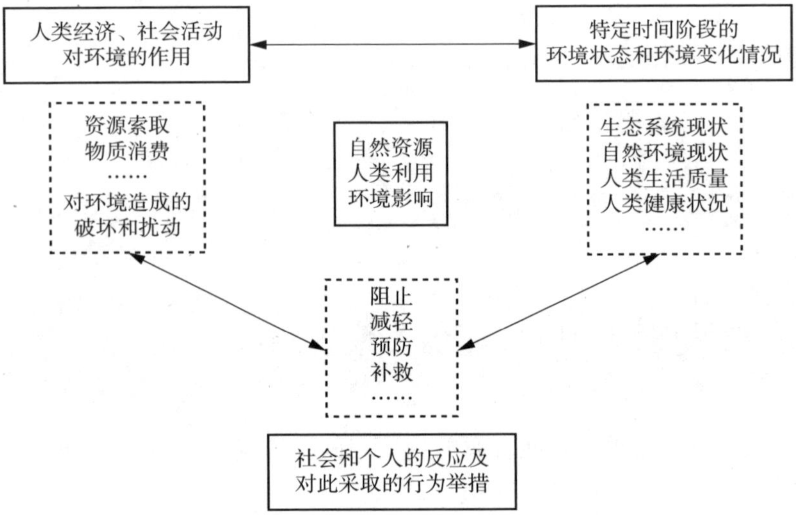

图 3-1 自然资源与环境关系框架

开发利用导致的物质转化与能量的转移及循环等促使人调整开发，改变系统中的部分化学性质等影响。生物物质能量流动主要体现在生物多样性和生态多样性随资源开发利用强度发生变化而产生新的影响等。

3.2 自然资源分类

自然资源是人类可以直接从自然界中获得并用于生产和生活的物质，包括各种不可更新的金属和金属矿物、化石燃料等，可更新的生物、水、土地资源等，以及取之不尽的风力、太阳能等多种形式。从自然资源类型与国土空间规划衔接的需求来看，“双评价”涉及的自然资源类型主要包括土地资源、水资源、矿产资源、海洋资源 4 大类（表 3-1）。

表 3-1　基于"双评价"的自然资源主要分类体系

自然资源	"双评价"分类标准	"双评价"分类结果
土地资源	土地利用分类	按照《土地利用现状分类》（GB/T 21010—2007）和（GB/T 21010—2017），可分为耕地、园地、林地、草地、商服用地、工矿仓储用地、住宅用地、公共管理与公共服务用地、特殊用地、交通运输用地、水域及水利设施用地和其他土地共 12 个一级类，以及 73 个二级类
水资源	空间位置	根据海陆分异划分海洋水资源和陆地水资源，再将陆地水资源分为地表水（主要由降水形成的动态水资源）和地下水（地层浅层中的水资源）两类
矿产资源	矿产种类	一般按矿产的种类进行分类，如煤炭、天然气、石油等能源资源和金属、非金属等矿石资源
海洋资源	承担功能	基于《全国海洋功能区划（2011—2020 年）》（国发〔2015〕42 号）中承担功能的不同，划分为农渔业区、港口航运区、工业与城镇用海区、矿产与能源区、旅游休闲娱乐区及海洋保护区等 7 种不同主要类型，并划分为海洋空间、海洋渔业及无人岛礁等资源类型

3.2.1　土地资源

土地资源是指已经和未来可预见的能被人类利用的土地，是人类生存的基本资料和劳动对象，具有位置固定性、数量有限性、方向变更困难性等自然属性，也具备社会、经济多重属性。基于土地资源的自然属性，可以根据地表覆盖的差异确定土地覆被（land cover）分类；基于土地资源的社会经济属性，可以根据人类对土地社会经济的管理和利用措施进行土地利用（land use）分类。基于土地资源的社会经济属性差异而采用的土地利用分类方法，能够更加有效地衔接资源环境承载力评价和国土空间开发适宜性评价业务，因此更适用于在"双评价"中划分土地利用现状类型。

3.2.2　水资源

水资源是指地球上目前可利用的水源或者有可能被利用的水源，可以满足某一地方在一定时间内具体利用的需求，具有周期性、利用的多样性和重要性等特征。基于空间位置的差异，可将水资源分为地表水、地下水和海洋水；基于水质的污染程度的差异，可将水资源分为Ⅰ至Ⅴ类质量不同的水资源；基于补给来源的差异，可分为大气降水、地表水、土壤水、地下水、冰雪融水和生物水等类型。根据“双评价”的需要，在评价中一般采取基于空间位置的分类标准，先根据海陆分异划分海洋水资源和陆地水资源，再将陆地水资源分为地表水（主要由降水形成的动态水资源）和地下水（地层浅层中的水资源）两类。

3.2.3 矿产资源

矿产资源是指经过地质成矿作用，天然赋存于地壳内部或出露于地表的，呈固态、液态、气态的，具有开发利用价值的矿物或有用元素的集合体，具有明显的耗竭性、稀缺性、分布不均衡性和动态性等特征，且多数资源可再生性较差。基于矿产种类和矿物形态的差异，可分为能源矿产、金属矿产、非金属矿产和水汽矿产。根据“双评价”的数据需要，一般会按矿产的种类进行分类，如煤炭、天然气、石油等能源资源和金属、非金属等矿石资源。

3.2.4 海洋资源

海洋资源是指海洋中的生产资料和生活资料的天然来源，与土地资源、矿产资源和水资源在生态循环层面有着密不可分的关系，而且在一定程度上能互相转化，具有较好的可再生能力，在适宜的开发利用方式下能够持续为人类所用。根据“双评价”的数据需求，可将海洋资源基于《全国海洋功能区划（2011—2020年）》中承担功能的不同划分为农渔业区、港口航运区、工业与城镇用海区、矿产与能源区、旅游休闲娱乐区及海洋保护区等7种不同的类型，并划分为海洋空间、海洋渔业及无人岛礁等资源类型。

3.3　环境要素界定

自然环境条件是影响自然资源空间分布特征的重要因素，也是制约自然资源开发利用的外部因素。在“双评价”工作中所涉及的主要环境要素有气候、大气环境、水环境、土壤环境、地形地貌、地质环境、交通区位、自然灾害和海洋环境等类型。

3.3.1　自然气候

自然气候是大气物理特征的长期平均状态，包含“光温水热”等要素，时间尺度可从月、季、年、数年到数百年以上，具有较好的稳定性。自然气候的要素主要包括光照辐射、温度、积温、降水和季风等5类。自然气候的差异能够影响土地、水等主要自然资源的开发条件及人类开发利用所需的成本。在“双评价”环节中，通常将自然气候条件中的光温水热特征结合大气环境等其他环境要素进行分析，较少单独考虑其对资源环境的影响。

3.3.2　大气环境

大气环境是生物赖以生存的空气物理、化学和生物特性的组合，主要包括基本气体成分（氮气、氧气、稀有气体、二氧化碳）和空气污染物质（悬浮颗粒物和氮氧化物）等，且当人类活动改变大气中组合成分时，大气环境属性易发生改变，稳定性不高。大气环境质量直接关系自然资源利用适宜性与资源环境承载能力评价的结果，可用空气质量指数衡量大气环境的污染或清洁程度以及对健康的影响程度。

3.3.3　水环境

水环境是围绕人群空间及可直接或间接影响人类生活发展的水体，主要包括水质（水体的物理、化学、生物性质）和水文特征（水变化和运动），具有较强的流动性，稳定性较差。从空间分布与海陆分异来看，陆域水环境可分为地表水环境（地表水、溶解氮、无机盐、重金属、有机物和菌群等）和地下水环境（地下水、溶解性无机盐、重金属、有机物、放射性物质和菌群等）。

3.3.4 土壤环境

土壤环境是连续覆被于地球陆地地表的土壤圈层，是地球表面生物圈的组成部分，是陆生植物进行光合作用和能量交换的重要场所，主要包括土壤类型、土壤层厚度、土壤质地、土壤有机质、可溶性盐类、酸碱度等理化特征，稳定性较好。在"双评价"工作中，土壤的类型比较重要，不同类型代表了土壤层的厚度和有机质含量的差异，很容易影响人类利用土地资源和保护土壤环境的方式。

3.3.5 地形地貌

地形地貌是一类综合的环境要素。地形指地表以上分布的固定物体共同呈现的高低起伏的各种状态，能够表达地形的组成、地势起伏、形态分布及特殊地貌类型等特征。地貌则是地球表面各种形态的总称，是地球内外力地质作用对地壳综合作用的结果，目前常见的地貌类型按成因一般分为构造类型、侵蚀类型、堆积类型等，侵蚀类型和堆积类型又可分为河流、湖泊、海洋、冰川、风成等类型地貌。受空气和水等侵蚀作用、地质活动与自然灾害等影响，地形地貌修复的难度较大。"双评价"工作主要关注其中的地貌类型、地形特征及海拔高程等信息。

3.3.6 交通区位

交通区位涉及交通状况（通达性）和人口（拥挤程度）两方面问题，体现了人与点状、线状、面状的基础设施的交通联系。区位因素主要包括成本（运费因子和非运费因子）等经济因素和非经济因素（传统观念），容易随着国土开发的布局改变而变化，稳定性一般，交通区位通达性也随之改变。“双评价”工作主要关注其中的交通可达性和交通路网密度等信息。

3.3.7 地质环境

地质环境是地球演化的产物所形成的综合体，包含岩石圈、水圈和大气圈，是一个两两之间进行着物质迁移和能量转换的相对平衡的开放系统，容易受到相关资源环境要素的影响，稳定性较差。因此，在资源开发利用中应注意尽量不破坏已有的地质环境条件，避免引起连带损失。“双评价”工作主要关注地质构造、地形地貌等可能影响城镇开发建设工程效果的因素。

3.3.8 自然灾害

自然灾害是能给人类生存带来危害或者损害人类赖以生存的生活、生态环境的有害自然现象。通常按照发生的所在环境划分为气象水文灾害（干旱、洪涝、台风、冰雹、暴雨、大风、雷电、沙尘暴、大雾等）、地质地震灾害（地震、火山、滑坡、泥石流、地面塌陷等）、海洋灾害（风暴潮、赤潮、海啸等）、生物灾害（植物病虫、鼠害、森林草原火灾等）和生态环境灾害（水土流失、风蚀沙化、石漠化、盐渍化等）。由于地球环境要素理化性质发生不可避免的变化或人类活动超出环境承受能力所引起的自然灾害能改变特定区域内的资源环境分布，并造成国民经济损失。“双评价”工作主要关注影响工农业生产、粮食安全和资源利用等相关的自然灾害要素。

3.3.9 海洋环境

海洋环境主要包括海水、溶解性无机盐、重金属、放射性物质、石油类污染物、沉积物、海洋大气沉降物等。在“双评价”中，由于海洋环境和陆域水环境的差异，所关注的要素也有所不同。

3.4 基础数据与指标体系

3.4.1 自然资源和环境要素基础数据

自然资源基础数据（表3-2）包括土地资源基础数据、矿产资源基础数据、水资源基础数据和海洋资源基础数据，一般包含描述资源开发利用或潜能的属性数据和描述资源分布位置和关系的空间数据，多集成或分散在一个或多个专题图层中。

表3-2 自然资源基础数据

资源类型	要素类型	空间粒度	属性数据	来源
土地资源	面	图斑	数量、土地利用类型	国土空间调查、土地利用专题图等
矿产资源	面	图斑	类型、数量	地质图图斑提取等
水资源	线、面	图斑	类型、分布、用途等	水系图、流域图图斑提取等
海洋资源	线、面	图斑	类型、用途等	海图、专题图图斑提取等

环境要素基础数据（表3-3）包括自然气候基础数据、大气环境基础数据、水环境基础数据、土壤环境基础数据、地形地貌基础数据、交通区位基础数据、地质环境基础数据、自然灾害基础数据和海洋资源基础数据，一般包含描述环境本底特征或承载能力的属性数据和描述环境分布位置和关系的空间数据，多集成或分散在一个或多个专题图层中。

表3-3 环境要素基础数据

资源类型	要素类型	空间粒度	属性数据	来源
自然气候	面	图斑	气候类型、光温水热等	专题图图斑提取等
大气环境	面	栅格单元	气温、风速等	专题图图斑提取等
水环境	线、面	图斑	水质等	水系图图斑提取等
土壤环境	面	图斑	类型等	土地利用图图斑提取等
地形地貌	面	图斑	坡度、地貌单元等	地形图、地貌图、等高图图斑提取等

续表

资源类型	要素类型	空间粒度	属性数据	来源
交通区位	点、线、面	图斑、点、线	空间可达性与人口	专题图图斑提取等
地质环境	面	图斑	地质构造与承载力	地质图图斑提取等
自然灾害	点、线、面	图斑、点、线	类型	专题图图斑提取等
海洋环境	线、面	图斑、点、线	类型、理化特征等	海图图斑提取等

3.4.2　自然资源和环境要素基础指标

自然资源的基础指标（表3-4）反映的是土地资源、矿产资源、水资源和海洋资源的空间依存关系或理化性质。土地资源的基础指标反映的是所处位置和相邻关系，理化性质通过土地图斑面积、不透水层比例、植被覆盖指数等来表现。矿产资源的基础指标反映的是所处位置与深度，理化性质通过埋藏深度、储量、可采厚度等表现。水资源的基础指标反映的是水资源空间分布和载体，理化性质通过径流量、蓄水量、水质等级、供水能力等表现。海洋资源的基础指标反映的是岸线长度等空间依存关系，理化性质则用海域面积、鱼类捕获量等表示。

表3-4　自然资源基础指标统计

资源类型	指标名称
土地资源	位置、地类代码、地类名称、土地图斑面积、不透水面积比例、植被覆盖指数等
矿产资源	固体矿产保有储量、矿产资源量、矿产基础储量、矿产埋藏深度、固体矿产可采厚度、矿产探明储量等
水资源	类型、天然河川径流量、湖泊水量、水库蓄水量、工程供水能力、地表水水质等级、可利用量等
海洋资源	岸线长度、海岛总岸线长度、自然岸线保有率、鱼类捕获量、海域面积等

环境要素的基础指标（表3-5）描述特定环境要素的空间分布关系及环境理化特征，反映环境外部作用及人类开发利用影响。单项环境要素反映的是某一类对应要素的主要特征，如自然气候单项要素的指标反映的是自然气候特征，大气环境单项要素的指标反映的是大气与降水特征，水环

境基础数据单项要素的指标反映的是水文与水质特征，土壤环境基础数据单项要素的指标反映的是土壤性质与结构特征，地形地貌基础数据单项要素的指标反映的是地表起伏及变化特征，交通区位基础数据单项要素的指标反映的是交通可达性特征，地质环境基础数据单项要素的指标反映的是地表层稳定性特征，自然灾害基础数据单项要素的指标反映的是频率破坏和损失特征，海洋资源基础数据单项要素的指标反映的是海洋水质特征等。然而“双评价”工作中常需要综合考虑环境特征，应对某一类资源类型进行综合考虑，以得到更全面的综合环境要素指标，如交通区位综合要素指标表现在中心区类型、社会经济活动中心距离等方面，水环境综合要素指标表现在水环境类型和水质等级等方面。

表 3-5　环境要素基础指标统计

资源类型	指标名称
自然气候	积温、年均温度、年均降水量等
大气环境	气温、风速、气压、降水等
水环境	水位、径流量、水质、介质、补给、汇集等
土壤环境	有机质含量、土层厚度、土壤结构、土壤质地、阳离子交换性等
地形地貌	高程、坡度、地形起伏度、坡向等
交通区位	道路路网密度、道路通达度、基础设施完善度、交通可达性等
地质环境	断裂活动性、地下水埋深、地层岩性、隔水层稳定性等
自然灾害	频率、一般经济损失等
海洋环境	海洋水质类别、海洋功能区类型、水深、海洋功能区面积等

3.4.3　基础指标数据预处理

自然资源、环境要素的基础空间数据种类多样、形式复杂，来源于多个相关部门，所采用的空间参考基准也不尽相同，因此很难直接用于进行空间评价分析。基于“双评价”综合全面的特点，需要一个以全球参考基准框架为背景、统一的坐标系统来处理面向全国、省、市、县等多层级的资源、环境、经济社会等问题，自 2018 年 7 月 1 日起对涉及空间坐标的项目要求全部采用2000国家大地坐标系（CGCS2000）。CGCS2000是以包括海洋和大气在内的整个地球的质量中心为原点的全球地心坐标系（表3-6）。目前，以ArcGIS为代表的常用空间数据处理软件大多支持CGCS2000坐标系的转换处理。

表3-6 2000国家大地坐标系主要参数

长半轴 a	短半轴 b	扁率 f	第一偏心率 e
6378137m	6356752.31414m	1/298.257222101	0.0818191910428

在进行自然资源环境和环境要素调查成果汇总时，为便于聚类分区统计，通常选择一定精度的栅格单元对评价区域进行栅格化处理。同时，栅格单元精度也会受到决策要求精度、动态监测遥感影像精度和数据来源精度的影响。“双评价”主要涉及国家、省、市、县、镇共5个尺度等级，包含海洋与陆域两大载体。一般全国尺度下的评价单元采用的是精度较低的栅格单元，陆域推荐的格网大小为500 m×500 m~1000 m×1000 m，海洋推荐的格网大小为1000 m×1000 m。省级尺度下的评价单元相对于全国尺度精度较高，陆域推荐的格网大小为100 m×100 m~500 m×500 m。市、县、镇级尺度下的评价单元精度较高，陆域推荐的格网大小为50 m×50 m~100 m×100 m。

考虑“双评价”的需要，应将涉及自然资源与生态环境要素的基础数据指标反映的属性、数量等关系分配到网格计算单元。为便于进行资源环境的聚类分区以及基础数据的综合计算，对涉及资源要素属性关联的指标通常采用图层属性叠加的方法，对各相关图层叠加分析产生所需的新要素层；对涉及资源要素对周围空间的辐射影响范围的指标通常采用距离衰减计算的方法，确定受影响区域范围；对涉及资源要素空间叠置的指标通常采用直接赋值的方法，对叠加后产生的属性关系赋新值；对涉及资源要素面域统计关系的指标通常采用统计赋值的方法等，基于一定统计公式计算新的属性值，对数量属性按照各资源碎部单元面积占分割前单元面积的比例分配，通常采用面积最大值化处理，对空间辐射和叠置关系通过格网划分新的单元等。

3.5 自然资源与环境特征综合分区

“双评价”的本质在于综合、客观地对区域资源环境承载能力和国土空间开发适宜性进行综合摸底，摸清自然资源的短板和资源瓶颈，因此，“双评价”结果的表达离不开合理的自然资源与生态环境分区。自然资源与环境特征综合分区有利于摸清区域资源禀赋条件及要素类型，能够直观地反映资源丰裕程度，集中区域优势资源重点开发利用，实现自然资源规模化利用。同时，通过生态环境分区快速定位重点环境要素特征和生态环境短板要素，能够有针对性地提出环境治理的优化措施，有效地划定生态保护红线，确定三生空间，同步推进国土空间开发利用工作与生态环境保护工作。

自然资源与环境特征分区的目的是将具有相似的资源禀赋特征、生态功能与环境要素的图斑单元组成特定区域，遵循均质性原则、多用途评价原则及延续性原则等。均质性原则强调特定类型区的资源禀赋特征相对一致，生态功能体与环境要素特征具有最大相似性。多用途评价原则是针对“双评价”指导现实的特点，实现分区用途全域覆盖。延续性原则是指结合“双评价”技术要求及国土空间规划需要，生态空间及划定的生态功能区在后续的评价过程中得以延续，保持其相对完整性。划分的方法多为针对特定的聚类空间承载单元进行综合分析，如自然资源类型分区多适用层次聚类法，生态环境分区多适用最短距离法、最长距离法、中间距离法等进行相似度度量聚类。

环境综合分区是以单项的自然资源、环境要素、生态类型进行图层叠置聚类、图版分割与属性赋值处理等，使得每个单元图斑的资源禀赋特征、生态功能与环境要素的属性值唯一化。遵循空间临近性原则，考虑资源开发现状与生态环境的冲突关系分布，结合生态环境综合表现类型和生态环境现状综合聚类分区。

因此，要从山水林田湖草沙生命共同体的综合视角出发，根据土地、矿藏、水、森林等自然资源环境关键要素功能联系及空间影响区域，寻求多要素统筹协调的整体解决方案，结合社会经济等因素，实现多维度、立体化开发推进，促进国土空间及服务功能的均衡优化布局和高效利用。

第 4 章

体系梳理：国土功能空间分类体系框架

4.1　现行国土规划分类体系

我国的空间规划分类体系庞杂，空间性规划职能部门众多，具有法律效力或政策基础的规划方案有20余种。与空间布局和分类利用密切相关的空间性规划职能部门有发改、规划、国土、住建、环保、水利、农业、林业和海洋等多个部门，制定了主体功能区规划、城乡规划、土地利用规划、生态功能区规划、农业规划、海洋功能规划等部门性规划，既有自然保护区规划、风景名胜区规划、防风治沙规划、水土保持规划、林地保护利用规划、草地建设保护利用规划、矿山地质环境保护规划等侧重自然资源和生态环境保护的专门性规划，也有公路网、铁路发展、水利发展、电力发展等侧重于行业发展的专业性规划。

现行的适用于各层级国土空间的分类体系主要分为土地利用规划体系、城乡规划体系、主体功能区划体系和生态环境功能区划体系（表4-1）。

表4-1　现行的国土规划主要分类体系及举例说明

体系	部门	分类举例	分类重点	体系结构
土地利用规划体系	国土部门	《土地利用现状分类》（GB/T 21010—2007）和（GB/T 21010—2017）	以功能覆盖为主；更注重非建设用地的细分；空间分区与用地分类兼具	12+57和12+73
		《土地规划用途分类及含义》		3+10+25
		《基本农田划定技术规程》（TD/T 1032—2011）		—
		《地理国情普查内容与指标》（GDPJ 01—2013）		12+58+133

续表

<table>
<tr><th>体系</th><th>部门</th><th>分类举例</th><th>分类重点</th><th>体系结构</th></tr>
<tr><td rowspan="5">城乡规划体系</td><td rowspan="5">住建部门</td><td>《村镇规划标准》（GB 50188-93）</td><td rowspan="5">以功能覆盖为主；更注重建设用地的细分；空间分区与用地分类兼具</td><td>9+28</td></tr>
<tr><td>《风景名胜区规划规范》（GB 50298—1999）</td><td>2+8+74</td></tr>
<tr><td>《村镇规划标准》（GB 50188—2007）</td><td>9+30</td></tr>
<tr><td>《城市用地分类与规划建设用地标准》（GB 50137—2011）和《城乡用地分类与规划建设用地标准（修订）（征求意见稿）》（GB 50137）</td><td>2+8+17 和 2+10+25</td></tr>
<tr><td>《村庄规划用地分类指南》</td><td>3+10+15</td></tr>
<tr><td>主体功能区划体系</td><td>发改部门</td><td>《全国主体功能区规划》</td><td>以用地政策为主；区域开发方向指引；空间分区</td><td>4</td></tr>
<tr><td rowspan="3">生态环境功能区划体系（部分）</td><td rowspan="3">环保部门</td><td>《全国生态环境保护纲要》</td><td rowspan="2">以用地政策为主；提供生态底图；空间分区</td><td>3</td></tr>
<tr><td>《全国生态功能区划》</td><td>3+9+216</td></tr>
<tr><td>《生态保护红线划定指南》</td><td>以功能覆盖为主；提供生态底图；空间分区</td><td>2+19</td></tr>
</table>

由于规划年限、数据标准、分类标准和编制思路的区别，现行各类空间性规划用地分类的应用领域、关注重点、价值取向以及对国土空间的管控要求也不尽相同，“重纵向控制、轻横向衔接”，存在着不同空间分类体系交叉重叠造成的多重属性地块，多种标准并存造成的规划衔接不够，部分体系内部空间分区与用地分类不对应所造成的尺度不一，关注重点不同造成的“三生”“三类”空间界定不清，缺乏对农业和生态功能统筹规划、管理措施错位等造成的管控无序，规划的实施效果和约束作用难以保证，对生态环境保护、文化遗产重要性、新业态下的用地需求等前瞻性问题考虑不足等问题。

4.1.1　土地利用规划体系概述

土地利用规划体系主要是由国土部门颁布实施的，以功能覆盖分类为依据，注重保护耕地与基本农田、控制建设用地，分类更加注重非建设用地的细分，兼顾空间分区与用地分类等。相关的分类标准有《土地利用现状分类》（GB/T 21010—2007）、《土地规划用途分类及含义》、《基本农田划定技术规程》（TD/T 1032—2011）、《地理国情普查内容与指标》（GDPJ 01—2013）和《土地利用现状分类》（GB/T 21010—2017）等。

《土地利用现状分类》（GB/T 21010—2007）主要依据土地用途、经营特点、利用方式和覆盖特征等因素划分土地利用类型，采用一级、二级两个层次的分类体系，共分为 12 个一级类和 57 个二级类。一级分类体系包括耕地（01）、园地（02）、林地（03）、草地（04）、商服用地（05）、工矿仓储用地（06）、住宅用地（07）、公共管理与公共服务用地（08）、特殊用地（09）、交通运输用地（10）、水域及水利设施用地（11）和其他土地（12）共 12 个类型。在开展农村土地调查时，将《土地利用现状分类》中 05、06、07、08、09 一级类和 103、121 二级类合并为城镇村及工矿用地（20），并细分为城市、建制镇、村庄、采矿用地和风景名胜及特殊用地。该标准主要适用于土地调查、规划、评价、统计、登记及信息化管理等工作。

《土地规划用途分类及含义》主要根据土地利用总体规划和实施管理的需要来编制，采用三级分类体系，共分为一级类 3 个、二级类 10 个、三级类中建设用地 14 个，农用地和其他土地根据需要划分。一级分类体系包括农用地、建设用地和其他土地。二级分类体系包括耕地、园地、林地、牧草地、其他农用地、城乡建设用地、交通水利用地、其他建设用地、水域、自然保留地。该标准主要适用于全国县级行政区土地利用总体规划的编制。

《基本农田划定技术规程》（TD/T 1032—2011）主要依据土地利用总

体规划开展县、乡级基本农田划定工作。根据土地利用总体规划成果、农用地分等成果、土地利用现状调查成果和基本农田划定成果确定基本农田质量等级等。该标准适用于依据土地利用总体规划开展的基本农田划定，以及在土地利用总体规划实施过程中依法批准建设项目占用基本农田或因依法认定的其他原因造成基本农田减少的补划工作。

《地理国情普查内容与指标》（GDPJ 01—2013）是为了全面掌握我国地理国情现状、满足经济社会发展和生态文明建设的需要而制定的，共分为 12 个一级类、58 个二级类和 133 个三级类。一级分类体系包括耕地（0100）、园地（0200）、林地（0300）、草地（0400）、房屋建筑（区）（0500）、道路（0600）、构筑物（0700）、人工堆掘地（0800）、荒漠与裸露地表（0900）、水域（1000）、地理单元（1100）和地形（1200）共 12 个类型。该指标适用于第一次全国地理国情普查工作，在地理国情监测中参照使用。

《土地利用现状分类》（GB/T 21010—2017）主要依据土地的利用方式、用途、经营特点和覆盖特征等因素归纳划分土地利用类型，采用一级、二级两个层次的分类体系，共分为 12 个一级类、73 个二级类。一级分类体系包括耕地（01）、园地（02）、林地（03）、草地（04）、商服用地（05）、工矿仓储用地（06）、住宅用地（07）、公共管理与公共服务用地（08）、特殊用地（09）、交通运输用地（10）、水域及水利设施用地（11）和其他土地（12）共 12 个类型。该分类标准主要适用于土地调查、规划、审批、供应、整治、执法、评价、统计、登记及信息化管理等工作。

4.1.2 城乡规划体系概述

城乡规划体系主要是由城乡规划部门颁布实施的，以功能覆盖分类为依据，注重城镇内部用地功能与布局的引导与调控，分类更加注重建设用地的细分，兼顾空间分区与用地分类等。相关的分类标准有《村镇规划标准》（GB 50188-93）、《风景名胜区规划规范》（GB 50298—1999）、《村镇规划标准》（GB 50188—2007）、《城市用地分类与规划建设用地标准》（GB 50137—2011）、《村庄规划用地分类指南》（2014 年）和《城乡用地分类与规划建设用地标准（修订）（征求意见稿）》（GB 50137）等。

《村镇规划标准》（GB 50188-93）是为了科学编制村镇规划、加强村镇建设和管理工作而制定的，共分为 9 大类、28 小类。大类分类体系包括居住建筑用地（R）、公共建筑用地（C）、生产建筑用地（M）、仓储用地（W）、对外交通用地（T）、道路广场用地（S）、公用工程设施用地（U）、绿化用地（G）、水域和其他用地（E）。该标准适用于全国村庄、集镇以及县城以外的建制镇规划。

《风景名胜区规划规范》（GB 50298—1999）是为了风景区保护、利用、管理、发展的需要而制定的，按风景资源分为 2 大类、8 中类和 74 小类。大类分类体系包括自然景源和人文景源两大类。中类分类体系包括天景、地景、水景、生景、园景、建筑、胜迹和风物 8 个中类。该规范适用于国务院和地方各级政府审定公布的各类风景区的规划。

《村镇规划标准》（GB 50188—2007）是为了科学编制镇规划、加强规划建设和组织管理而制定的，共分为 9 大类、30 小类。在大类类别上分为居住用地（R）、公共设施用地（C）、生产设施用地（M）、仓储用地（W）、对外交通用地（T）、道路广场用地（S）、工程设施用地（U）、绿地（G）、水域和其他用地（E）。该标准适用于全国县级人民政府驻地以外的镇、乡规划。

《城市用地分类与规划建设用地标准》（GB 50137—2011）是为了统筹城乡发展，集约节约、科学合理地利用土地资源而制定的。按照土地性质划分为城乡用地和城市建设用地两部分，城乡用地可分为 2 大类（建设用地和非建设用地）、8 中类（城乡居民点建设用地、区域交通设施用地、区域公用设施用地、特殊用地、采矿用地、水域、农林用地、其他非建设用地）和17小类；城市建设用地可分为8大类（居住用地、公共管理与公共服务用地、商业服务业设施用地、工业用地、物流仓储用地、交通设施用地、公用设施用地、绿地）、35中类和44小类。该标准适用于城市和县人民政府所在地镇的总体规划和控制性详细规划的编制、用地统计和用地管理工作。

《村庄规划用地分类指南》（2014年）是为了科学编制村庄规划、加强村庄建设管理、改善农村人居环境而制定的。按照土地使用主要性质分为3大类、10中类和15小类三级分类体系。大类分类体系包括村庄建设用地（V）、非村庄建设用地（N）和非建设用地（E）。中类分类体系包括村民住宅用地、村庄公共服务用地、村庄产业用地、村庄基础设施用地、村庄其他建设用地、非村庄建设用地、水域、农林用地、其他非建设用地共10个中类。该指南适用于村庄的规划编制、用地统计和用地管理工作。

《城乡用地分类与规划建设用地标准（修订）（征求意见稿）》（GB 50137）是为了统筹城乡发展，集约节约、科学合理地利用土地资源而制定的。按照土地性质划分为城乡用地分类、城市建设用地分类、镇建设用地分类和村庄建设用地分类四部分。城乡用地可分为2大类（建设用地和非建设用地）、10中类（建设用地、区域交通设施用地、区域公用设施用地、特殊用地、采矿用地、盐田、其他建设用地、农林用地、水域、其他非建设用地）和25小类。城市建设用地可分为9大类（居住用地、公共管理与公共服务用地、商业服务业设施用地、工业用地、物流仓储用地、道路与交通设施用地、公用设施用地、绿地与广场用地、待深入研究用地）、36中类和47小类。镇建设用地可分为8大类（居住用地、公共管理与公共服务用地、商业服务业设施用地、工业用地、物流仓储用地、道路与交通设施用地、公用设施用地、绿地与广场用地）、29中类和4小类。村庄建设用地可分为6大类（村庄住宅用地、村庄公共服务用地、村庄产业用地、村庄基础设施用地、村庄绿地与公共空间用地、村庄其他建设用地）、14 中类、17 小类。该标准适用于城市规划、镇规划、乡规划、村庄规划的编制，用地统计和用地管埋工作。

4.1.3　主体功能区划体系概述

主体功能区划体系是由发改部门颁布实施的，以用地政策分类为依据，注重指引区域空间开发方向，兼顾空间分区等。相关的分类标准主要有《全国主体功能区规划》（2017 年）。

《全国主体功能区规划》（2017 年）是为了构建高效、协调、可持续的国土空间开发格局而制定的。将我国国土空间按层级分为国家和省级两个层面；以提供主体产品的类型为基准，按开发内容分为城市化地区、农产品主产区和重点生态功能区；基于不同区域的资源环境承载能力、现有开发强度和未来发展潜力，以是否适宜或如何进行大规模高强度工业化城镇化开发为基准，按照开发方式分为优化开发区域、重点开发区域、限制开发区域和禁止开发区域。全国主体功能区规划是战略性、基础性、约束性的规划，也是国民经济和社会发展总体规划、区域规划、城市规划等的基本依据。

4.1.4　生态环境功能区划体系概述

生态环境功能区划体系是由环保部门、农林部门和海洋部门等颁布实施的，以用地政策、功能覆盖、保护对象和目的分类为依据，注重为物质空间环境建设提供生态底图和严控各类开发建设活动等，兼顾空间分区与用地分类等。相关的分类标准主要有环保部门颁布的《全国生态环境保护纲要》（2000 年）、《全国生态功能区划》（2008 年）、《生态保护红线划定指南》（2017 年）和《饮用水水源保护区划分技术规范》（HJ 338—2018）；农林部门颁布的《林地分类》（LY/T 1812—2009）、《湿地分类》（GB/T 24708—2009）、《森林资源规划设计调查主要技术规定》（GB 26424—2010）、《国家级森林公园总体规划规范》（LY/T 2005—2012）、《草地分类》（NY/T 2997—2016）、《国家级自然保护区总体规划审批管理办法》（2017 年）和《天然草地利用单元划分》（GB/T 34751—2017）；海洋部门颁布的《海洋功能区技术导则》（GB/T 17108—2006）、《海洋特别保护区分类分级标准》（HY/T 117—2010）、《海洋主体功能区区划技术规程》（HY/T 146—2011）。

《全国生态环境保护纲要》（2000 年）旨在全面实施可持续发展战略，落实环境保护基本国策，巩固生态建设成果，实现祖国秀美山川的宏伟目标。该纲要根据用地政策将生态环境保护划分为重要生态功能区的生态环境保护、重点资源开发的生态环境保护和生态良好地区的生态环境保护，适用于各地区、各部门的生态环境保护规划。

《全国生态功能区划》（2008 年）是在全国生态调查的基础上通过分析区域生态特征、生态系统服务功能与生态敏感性空间分异规律，确定不同地域单元的主导生态功能而制定的全国生态功能区划，共分为 3 类一级区、9 类二级区和 216 类三级区。根据生态系统的自然属性和所具有的主导服务功能类型，将全国分为生态调节、产品提供和人居保障 3 类生态功能一级区。在生态功能一级区的基础上依据生态功能重要性划分生态功能二级区。生态调节功能包括水源涵养、土壤保持、防风固沙、生物多样性保护和洪水调蓄等功能；产品提供功能包括农产品提供、林产品提供等功能；人居保障功能包括大都市群和重点城镇群等功能。

《生态保护红线划定指南》（2017 年）以指导全国生态保护红线划定工作，保障国家生态安全，构建国家生态安全格局为目标，将生态保护地划分为国家级和省级禁止开发区域以及其他有必要严格保护的各类保护地。国家级和省级禁止开发区域可细分为国家公园、自然保护区、森林公园的生态保育区和核心景观区、风景名胜区的核心景区、地质公园的地质遗迹保护区、世界自然遗产的核心区和缓冲区、湿地公园的湿地保育区和恢复重建区、饮用水水源地的一级保护区、水产种质资源保护区的核心区和其他类型禁止开发区的核心保护区域共10类。其他各类保护地可细分为极小种群物种分布的栖息地、国家一级公益林、重要湿地（含滨海湿地）、国家级水土流失重点预防区、沙化土地封禁保护区、野生植物集中分布地、自然岸线、雪山冰川、高原冻土等9类重要生态保护地。该指南适用于中华人民共和国陆地国土空间生态保护红线的划定。

《饮用水水源保护区划分技术规范》（HJ 338—2018）旨在防治饮用水水源地污染，保证饮用水安全。该技术规范将饮用水水源保护区划分为河流型饮用水水源保护区（一级保护区、二级保护区和准保护区），湖泊、水库型饮用水水源保护区（一级保护区、二级保护区和准保护区），地下水型饮用水水源保护区（一级保护区、二级保护区和准保护区）以及其他特殊情形水源地保护区（一级保护区、二级保护区）。该技术规范适用于集中式地表水、地下水饮用水水源保护区（包括备用和规划水源地）的划分和调整。

《森林资源规划设计调查主要技术规定》（GB 26424—2010）以森林资源为调查总体，将森林类别分为生态公益林（防护林、特种用途林）和商品林（用材林、薪炭林、经济林）。按照经营目标的不同分为5个林种（防护林、特种用途林、用材林、薪炭林、经济林）和23个亚林种（水源涵养林、水土保持林、防风固沙林、农田牧场防护林、护岸林、护路林、其他防护林、国防林、实验林、母树林、环境保护林、风景林、名胜古迹和革命纪念林、自然保护区、短轮伐期工业原料用材林、速生丰产用材林、一般用材林、薪炭林、果树林、食用原料林、林化工业原料林、药用林和其他经济林）。该规定适用于全国范围内的森林资源普查、规划设计调查以及森林资源调查管理。

《国家级森林公园总体规划规范》（LY/T 2005—2012）旨在统筹安排森林公园各分区建设，合理配置森林公园各项基础设施，处理好资源保护与利用的关系，指导森林公园的保护、利用与发展。将森林公园功能分区类型划分为核心景观区、一般休憩区、管理服务区和生态保育区等。该规范适用于国家级森林公园总体规划的编制和修编工作，省级和市（县）级森林公园总体规划的编制和修编可参照本标准执行。

《海洋功能区技术导则》（GB/T 17108—2006）规定海洋功能区划的工作程序、方法和成果要求，将海洋功能区划分为10个一级类和33个二级类。一级类可分为港口航运区、渔业资源利用和养护区、矿产资源利用区、旅游区、海水资源利用区、海洋能利用区、工程用海区、海洋保护区、特殊利用区和保留区。该导则适用于全国及沿海省（自治区、直辖市）、市、县（市、区）海洋功能区划的编制和修编工作。

《海洋特别保护区分类分级标准》（HY/T 117—2010）规定了海洋特别保护区的分类与分级标准，将海洋特别保护区分为国家级和地方级两个级别，划分为特殊地理条件保护区、海洋生态保护区、海洋资源保护区及海洋公园四个类别。该标准适用于我国管辖海域内海洋特别保护区的分类分级。

《海洋主体功能区区划技术规程》（HY/T 146—2011）规定了海洋主体功能区区划编制的内容和要求，将海洋主体功能区划分为内水、领海海洋主体功能区，海岛主体功能区，专属经济区和大陆架主体功能区。该规程适用于中华人民共和国内水、领海、海岛、专属经济区和大陆架的主体功能区划分工作。

4.2 县域国土功能空间分类体系初探

4.2.1 分类体系构建依据

随着新型城镇化和生态文明建设的快速发展、我国国土空间规划体系等各类方针政策的出台实施以及全国各地试点工作的开展，新时期国土空间规划体系框架已基本形成，建立合适的国土空间分类体系显得格外重要。

县级行政单位作为我国最完整的基层行政管理单位，部门职能与国家层面保持一一对应，是实现国土空间规划改革的最佳尺度。基于国土功能空间分类体系构建的依据和原则，在我国现行的国土规划分类体系的基础上，以第二次全国土地调查及其变更的土地利用现状数据为数据源，统一空间规划的坐标及其精度，构建县级国土功能空间分类衔接体系，从而实现统筹协调各类要素及可持续利用的目标。

4.2.2　分类体系构建原则

综合考虑国土利用功能空间认知的共识性界定、县域国土空间利用特点及区域主体功能定位等因素，确定各个土地利用类型对应的国土功能空间。县域国土功能空间土地利用分类衔接体系构建遵循的原则如下：

（1）以划分科学性为原则

划分的国土功能空间分类体系应参考《土地利用现状分类》（GB/T 21010—2007）、《土地利用现状分类》（GB/T 21010—2017）、《第二次全国土地调查技术规程》（TD/T 1014—2007）、《全国主体功能区规划》等国家标准，以功能覆盖为依据并兼顾用地政策，在综合考虑国土利用功能空间认知的基础上，建立县级国土功能空间土地利用分类体系。

（2）以实用性为原则

划分的国土空间分类体系应层次简明，通俗易懂，便于操作，同时又能满足当前新型城镇化和生态文明建设综合背景下的国土空间利用及管控需求。

（3）以地类功能复合性为原则

在考虑功能覆盖的基础上，认为国土空间具有复合功能的特性，某种用地类型生产、生活、生态功能兼具并有强弱差别，因此，在学者普遍认同的“生产—生活—生态”空间的基础上增加两个复合空间，将每一种土地利用类型划分为生产空间、生活空间、生态空间、生产—生活空间和生产—生态空间等五个层面并建立分类体系，并按照强弱等级进行功能空间赋值，提出同种土地利用类型兼具不同强度的功能。

（4）以地类排他性为原则

在国土空间上同一用地类型多种功能兼具并有强弱差别，就会导致空间划分的重叠。在考虑斑块功能主导性和空间不重叠两个方面的前提下，确保研究区域内的所有地块都有相应的分类和属性，形成逻辑清晰的分类体系，以便进行调查测算。现将国土功能空间在生产空间、生活空间、生态空间、生产—生活空间和生产—生态空间一级分类基础上划分二级空间分类体系，提出国土功能空间排他性原则。

（5）以斑块功能主导性为原则

生产、生活和生态功能空间具有交叉复合性，受调查数据的限制，在某种程度上很难区别开来，在对待研究区域内相关地块的空间属性时应考虑功能主导性原则。例如，将县域内建制镇图斑按功能主导原则划分为生活空间，其同时又是承载着居民生活、产业发展、增值服务等功能的生产集聚空间。同样，在广大乡村地区，农村居民点图斑与禽畜饲养、谷物晾晒场、生产器械同属于村庄用地空间，而生产功能和生活功能很难在空间上区分剥离，仍将生活空间作为村庄的主导功能。此外，风景名胜及特殊用地会以其优美的自然风光吸引全国各地的游客到此参观，具有较弱的生态功能，因其具有服务生产和生活的功能，仍将其划为生产—生活空间。

4.2.3 分类体系衔接方案

基于国土功能空间分类体系构建的依据和原则，在我国现行的国土规划分类体系的基础上，以第二次全国土地调查及其变更的土地利用现状数据为数据源，为实现县域国土空间全覆盖，采用《土地利用现状分类》（GB/T 21010—2007）中农村土地调查二级分类，遵循“自下而上、功能分级”的原则，参考相关研究（刘继来、刘彦随和李裕瑞，2017；易斌等，2019）从功能角度对土地利用数据进行归并分类，搭建土地功能分类与土地利用分类的衔接方案，构建县级国土功能空间分类衔接体系（表4-2）。

县级国土功能空间分类体系将国土功能空间一级空间分为生产空间、生活空间、生态空间、生产—生活空间和生产—生态空间。在此基础上划分二级空间，将生产空间细分为工矿生产空间和农业生产空间，生活空间细分为城镇生活空间和乡村生活空间，生态空间细分为绿色生态空间、水域生态空间和其他生态空间，生产—生活空间细分为服务生产—服务生活空间，生产—生态空间细分为农业生产—绿色生态空间和农业生产—水域生态空间。

表4-2　县级国土功能空间分类衔接体系

一级空间	二级空间	土地利用现状分类	简要说明
生产空间（P）	工矿生产空间（P1）	101 铁路用地	提供运输通行的地面线路、场站等，属生产用地
		102 公路用地	
		105 机场用地	
		106 港口码头用地	
		107 管道运输用地	
		118 水工建筑用地	具有重要的水域生产功能
		204 采矿用地	地面生产用地及尾矿堆放地
	农业生产空间（P2）	104 农村道路	提供农产品生产、集散的线路
生活空间（L）	城镇生活空间（L1）	201 城市	提供人们居住、休憩的场所
		202 建制镇	
	乡村生活空间（L2）	203 村庄	

续表

一级空间	二级空间	土地利用现状分类	简要说明
生态空间（E）	绿色生态空间（E1）	031 有林地	有林地、灌木林地和其他林地具有生态系统调节功能，对生物多样性具有重要作用
		032 灌木林地	
		033 其他林地	
		041 天然牧草地	具有大气调节、水土保持等功能
		042 人工牧草地	
		043 其他草地	
	水域生态空间（E2）	111 河流水面	河流、湖泊具有调节区域气温、稳定局部气候的作用；沿海和内陆滩涂有水涵养和净化的作用
		112 湖泊水面	
		115 沿海滩涂	
		116 内陆滩涂	
	其他生态空间（E3）	119 冰川及永久积雪	天然的土地覆被类型，属生态用地
		124 盐碱地	
		125 沼泽用地	
		126 沙地	
		127 裸地	
生产—生活空间（PL）	服务生产—服务生活空间（PL1）	205 风景名胜及特殊用地	提供公共服务和产品，同时又具有一定的生活用地功能
生产—生态空间（PE）	农业生产—绿色生态空间（PE1）	011 水田	是重要的农业生产用地，同时还具有气候调节、大气调节、水土调节等生态系统支持功能
		012 水浇地	
		013 旱地	
		021 果园	是重要的园林生产用地，同时还具有气候调节、大气调节、营养物质循环等生态系统支持功能
		022 茶园	
		023 其他园地	
		122 设施农用地	农业生产用地，具有生态景观功能
		123 田坎	
	农业生产—水域生态空间（PE2）	113 水库水面	具有渔业生产功能，是重要的水涵养用地
		114 坑塘水面	
		117 沟渠	农业生产用地，具有生态服务功能

第 5 章

尺度衡量：保障国土空间规划的精准落地

5.1　国土空间“双评价”的内容尺度

国家空间规划是国家空间发展的指南、可持续发展的空间蓝图，是各类开发保护建设活动的基本依据。由资源环境承载力评价和国土空间开发适宜性评价组成的国土空间“双评价”正是国土空间规划编制的基础工作，具有先导性、基础性和重要性。《中共中央　国务院关于建立国土空间规划体系并监督实施的若干意见》[①] 和《关于全面开展国土空间规划工作的通知》[②] 明确了国土空间规划对国土空间开发格局优化的指引作用。在不同层级国土空间规划体系中对国土空间功能的定位主要体现在国土空间统筹能力、风险管控力度和社会经济发展调控水平三个方面（陈美球和林雯璐，2021）。在自然统筹能力上主要协调统筹山水林草湖田等各类自然资源，实现生产生活生态空间格局优化。在风险管控力度上主要落实生态安全、粮食安全、社会风险等各类风险的管控要求。在社会经济发展调控水平上通过协调建设用地与耕地保护的矛盾，节约集约用地，充分发挥土地对社会经济发展的支撑作用。通过开展国土空间“双评价”可以有效识别自然资源禀赋、判断国土空间开发利用潜力，通过资源优势互补、统

① 中央人民政府门户网站．中共中央　国务院关于建立国土空间规划体系并监督实施的若干意见［EB/OL］. http：//www. gov. cn/zhengce/2019-05/23/content_ 5394187. htm.

② 中华人民共和国自然资源部网站．自然资源部关于全面开展国土空间规划工作的通知［EB/OL］. http：//gi. mnr. gov. cn/201905/t20190530_ 2439129. html.

筹部门用地配置，实现国土空间利用的数量约束和空间引导。

5.1.1 侧重于战略性的全国国土空间“双评价”

2019 年《中共中央　国务院关于建立国土空间规划体系并监督实施的若干意见》[①] 中明确指出，要建立全国统一、责权清晰、科学高效的国土空间规划体系，整体谋划新时代国土空间开发保护格局，综合考虑人口分布、经济布局、国土利用、生态环境保护等因素，科学布局生产空间、生活空间、生态空间。中央层面的国土空间“双评价”服务的是全国国土空间规划，国家尺度的规划编制是全国国土空间保护、开发、利用、修复的政策和总纲，应统筹保障中国国土空间安全，落实所有国土的空间用途管制，定位多在于综合性、战略性、保护性，侧重守底线、保长远的约束性规划。

5.1.2 侧重于协调性的省级国土空间“双评价”

为贯彻落实《中共中央　国务院关于建立国土空间规划体系并监督实施的若干意见》，指导和规范省级国土空间总体规划编制工作，自然资源部公布《省级国土空间总体规划编制指南（试行）的通知》[②]，强调了省级国土空间规划的战略引领和底线管控作用。省级国土空间“双评价”服务的是省级国土空间规划，省级尺度的规划编制应是省级政府对省域内的国土空间保护、开发、利用、修复所做的总体安排，一方面深化和落实全国国土空间用途管制的要求，作为落实国家规划的空间载体；另一方面，编制省级专项规划、市县等下位国土空间规划的基本依据，根据省域内实际情况，有所侧重地平衡不同区域、不同城市国土开发和保护的关系，指导市县国土空间规划编制。在国土空间规划体系中发挥承上启下的作用，

① 中央人民政府门户网站．中共中央　国务院关于建立国土空间规划体系并监督实施的若干意见［EB/OL］. http：//www. gov. cn/zhengce/2019-05/23/content_ 5394187. htm.

② 中华人民共和国自然资源部网站．自然资源部办公厅关于印发《省级国土空间总体规划编制指南（试行）的通知［EB/OL］. http：//gi. mnr. gov. cn/202001/t20200120_ 2498397. html.

多侧重于协调性的综合性规划。由于我国不同省份的自然资源禀赋、生态环境、社会经济条件差异巨大，在进行省级国土空间“双评价”时也应呈现出区域差异性，形成独具区域特色的主体功能约束有效、科学适度有序的国土空间布局体系。

5.1.3　侧重于实施性的市县乡镇级国土空间“双评价”

为贯彻落实《中共中央　国务院关于建立国土空间规划体系并监督实施的若干意见》，指导和规范市县级国土空间总体规划编制工作，《市县国土空间总体规划编制指南》（2019 年）和《市级国土空间总体规划编制指南（试行）》（2020 年）[①] 等指南的相继颁布，强调了国土空间规划的战略引领和底线管控作用。市县乡镇级国土空间“双评价”及分区优化侧重实施性，是本级政府对上级国土空间规划要求的细化落实，是对区域国土空间开发、保护、利用、修复和指导各类建设作出的具体安排。市级国土空间“双评价”及分区优化应细化落实底线划定、资源的安排配置和突出重点区域，县级国土空间“双评价”及分区优化应在落实上位分区优化的要求的基础上重点突出空间结构布局和激发乡村发展活力，乡镇级国土空间“双评价”及分区优化要确切安排具体地块的用途和各类空间要素整合。

5.1.4　侧重于约束性的专项国土空间“双评价”

针对国民经济和社会发展的重点领域和薄弱环节，独立开展海岸带、自然保护地等跨行政区域或流域的国土空间规划，以及生态环境保护、文物保护、林业草原等规划，可在国家级、省级和市县级层面进行，是为体现特定功能对国土空间开发利用保护作出的专门性安排。此类国土空间“双评价”及分区优化侧重于专项规划的约束性和限制性，更加强调的是海岸带、自然保护区等生态环境保护工作。

---

① 中华人民共和国自然资源部网站．自然资源部办公厅关于印发《市级国土空间总体规划编制指南（试行）》的通知［EB/OL］. http：//gi. mnr. gov. cn/202009/t20200924_ 2561550. html.

5.2 国土空间“双评价”工作流程

“双评价”的核心工作流程（图 5-1）包括工作准备、本底评价与结果校验、综合分析和成果应用 4 个环节。

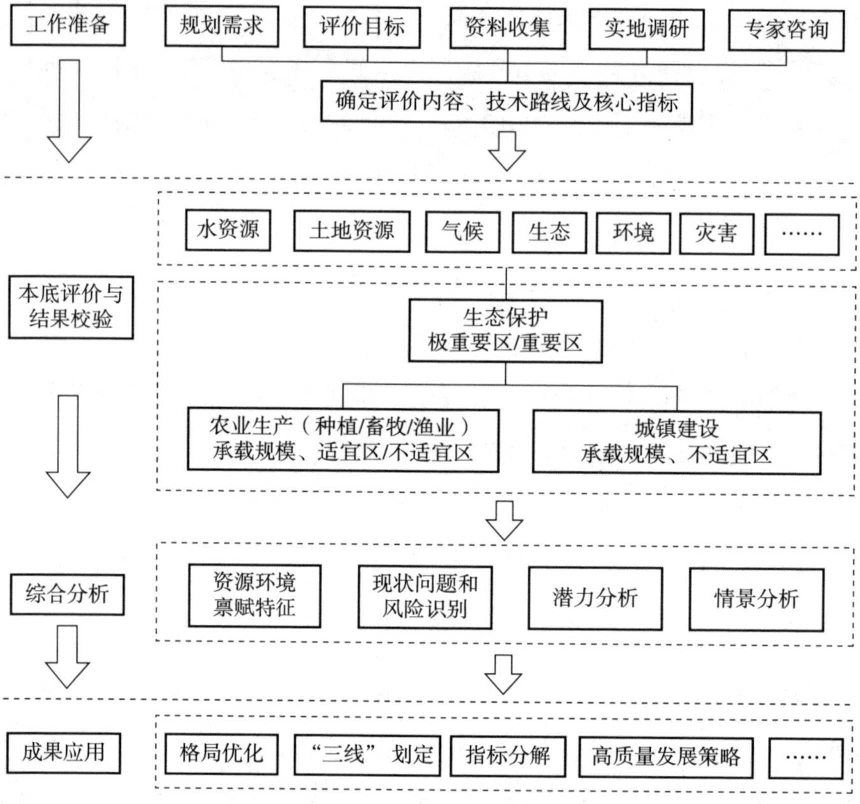

图 5-1 “双评价”工作流程

5.2.1 “双评价”工作准备

明确评价目标，进行数据、资料、人员等方面的准备工作，包括明确规划需求和评价目标，组织技术团队和专家咨询团队，确定工作组织、责任分工、进度安排，开展实地调研和专家咨询，在此基础上确定评价内容、技术路线、核心指标及计算精度，并收集相关数据资料等。

5.2.2 “双评价”本底评价和结果校验

将资源环境承载能力和国土空间开发适宜性作为有机整体，主要围绕水资源、土地资源、气候、生态、环境、灾害等要素，针对生态保护、农业生产（种植、畜牧、渔业）和城镇建设的核心功能开展。总体思路是首先开展生态保护重要性评价，在生态保护极重要区以外区域开展农业生产和城镇建设的适宜性评价和承载规模测算。为保证评价结果的准确性，初步结果应通过现场勘验、专家咨询等方式进行校验审核。

在生态保护重要性省级评价上要从区域生态安全底线出发，在陆海全域评价水源涵养、水土保持、生物多样性维护、防风固沙、海岸防护等生态系统服务功能重要性，以及水土流失、石漠化、土地沙化、海岸侵蚀及沙源流失等生态脆弱性，综合形成生态保护极重要区和重要区。市县评价上要从生态空间完整性、系统性、连通性出发，结合重要地下水补给、洪水调蓄、河（湖）岸防护、自然遗迹、自然景观等进行补充评价和修正。

在农业生产适宜性省级评价上要在生态保护极重要区以外的区域开展种植业、畜牧业、渔业等农业生产适宜性评价，识别农业生产适宜区和不适宜区。市县评价可在满足市县需要的省级评价内容结果上进行综合分析，可结合特色村落布局、重大农业基础设施配套、重要经济作物分布、特色农产品种植等，进一步识别优势农业空间。

在城镇建设适宜性省级评价上要在生态保护极重要区以外的区域优先考虑环境、粮食、地质等安全底线要求，识别城镇建设不适宜区。沿海地区可针对海洋开发利用活动和资源优势开展评价。市县评价可根据城镇化发展阶段特征，增加人口、经济、区位、基础设施等要素，识别城镇建设适宜区。可结合当地矿产资源、历史文化和自然景观资源进行必要的补充评价。

在评价承载规模时应以水资源、空间约束等为主要约束，评价各评价单元可承载农业生产、城镇建设的最大合理规模。各地可结合环境质量目标、污染物排放标准等评价环境容量对农业生产、城镇建设的约束要求，取各约束条件下的最小值作为可承载的最大合理规模。

5.2.3 “双评价”综合分析

在评价结果基础上，分析水、土地、森林、草原、湿地、能源矿产等自然资源的数量、质量、结构、分布及变化趋势，总结资源环境禀赋的优势和短板。与用地用海现状、承载规模现状对比，识别资源环境开发利用存在的主要问题以及潜在风险，根据适宜性评价结果、土地利用现状和承载规模进行潜力分析，分析农业、城镇空间优化调整方向，预判气候变化、重大基础设施建设等重大事件对土地资源、水资源、自然灾害、滨海城镇安全等未来国土空间开发利用的影响等，提出适宜的措施建议。

5.2.4 “双评价”成果应用

在生态评价方面应基于科学评价确定保护底线，在农业生产、城镇建设评价方面应综合权衡资源禀赋、环境条件、发展目标并作出合理判断。从国土空间格局优化、主体功能定位优化、“三区三线”划定、规划目标指标确定和分解、重大决策和重大工程布局落地、高质量发展策略和专项规划编制等方面，全力服务于国土空间规划的编制和实施。

5.3 县级国土空间功能“双评价”探索

5.3.1 县级国土空间功能“双评价”探索的必要性

基于“双评价”的国土空间功能分区与优化研究体现的是以人为本、可持续发展、区域均衡等思想，力图解决快速城市化带来的一系列国土空间问题，从而实现空间一体化和有序性发展，提高国土空间的整体竞争力，并保留国土空间的多样性和特色性等特征。

当前传统空间规划制约性显现，县作为我国行政区划的中间层级，具有承上启下的桥梁作用，县域国土空间规划亟须落实。县域国土空间分区研究还处于探索性研究阶段，亟待开展典型县域的国土空间功能综合评价与分区优化研究。

一方面，可选取具有独特自然地理特征的典型地区，彰显地方特色空间的县域，如平原水乡、丘陵山地等；另一方面，落实主体功能区战略，可选取主体功能特征鲜明的典型地区，如优化开发区域、重点开发区域、限制开发区下的农产品主产区和重点生态功能区。同时，从区域发展战略上选取具有鲜明的县域发展定位的典型地区，如全国经济百强县、旅游综合实力百强县等。通过构建理论模型，试图探索县域国土空间功能分区与优化的技术路线和实践路径，对国土空间功能评价、分区和优化理论体系的拓展起着一定的作用。对于创新同等类型县域国土空间规划编制方法和相关政策执行、指导县域国土空间优化实践等提供方向性指引和示范效应。有利于缓解空间结构性矛盾，为土地优化调控管理决策指定提供参考依据，为同等类型地区县域及以下国土空间优化与管制决策和指标落地提供思路和精准建议。

5. 3. 2 县级国土空间功能“双评价”探索思路

应以地理学、管理学、景观生态学等相关学科理论为支撑，立足国土空间分区与优化视角，构建县域国土空间功能分区框架及优化体系，研判国土空间分异特征，划分国土空间功能类型，根据功能承载力评价和功能适宜性评价开展国土空间功能综合评价，并在此基础上提出国土空间分区优化方案，谋求生态文明新时代国土空间规划可持续发展，实现人与自然和谐共生。

在考虑现实和政策的双重背景下，在理论梳理和研究综述的基础上，可构建“双评价”概念模型，确定“双评价”方法体系，建立县域国土空间基础数据库，了解国土空间特征本底情况，遴选基于“要素—指标”的功能适宜性和承载力评价指标体系，量化国土空间功能，划分国土空间功能分区，提出优化建议的思路，逐步展开实证研究（图 5-2）。

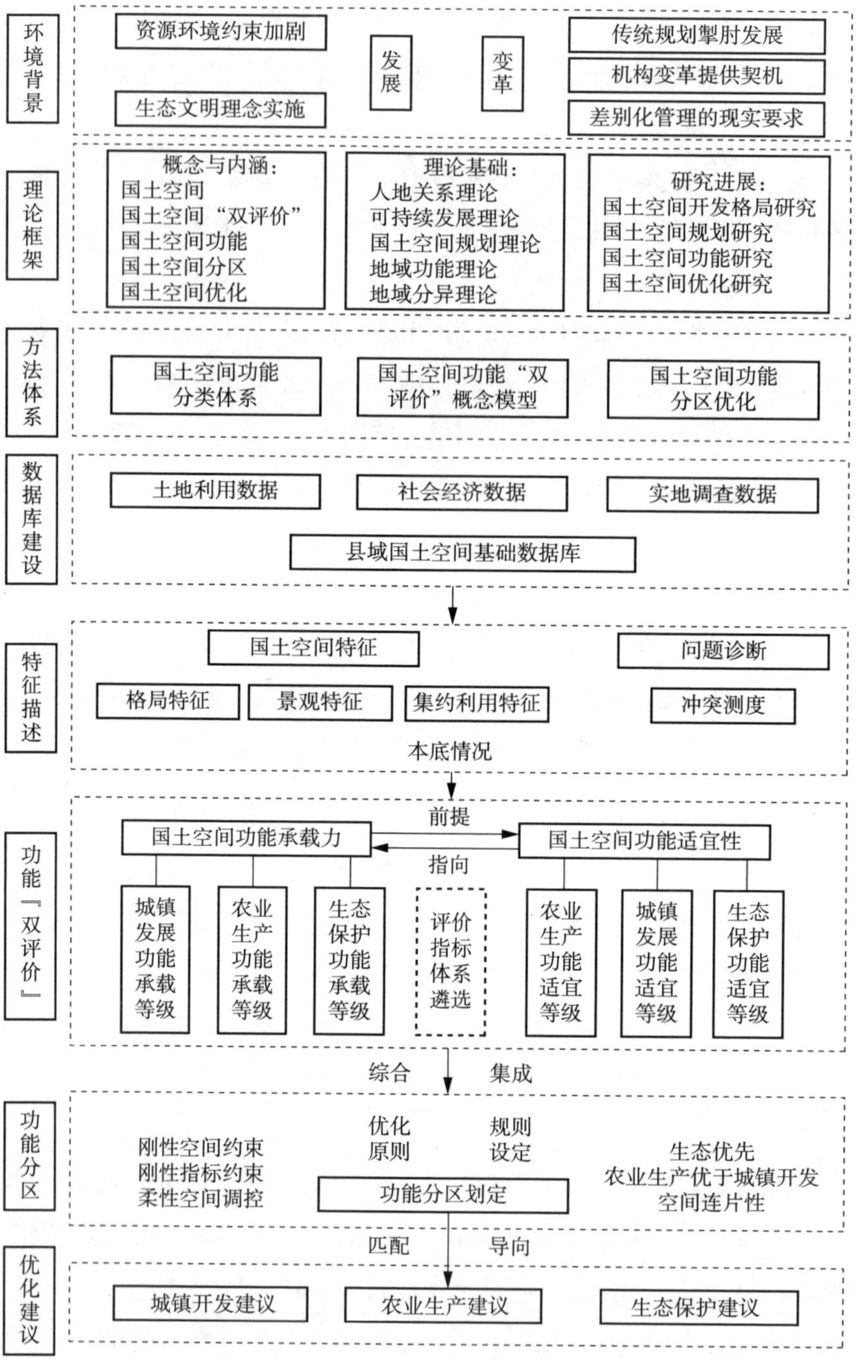

图 5-2　县级国土空间功能“双评价”探索流程

第 6 章

方法搭建："双评价"概念模型及优化方案

6.1 "双评价"概念模型

"双评价"从自然环境的可持续性和地域空间发展均衡性出发，剖析自然环境系统与人类社会系统之间的作用机制，从而探索国土空间开发利用过程中存在的问题及潜在风险，从而优化国土空间发展方向和强度，实现区域可持续发展（周道静等，2020）。

资源环境承载能力表征的是自然环境系统与人类社会系统的协调程度，是自然环境对人类社会活动所容纳的最大支撑能力（王亚飞、樊杰和周侃，2019），表示为：

$$C=f(N,\ S)$$

式中，C 表示资源环境承载能力；N 表示自然资源环境，表现为生态资源、水资源、土资源、环境和灾害等不同要素；S 为人类活动空间。其中：

$$N=F_m^n(t_1,\ t_2,\ \cdots,\ t_m)$$

式中，t_1，t_2，…，t_m 表示生态资源、水资源、土资源、环境和灾害等要素；m 表示要素数；F 表示不同要素的组合函数；n 表示各要素的组合类型。

资源环境承载能力 C 可进一步表示为：

$$
\begin{aligned}
C &= [F_m^n(t_1, t_2, \cdots, t_m), S] \\
&= f_1(t_1, S) \cup f_2(t_2, S) \cup \cdots \cup f_m(t_m, S) \cup f_{12}(t_1 \cap t_2, S) \cup \cdots f_{1m}(t_1 \cap t_m, S) \\
&\quad \cup \cdots \cup f_{m-1m}(t_{m-1} \cap t_m, S) \cdots \cup f_{1 \to m}(t_1 \cap t_2 \cdots t_m, S)
\end{aligned}
$$

式中，f_{ij}表示要素 t_i 和 t_j 组合的承载体（$t_i \cap t_j$）对人类活动 S 的支撑能力；$\cup$表示要素之间的综合承载能力；当 t_i 为单要素时，即为土地、水、生态资源、环境等单要素承载能力。

结合地域功能理论可将 S 划分为城镇建设、生态保护、农业生产等类型空间，表示为：

$$
\begin{aligned}
S &= U(s_1, s_2, \cdots, s_w) \\
&= F_w^1(s_1, s_2, \cdots, s_w)
\end{aligned}
$$

因此，资源环境承载能力 C 可更进一步推导为：

$$
\begin{aligned}
C &= f[N, U_w^v(s_1, s_2, \cdots, s_w)] \\
&= f[F_m^n(t_1, t_2, \cdots, t_m), U_w^v(s_1, s_2, \cdots, s_w)] \\
&= \{f'_{11}[F_m^1(t_1, t_2, \cdots, t_m), s_1] \cup \cdots \cup f'_{1w}[F_m^1(t_1, t_2, \cdots, t_m), s_w]\} \\
&\quad \cup \{f'_{21}[F_m^2(t_1, t_2, \cdots, t_m), s_1] \cup \cdots \cup f'_{2w}[F_m^2(t_1, t_2, \cdots, t_m), s_w]\} \\
&\quad \cup f'_{m1}[F_m^2(t_1, t_2, \cdots, t_m), s_1] \cup \cdots \cup f'_{mn}[F_m^n(t_1, t_2, \cdots, t_m), s_w]\}
\end{aligned}
$$

式中，s_1，s_2，…，s_w 分别表示城镇建设、生态保护和农业生产等类型空间；U 表示不同类型空间的并集；f'_{ij}表示 i 个要素组合类型的承载体 $[C_m^n(t_1, t_2, \cdots, t_m)]$ 对第 j 个承载对象 s_j 的支撑能力。

国土空间开发适宜性在满足自然环境系统对人类活动系统承载支撑能力 C 的基础上，同时满足人类活动的空间组织规律，应考虑开发利用基础、区位条件、社会经济发展水平等满足人类需求功能的社会因素。表示为

$$
A = f(C, R)
$$

式中，A 表示国土空间开发适应程度；R 表示社会经济要素，包括区

位、经济发展水平、开发基础等不同要素。其中

$$R=F_m^n(r_1, r_2, \cdots, r_m)$$

式中，r_1，r_2，…，r_m 代表区位、经济发展水平、开发基础等要素；m 表示要素数；F 表示不同要素的组合函数；n 表示各要素的组合类型。

国土空间开发适应能力 A 可进一步表示为：

$$\begin{aligned}A &= [C, F_m^n(r_1, r_2, \cdots, r_m)]\\ &= f_1(C, r_1) \cup f_2(C, r_2) \cup \cdots \cup f_m(C, r_m) \cup f_{12}(C, r_1 \cap r_2)\\ &\quad \cup \cdots f_{1m}(C, r_1 \cap r_m) \cup \cdots \cup f_{m-1m}(C, r_{1m-1} \cap r_m) \cdots\\ &\quad \cup f_{1\to m}(C, r_1 \cap r_2 \cdots r_m)\end{aligned}$$

式中，f_{ij}表示要素 r_i 和 r_j 组合的承载体（$r_i \cap r_j$）对承载能力 S 的适宜程度；∪表示要素之间的综合适应程度；当r_i为单要素时，即为区位、经济发展水平、开发基础等单要素适应程度。

6.2　"双评价"指标遴选依据及思路

根据最新颁布的《资源环境承载能力和国土空间开发适宜性评价指南（试行）》（以下简称《技术指南》）内容，将资源环境承载能力和国土空间开发适宜性融合为有机整体，围绕水、土地、气候、生态、环境、灾害等要素，针对生态保护、农业生产（种植业、畜牧业、渔业）、城镇建设三大核心功能开展本底评价，明确农业生产和城镇建设要在生态评价基础上开展，农业生产和城镇开发只在生态保护极重要区以外的区域开展（表6-1）。

"双评价"是优化国土空间开发保护格局、完善区域主体功能定位的参考依据。根据《中共中央　国务院关于建立国土空间规划体系并监督实施的若干意见》以及自然资源部颁布的《技术指南》等相关政策文件和要

求，县级层面的国土空间功能评价要精准落实国家主体功能战略对城市化地区、农产品主产区和重点生态功能区的要求，围绕城镇建设、农业生产（种植、畜牧、渔业）和生态保护三大核心功能指向和承载对象开展区域“双评价”，遴选出体现差异化特征的陆域国土空间“双评价”指标体系。

表 6-1　陆域地表国土空间“双评价”指标体系遴选

目标层	系统层	准则层	省级表征	县级补充
生态保护	生态系统服务功能重要性	水源涵养	水源涵养量等	考虑生态空间完整性、系统性、连通性；结合地下水补给、洪水调蓄、河湖岸防护、自然遗迹、自然景观等补充评价和修正
		水土保持	生态系统类型、植被覆盖度、坡度等	
		生物多样性维护	生态系统类型、物种、遗传资源等	
	生态脆弱性	水土流失 石漠化 土地沙化	水力侵蚀强度、石漠化程度、风力侵蚀强度等	
农业生产	生态保护极重要区			
	种植业	适宜性	水土光热条件（水资源丰度、坡度、土壤肥力等）、土壤环境质量、气候灾害	进一步细化评价单元、提高评价精度、补充评价内容；结合特色村落布局、农业基础设施配套、重要经济作物分布、特色农产品种植等识别优势农业空间
	畜牧业	适宜性	饲料供给能力、环境容量等	
	渔业	适宜性	渔业捕捞（渔业资源）、渔业养殖（水质、自然灾害等）	
城镇建设	生态保护极重要区			
	适宜性		环境、粮食和地质安全等底线	增加人口、经济、区位、基础设施等要素；针对性补充矿产、历史文化和自然景观资源
承载规模	农业生产		空间、水资源、环境容量、灾害等约束下的最大合理规模	
	城镇建设			

资料来源：笔者根据《技术指南》内容整理所得。

现行的主体功能区规划的评价单元是以县级为单位，为城市开发区、粮食主产区或重点生态功能区的一种，需要进一步对县域内部进行功能指向性县域国土空间划分，区隔三生空间，划分城镇开发、农业生产、生态保护功能。因此，要在"双评价"理论及指标架构和参考已有评价的基础上，坚持生态优先、以人为本、持续发展的价值取向，设计并筛选出合理的平原水乡县域国土空间"双评价"指标体系。

县域国土空间"双评价"集成技术流程如下：首先，分别针对生态保护功能指向、农业生产功能指向和城镇开发功能指向的土地、水、环境、灾害等要素构建差异化的指标体系，进行单因子评价。其次，在生态、农业和城镇各功能指向的单因子评价的基础上，开展集成评价并划分资源环境承载能力评价等级；识别出对区域生态保护重要或敏感的区域，充分尊重生态本底。在生态保护重要或敏感区域以外的区域开展农业生产功能和城镇开发功能指向的国土空间开发适宜性评价。平原水乡县域适宜性评价，在农业生产方面要考虑农业立地条件和以保障粮食安全为最终目标；在城镇开发方面要为城镇发展留足空间，以保障持续发展为最终目标。最后对适宜性评价结果进行校正，遵循生态功能评价优先，农业功能适宜性评价优于城镇功能适宜性评价结果的原则。

建立"双评价"指标体系基本框架：首先，构建资源环境承载能力评价指标体系框架，将其分为目标层、准则层和指标层三个层次。目标层反映整个县域的资源环境承载能力；准则层是县域资源环境承载能力的子功能系统；指标层是能代表子系统功能的基础性指标。其次，在资源环境承载能力的基础上构建国土开发适宜水平评价指标体系框架，同样将其分为目标层、准则层和指标层三个层次。目标层能够反映整个县域的国土开发适宜水平；准则层是县域国土开发适宜水平的子功能系统；指标层是能代表子系统功能的基础性指标。将资源环境承载能力的子功能系统与其对应的国土开发适宜水平的子功能系统相融合，在承载能力基础上增加适宜性指标要素，从而建立县域国土空间开发适宜性评价指标体系（表6-2）。

表 6-2 “生态—农业—城镇”功能指向下的县域“双评价”指标体系

<table>
<tr><th>目标层</th><th>准则层</th><th>指标层</th><th>参考文献</th></tr>
<tr><td rowspan="3">资源环境功能承载力</td><td>生态保护</td><td>地貌类型、植被覆盖度、河湖岸线、水网密度、土壤侵蚀程度、水土流失指数、地质灾害等</td><td rowspan="6">李永浮等，2020；韩青、于立和陈有川，2019；韩青等，2019；王亚飞、樊杰和周侃，2019；魏旭红等，2019；严圣华等，2020；张茂省等，2020；李彦波、邓方荣和罗道，2020</td></tr>
<tr><td>农业生产</td><td>土地：高程、坡度、地形起伏度、土地类型、土壤条件（土壤质地、土壤酸碱度、土壤类型、土层厚度、土壤有机质）等；水：河网密度、降水量、水资源总量、人均综合用水控制量等；环境容量：活动积温、单位播种面积化肥施用量、单位播种面积农药使用量、主要污染物排放量等；灾害：极端大风、降水天气等气象灾害</td></tr>
<tr><td>城镇开发</td><td>土地：高程、坡度、地形起伏度、土地类型等；水：水资源总量、供水规模、人均综合用水控制量等；环境容量：人口密度、人均建设用地面积等；灾害：洪涝、地震等地质灾害</td></tr>
<tr><td rowspan="3">国土开发空间功能适宜性</td><td>生态保护</td><td>公园、生态廊道（山体、河流、湿地）等人为法定约束</td></tr>
<tr><td>农业生产</td><td>地块连片度、耕作距离、基础设施、城镇发展、法定生态要素约束（湿地保护区、水源地保护区、重点文物保护地等）等</td></tr>
<tr><td>城镇开发</td><td>地块集中度、法定生态要素约束（湿地保护区、水源地保护区、重点文物保护地等）、地理区位（交通可达性、道路网密度）、土地再开发难度、社会经济发展水平（规模工业企业生产总值、人均可支配收入）、发展潜力（城镇发展战略、公共服务设施规划）等</td></tr>
</table>

在“生态—农业—城镇”功能资源环境承载力评价指标选取上：生态保护功能承载力评价指标选取可以用地貌类型、植被覆盖度、河湖岸线、水网密度、土壤侵蚀程度和水土流失指数等具体指标来综合反映；农业生产功能承载力评价指标和城镇开发功能承载力评价指标则主要从土地资源、水资源、环境、土壤条件和灾害等方面来综合评价，在评价指标选择及指标分级的侧重点上有所不同。例如坡度指标，在进行农业生产功能指向的土地评价时采用≤2°、2°~6°、6°~15°、15°~25°、≥25°五个划分标准，在进行城镇开发功能指向的土地评价时采用≤3°、3°~8°、8°~15°、

15°~25°、≥25°五个划分标准。再如进行环境容量评价时，在进行农业生产功能指向的指标选择时侧重于活动积温、单位播种面积农药使用量、单位播种面积化肥施用量等农业环境指标，在进行城镇开发功能指向的指标选择时侧重于人口密度、人均建设用地面积等指标。

在"生态—农业—城镇"功能国土开发空间适宜性评价指标选取上：生态保护功能适宜性评价考虑公园、河流和湿地等生态廊道、自然景观等要素指标；农业功能适宜性在其承载力的基础上增加考虑地块连片度、耕作距离、基础设施、城镇发展以及湿地、水源地、自然遗产保护区等法定生态要素约束等内容；城镇功能适宜性在其承载力的基础上考虑地块集中度、湿地和水源地保护区、重点文物保护地等法定生态空间要素约束，综合优势度、土地开发利用基础、社会经济发展水平、发展潜力等内容。

此外，"双评价"指标要根据县域的实际情况进行调整，在限定指标选择的基础上增加自选（特色）指标，因地制宜地建立真正适合该区域的资源环境承载能力和国土开发适宜性"双评价"指标体系。例如，案例区 G 县境内有荆江分蓄洪区，在对生态功能和城镇功能指向的承载力进行评价时应将其考虑到指标体系设计中去；案例区水资源总量大但农业面源污染问题突出，在对农业环境容量指标进行设计时舍弃通常采用的水资源总量指标，增加单位播种面积农药使用量和单位播种面积化肥施用量等指标。

6.3 "双评价"方法体系确定

6.3.1 县域生态保护功能"双评价"模型构建

县域生态保护功能"双评价"模型主要由生态保护功能承载力评价和生态保护功能适宜性（人为空间约束）两部分组成。由于土地的本身属性以及人为限定，在县域尺度上某些指标要素在一定程度上发挥生态保护重要性作用，对农业生产和城镇发展的适宜性为零，主要包括饮用水水源地保护区、湿地保护区、自然保护区、森林保护区、水产种质资源保护区、文物遗迹等，无论其他指标如何，采用“一票否决制”，均直接判定为生态保护功能重要区。然后对量化的各项自然因素指标值采用加权叠加法计算评定单元的生态保护功能承载力分值，并进行分级划分，表示为：

$$\begin{cases} Se = 1 & \text{当 } V_k = 0 \text{ 时} \\ Se = \sum_{k=1}^{n} W_k V_k & \text{当 } V_k \neq 0 \text{ 时} \end{cases}$$

式中，Se 为县域生态保护功能承载力评价综合分值；n 为评价因子数；W_k 为第 k 个评价因子的权重；V_k 为第 k 个评价因子的量化分值。

根据 Se 将被评价地区按照自然间断点分级法划分为生态保护功能重要区、生态保护功能次重要区、生态保护功能一般区和生态保护安全区，且遵循生态优先的原则，将生态保护功能评价结果作为城镇开发和农业生产的前置条件。

6.3.2 县域城镇开发功能“双评价”模型构建

县域城镇开发功能“双评价”首先进行城镇开发功能的资源环境承载能力评价，在此基础上开展相应的国土空间开发适宜性评价。美国管理学家劳伦斯·彼得提出短板理论，指出一个由多块木板组成的木桶的盛水量不取决于桶壁上最长的那块木板，而恰恰取决于桶壁上最短的那块木板。好比在一个区域，在限定空间尺度上往往存在土地资源、水资源、环境条件、地质灾害等资源环境问题，引入短板理论，从而发掘出最限制城镇开发或农业生产的“短板”因素。

城镇开发功能承载能力在底线约束层面上可以表示为：

$$Slu = \mathrm{Min}(F1,\ F2,\ \cdots,\ Fn)$$

式中，Slu 为县域城镇开发功能底线约束下的最大承载能力，取所有短板因子的最大合理承载规模中的最小值且满足 $0<Slu \leqslant A_{研究区面积-生态保护功能重要区面积}$；$n$ 为短板因子数；Fn 为第 n 个短板因子的最大合理承载规模。

从城镇开发功能承载能力的空间引导层面上同样采用加权叠加法计算评定单元的生态保护功能承载力分值，并进行分级划分，可以表示为：

$$Ssu = \sum_{m=1}^{n} W_m V_m \leqslant Slu$$

式中，Ssu 为县域城镇开发功能空间引导下的承载力评价综合分值；n 为评价因子数；W_m 为第 m 个评价因子的权重；V_m 为第 m 个评价因子的量化分值。

将 Ssu 按照自然间断点分级法划分为县域城镇开发功能承载能力高、较高、中等、较低、低五个等级。

随后，在县域城镇开发功能承载评价的基础上进行适宜性评价，对量化的各项评价指标值采用加权叠加法计算评定单元的城镇开发功能适宜性分值，并进行分级，可以表示为：

$$Su = \sum\nolimits_{g=1}^{n} W_g V_g$$

式中，Su 为县域城镇开发功能或农业生产功能适宜性评价综合分值；n 为评价因子数；W_g 为第 g 个评价因子的权重；V_g 为第 g 个评价因子的量化分值。

根据 Su 将被评价地区按照自然间断点分级法划分为县域城镇开发功能适宜区、较适宜区、一般适宜区和不适宜区（生态保护功能重要区）。

6.3.3 县域农业生产功能“双评价”模型构建

农业生产功能“双评价”和县域城镇开发功能“双评价”模型构建思路一致，均为先进行农业生产功能的资源环境承载能力评价，在此基础上开展相应的国土空间开发适宜性评价。

农业生产功能承载能力在底线约束层面上可以表示为：

$$Sla = \mathrm{Min}(F1,\ F2,\ \cdots,\ Fn)$$

式中，Sla 为县域农业生产功能底线约束下的最大承载能力，取所有短板因子的最大合理承载规模中的最小值且满足 $0<Sla\leqslant A_{研究区面积-生态保护功能重要区面积}$；$n$ 为短板因子数；Fn 为第 n 个短板因子的最大合理承载规模。

从农业生产功能承载能力的空间引导层面上同样采用加权叠加法计算评定单元的生态保护功能承载力分值，并进行分级划分，可以表示为：

$$Ssa = \sum_{m=1}^{n} W_m V_m \leqslant Sla$$

式中，Ssa 为县域农业生产功能空间引导下的承载力评价综合分值；n 为评价因子数；W_m为第 m 个评价因子的权重；V_m为第 m 个评价因子的量化分值。

将 Ssa 按照自然间断点分级法划分为县域农业生产功能承载能力高、较高、中等、较低、低五个等级。

随后，在县域农业生产功能承载评价的基础上进行适宜性评价，对量化的各项评价指标值采用加权叠加法计算评定单元的农业生产功能适宜性分值，并进行分级划分，可以表示为：

$$Sa = \sum\nolimits_{g=1}^{n} W_g V_g$$

式中，Sa 为县域农业生产功能适宜性评价综合分值；n 为评价因子数；W_g 为第 g 个评价因子的权重；V_g 为第 g 个评价因子的量化分值。

根据 Sa 将被评价地区按照自然间断点分级法划分为县域农业生产功能适宜区、较适宜区、一般适宜区和不适宜区（生态保护功能重要区）。

6.3.4 “双评价”指标标准化处理

为了保证评价结果的准确性且便于比较分析，在评价之前要对不同量纲的指标进行标准化处理。通常指标分为正向指标和负向指标，因此采用极差变换法（杨剩富等，2014）处理后使得标准化指标满足 $0\leqslant G_{ij}\leqslant 1$，可以表示为：

正向指标：$G_{ij}=(B_i-B_{min})/(B_{max}-B_{min})$

负向指标：$G_{ij}=(B_{max}-B_i)/(B_{max}-B_{min})$

式中，G_{ij}为标准化后第j类分系统第i项指标的无量纲值；B_i为第i项指标的实际值；B_{min}为第i项指标的最小统计值；B_{max}为第i项指标的最大统计值。

6.3.5 "双评价"指标权重确定方法

"双评价"属于多层次多指标综合评价，确定指标权重尤为重要。通常确定指标权重的方法分为专家咨询法、层次分析法和二项系数法等主观赋权法以及主成分分析法、熵权法、多目标规划法、离差及均方差决策法等（王明涛，1999；何云玲，2017；任彩凤等，2019）。在确定生态保护功能"双评价"指标的权重时，认为各个评价因子对生态保护功能承载能力影响程度同等重要，因此采用等权重法确定各个指标的权重为$1/n$。在进行城镇开发功能"双评价"和农业生产功能"双评价"时，采用层次分析法来确定城镇开发功能"双评价"和农业生产功能"双评价"指标权重。层次分析法是在面临一个相互关联、相互制约的众多因素构成的复杂系统时可采用的一种简洁实用的决策方法，在资源环境承载力评价（刘金花、李向和郑新奇，2019）、国土空间开发适宜性评价（唐常春和孙威，2012）等方面有着广泛应用，其原理是将复杂的问题解构为特定层次和特定因素，并对同一层次各特定因素之间的相对重要程度进行比较计算，从而得出各因素相对重要程度的权值，层层排序，并对排序结果进行分析。以县域城镇开发功能承载力评价为例，具体步骤如下：

首先，建立"目标层—准则层—指标层"递进层次结构模型，目标层为县域城镇开发功能承载能力。在确定县域城镇开发功能承载力高低的影响因素层次结构的基础上，根据研究县域的城镇用地现状、功能定位以及数据的可操作性，选取土地资源、水资源、环境容量和灾害风险作为一级评价指标，构建城镇开发功能承载力评价指标因子，建立具体的递进层次结构模型。

在此基础上，构造判断矩阵（表 6-3），采用 1~9 及其倒数作为比例标度值，根据判断矩阵准则将两两因素进行重要性比较，确定不同准则层的城镇开发功能承载力重要性程度。通常同一层级两两因素 b_i 与 b_j 的相对重要性取 1、3、5、7、9 及其倒数。

表 6-3　评价指标因子判断矩阵

A	B_1	B_2	…	B_n
B_1	b_{11}	b_{12}	…	b_{1n}
B_2	b_{21}	B_{22}	…	B_{2n}
⋮	⋮	⋮		⋮
B_n	B_{n1}	B_{n2}	…	B_{nn}

其次，计算特征值并判断一致性，可以表示为：

第一，将判断矩阵 A 的每一列向量进行归一化；

$$\widetilde{w_{ij}} = \frac{b_{ij}}{\sum_{i=1}^{n} b_{ij}}(i, j = 1, 2, 3, \cdots, n)$$

第二，将归一化的各行相加；

$$\widetilde{w_i} = \sum_{j=1}^{n} \widetilde{w_{ij}}(i, j = 1, 2, 3, \cdots, n)$$

第三，将行向量归一化；

$$w_i = \frac{\widetilde{w_i}}{\sum_{i=1}^{n} \widetilde{w_i}}(i = 1, 2, 3, \cdots, n)$$

$$\overrightarrow{W}=(w_1, w_2, \cdots, w_n)^T \ (i=1, 2, 3, \cdots, n)$$

第四，计算最大特征值的近似值，判断一致性。

$$\lambda_{\max} = \frac{1}{n}\sum_{i=1}^{n} \frac{(\overrightarrow{A}\overrightarrow{W})_i}{w_i}(i = 1, 2, 3, \cdots, n)$$

$$CI=\frac{\lambda_{max}-n}{n-1}$$

$$CR=\frac{CI}{RI}$$

一致性指标 CI 越小，一致性越大。当 $CI=0$ 时，说明判断矩阵完全一致。利用 CI 与平均随机一致性指标 RI，得到检验系数 CR。如果 $CR<0.1$，表示该判断矩阵通过一致性检验，符合研究要求。平均随机一致性指标 RI 见表 6-4。

表 6-4 平均随机一致性指标标准值

阶数	1	2	3	4	5	6	7	8	9	10
RI	0	0	0. 52	0. 89	1. 12	1. 26	1. 36	1. 41	1. 46	1. 49

6. 3. 6 "双评价"结果划分方法

在以往的研究中常见的分级方法主要有两种。一种是根据评估对象的一种或几种属性特征，综合考虑了各类空间要素的重要性和贡献程度，人为进行分级赋值，且划分的级数通常介于3~5级，常用于综合性评估前的单因子评估。另一种是利用 GIS 软件中的等间距、标准差、分位数和自然间断点分级法等，将资源环境承载能力评估结果、国土空间开发适宜性评估结果划分为若干等级，纳入特定的空间范围，常用于评估结果的划分，其中自然间断点法应用尤为普遍。自然间断点法是在数值差异相对较大处设置边界，能确保每一组内的相似性最大，而外部组与组之间的差异性最大，即能够使各级的内部方差之和最小，具有良好的分级效果。本研究将两种方法相结合，对"双评价"的单个评价因子，考虑其重要性采用人为分级赋值，对"双评价"综合评估结果，采用自然断点法划分评价等级，以便进行不同区域间的比较分析。

关于"双评价"的主要技术重点和方法流程如图 6-1 所示。

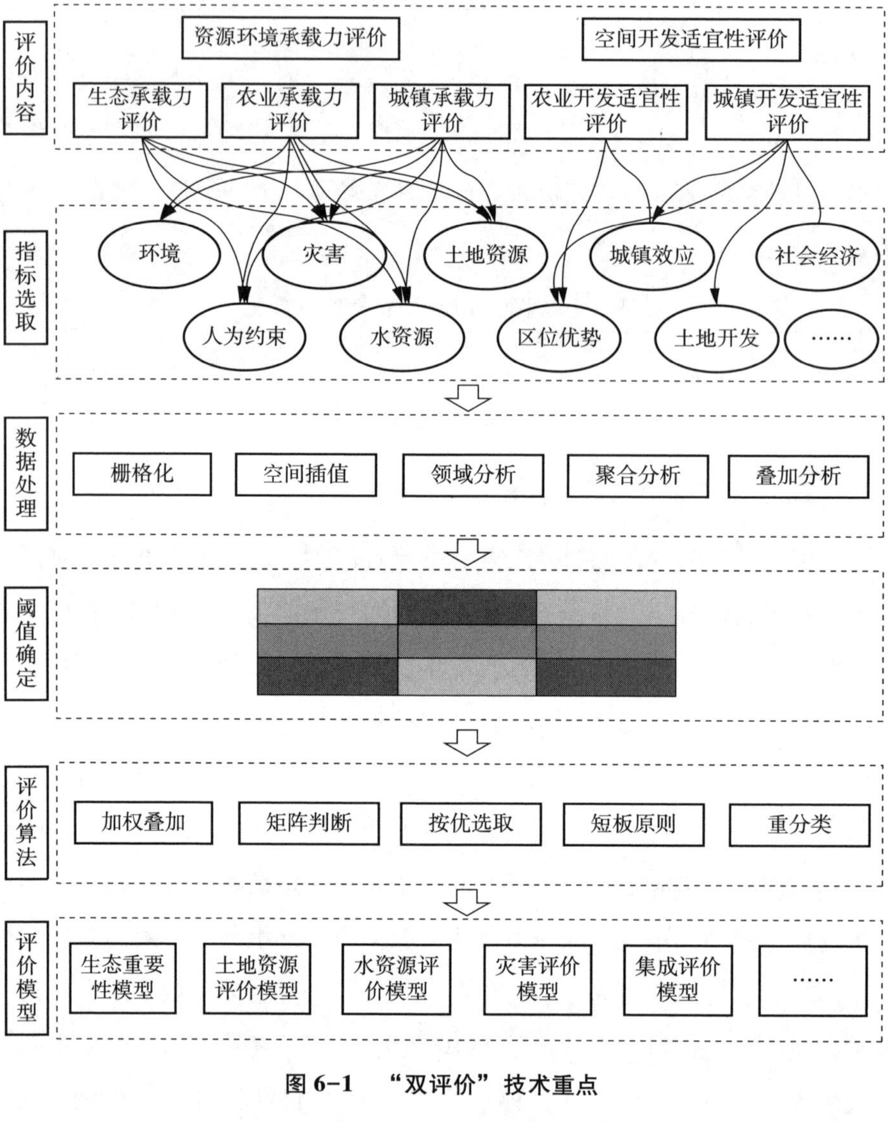
评价内容
资源环境承载力评价
空间开发适宜性评价
生态承载力评价
农业承载力评价
城镇承载力评价
农业开发适宜性评价
城镇开发适宜性评价
指标选取
环境
灾害
土地资源
城镇效应
社会经济
人为约束
水资源
区位优势
土地开发
……
数据处理
栅格化
空间插值
领域分析
聚合分析
叠加分析
阈值确定
评价算法
加权叠加
矩阵判断
按优选取
短板原则
重分类
评价模型
生态重要性模型
土地资源评价模型
水资源评价模型
灾害评价模型
集成评价模型
……

图 6-1　“双评价”技术重点

6.4　国土空间功能分区优化方案

6.4.1　县域国土空间功能分区方案

国土空间功能分区目标需要综合自然和人文要素，既要有传统自然地理区划的特点，又要考虑当前社会经济发展的综合性，谋划保护、开发与治理的空间政策格局。国土空间功能分区应结合研究区域主体功能区划、国民经济发展计划、土地利用总体规划、环境保护规划等规划定位，在充分了解研究区域的国土空间资源本底情况、国土空间开发现状及存在问题以及"双评价"的基础上，明确未来以农业生产、城镇开发和生态保护为主导功能的空间规模与分布，以保障县域的粮食安全、经济发展和生态文明可持续发展。从思路上来说，国土空间功能分区就是按照区域内功能相似、区间功能差异的原则将研究全域进行划分，采用定性与定量相结合、"自上而下"和"自下而上"相结合的方法（马世发等，2014）。县域国土空间功能分区应遵循以下4个原则：

（1）一致性原则

同一国土空间功能分区应该在地形、地貌、土壤、水文等自然条件上具有相对一致性，同时在经济社会发展水平、土地利用开发程度、基础设施建设等社会经济条件上具有相对一致性。

（2）最适宜原则

同一国土空间功能分区内现状斑块的调整要以该斑块所对应的适宜性等级最高的国土功能空间类型为首要利用方式。

（3）完整连续性原则

同一国土空间功能分区内要尽量保证乡镇级行政界线的完整性，同时注重地块的集中度和连续性，以加强分区及其结果实施的可操作性。

（4）效益统一性原则

同一功能分区要满足可持续发展的理念，使得农业生产、城镇开发和生态保护整体协调发展，实现经济、社会、生态效益的统一。

同时，根据国土空间功能"双评价"结果，明确国土多宜空间优化的次序。首先，将县域空间上只满足生态保护重要的区域提取出来作为生态保护的唯一功能空间。其次，将县域空间上适宜和较适宜农业生产或城镇开发的区域提取出来作为农业生产—城镇开发的备选空间。再次，提取空间单元上同时存在生态保护次重要、农业生产较适宜和城镇建设较适宜的2~3种功能复合叠加的区域，识别其空间冲突，遵循生态优先的原则优先划定生态保护功能空间，随后识别优势农业生产空间、城镇开发建设空间，依次进行选择。最后，对三大功能空间一般重要或一般适宜的区域，可以结合地块集中度和完整性进行综合优选。在划定国土空间功能分区时应遵循3个划定规则：

（1）遵循生态优先

在县域国土功能空间分区的过程中，应遵循生态优先的原则，城镇开发和农业生产均要放在生态保护的后面。根据生态保护功能承载力评价结果，将生态保护承载力重要等级中重要和次重要的区域划定为生态保护功能空间候选区，再根据人为法定约束中的要素划定最终的生态保护功能空间。

（2）农业生产优于城镇开发

在县域国土功能空间分区的过程中，应遵循农业生产优于城镇开发的次要原则。根据农业生产功能承载力评价结果，将农业生产功能承载力等级中的高值和较高区域划定为农业生产功能空间候选区，再根据农业生产功能适宜性评价结果划定农业生产功能空间。

（3）城镇开发建立在生态保护和农业生产的基础上

在县域国土功能空间分区的过程中，考虑生态保护空间和农业生产空间的划定方案，结合县域城镇开发指向和城镇开发布局现状，注重将底线约束和空间引导相结合，最终划定城镇开发功能空间。

县域国土空间功能分区的最终目的是实现区域资源要素合理配置以及确定未来区域产业发展方向。在对县域国土空间功能分区划定结果的基础上定位各乡镇的发展导向，可采取"区位地貌+空间功能"的命名方式。区位地貌表示该地域在县域全域的位置以及地貌类型；空间功能是从"双评价"结果中提取出的优势适宜功能。同时，归纳提炼各个功能分区的功能特征并加以描述。

6.4.2　县域国土空间功能分区优化方案

本章从关注问题和研究层次出发，尝试构建县域国土空间功能分区优化逻辑框架（表6-5）。当前，县域国土空间功能分区优化关注问题有国土空间对功能的供给、自然生态保护及社会经济活动对国土空间的需求、国土空间的关联效应。从研究层次出发，与供给、需求和关联效应相对应的是国土空间的复合功能、国土功能空间的承载能力、国土功能空间的协同路径，九个交叉网格共同构成了本章的主要研究内容和研究方向。

表6-5　县域国土空间功能分区优化逻辑框架

	供给	需求	关联效应
复合功能	国土空间功能适宜性	国土空间功能识别分区	国土功能空间格局
承载能力	承载规模及底线约束	国土空间生态保护	国土功能空间动态变化
协同路径	国土空间功能合理性与可持续性	国土空间冲突与发展导向	国土空间开发可持续发展度及资源匹配合理性

县域国土空间优化旨在实现国土空间协调、有序、均衡及差别化的利用和功能优势互补。根据国土空间功能分区优化逻辑框架以及研究要点，依据地域功能原理，在对县域国土功能空间结构、格局特征进行深入分析的基础上，综合考虑"双评价"关于国土功能空间生态保护重要性以及农

业生产、城镇开发承载规模的结果，探索优势适宜功能空间分布和聚类特征等，并通过生态保护、农业生产和城镇开发三大功能空间“双评价”结果与现状进行比较分析等确定国土功能空间优化建议，进行合理分区和安排，从而实现国土空间布局优化及可持续利用。

第 7 章

案例介绍：G 县国土空间功能“双评价”及分区优化

7.1　G 县国土空间资源与环境特征

G 县辖 14 镇、2 乡，包括埠河镇、斗湖堤镇、杨家厂镇、麻豪口镇、夹竹园镇、闸口镇、藕池镇、黄山头镇、孟家溪镇、南平镇、章庄铺镇、狮子口镇、斑竹垱镇、毛家港镇、甘家厂乡、章田寺乡。总面积 2257 km^2，总人口 107 万。

选择 G 县作为研究区域，是因为其具有典型的国土空间特征。从生态空间方面，结合《J 市城镇带空间发展规划（2013—2030 年）》中生态功能区划对 G 县的定位，该县为洪水调蓄与生物多样性生态功能区，是平原湖泊湿地生态区和湿地洪水调蓄等生态涵养的重要区域。从农业空间方面，G 县素有“鱼米之乡”的美誉，该县优质稻、优质棉、优质油菜等纳入了全国优势农产品区域布局规划，是全国重点粮油棉油、畜禽和水产品生产基地，也是国家层面上的限制开发区域下的农产品主产区，是保障粮食安全的现代农业生产特色基地。从城镇空间方面，结合《H 省城镇化与城镇发展战略规划（2011—2030）》《J 市城市总体规划（2011—2020）》《G 县城乡总体规划（2015—2030 年）》等对 G 县的定位，该县为鄂湘门户、荆南中心，是以新兴工业和现代服务业为主的综合型滨江中心城市，县域发展潜力较大。

7.1.1 自然地理特征

（1）地形地貌

G县属洞庭湖平原水网湖区，处于淮阳和江南古陆凹陷地段，地势西高东低。西南部分地方为平岗和丘陵地区，中部、东北部多为冲积平原。县域内平原约占77%，平岗占22.7%，亚丘占0.3%，呈现“大平小不平”的地形地貌特色。主要平原有虎东平原、小虎西平原、南五洲、三善垸、大同垸、东港大垸、合顺大垸、永和大垸、港关大垸、孟溪大垸。主要山岗有黄山、虎山、马鞍山、甑箪山、永和丘陵、黄山岗地、吴达河岗地。境内最高处为黄山头镇辖区内与湖南安乡接壤的黄山头，境内最低处为位于孟家溪镇和章田寺乡交界处的淤泥湖底，相对高差231.5 m。本研究参考相关研究成果（周成虎等，2009），将G县地貌类型划分为低海拔冲积平原、低海拔冲积台地和低海拔冲积湖积平原3类。章庄铺镇的西部，黄山头镇的西南部以及孟家溪镇、章田寺乡、甘家厂乡的绝大部分区域属于低海拔冲积台地地貌。藕池镇，毛家港镇的东部以及黄山头镇、闸口镇、夹竹园镇的绝大部分区域属于低海拔冲积湖积平原，而埠河镇、狮子口镇、斑竹垱镇、杨家厂镇、南平镇等其他区域则属于低海拔冲积平原。

（2）土壤条件

G县土壤质地从砂质逐渐向黏质过渡，土壤种类也呈现灰飞砂土—灰砂土—灰油砂土—灰正土—黄土的分布规律。根据全国第二次土壤普查成果，将全县分为4个土类（水稻土、潮土、黄棕壤、草甸土），8个土壤亚类（王宏志等，2016；潘方杰等，2018）。G县地带性土壤为黄棕壤，主要分布在章庄铺镇的西南岗地、孟家溪镇、甘家厂乡和黄山头镇等地。由于开发利用条件优越，耕作土壤如水稻土和灰潮土十分发育，遍布全境，其中位于北部的埠河镇，东北的斗湖堤镇、杨家厂镇和麻豪口镇以灰潮土为主要土壤类型；位于中部的夹竹园镇，南部的孟家溪镇、章田寺乡、甘家厂乡、闸口镇、藕池镇、章庄铺镇和黄山头镇以水稻土为主要土壤类型。狮子口镇和麻豪口镇的一些区域则少量分布着浅色草甸土。依照全国土壤侵蚀分类系统，根据侵蚀外营力类型和侵蚀强度判定G县水土流失类型主要为水力侵蚀，全境土壤侵蚀强度均属于微度水力侵蚀。

（3）地质条件

G县地处江汉坳陷盆地的西南边部，西邻鄂西隆起山地，南衔洞庭盆地。地层大部分为第四纪时期形成的第四系松散堆积物。县境东北边部成强沉降区，中间大部分地区成弱沉降区，西南边部成掀斜活动地；南部因处于坳折地带属地震活动带。主要有江陵凹陷、华容断隆、石首断裂和公安断裂等四种构造形迹，其中公安断裂、石首断裂属近期活动性较强的断裂带。湖北省地震局将县大部分地区定为震级M=4.7~5级（烈度I0=Ⅵ度）的地震危险区，将藕池口南西一带定为震级M=5¼~5¾级（烈度I0=Ⅶ度）的地震危险区。

（4）气候条件

G县属亚热带季风气候，四季分明，霜期短、日照长、雨量充沛，热量丰富，低温冻害频次较少，适宜粮棉油、林木、特产等多种作物生长，有着充沛的水热资源。春季冷暖多变，温度上升快，雨量递增；夏季炎热潮湿，雨量不均；秋季日暖夜凉，雨量锐减；冬季寒冷干燥，低湿少雨。年均气温16.7℃，年均降水量1191.2 mm，年均无霜期279.8天，年均日照1715 h。全年主导风为北风，其次是东北风，夏季以南风为主。年均风速为2.8 m/s，年最大风速为11.8 m/s，极大风速为19 m/s。

（5）水文条件

G县属洞庭湖水系，境内荆南四河纵横串汉、交织过境，大小湖泊星罗棋布，被称为“洪水走廊”“百湖之县”。县境内有长江（公安段）、柳子河、松滋河、虎渡河、藕池河等外江河流14条，过境总长422.89 km，水域面积102.73 km^2。这些河流将全县分为水系独立、排灌一体的民垸。

最大支流虎渡河自北向南贯穿中部腹地，将全县分为虎东、虎西两个片区，虎东为荆江分蓄洪区，虎西又可分为虎西平原区和虎西丘陵区。全县流域面积 100 km^2以上的河流共 16 条，总长 662.04 km。其中境内：长江 86.22 km、澧水 20.58 km、东清河 16.6 km、虎渡河 70.11 km、荆江分洪总排渠 92.76 km、老澧水河 21.87 km、黄麻渠 26 km、牛浪湖主排渠 30 km、藕池河 15.22 km、藕池河西支 14.64 km、松滋河东支 77.14 km、松滋河西支 50.7 km、天兴垸主排渠 24 km、西港河 33 km、小虎西排河 40.2 km、尹新河 43 km。全县堤防总长 735.35 km，其中：干堤 250.3 km（南线大堤 22 km、长江干堤 95.8 km、虎渡河干堤 90.6 km、小虎西干堤 38.5 km、北闸外围 3.4 km）、支堤 358.77 km、民堤 62.97 km；荆江分蓄洪区安全围堤 52.7 km；小虎西预备分蓄洪区三岗围堤 10.61 km。全县共有大小湖泊 102 个（水面 1 km^2以上 14 个、水面 1 km^2以下 88 个），如淤泥湖、牛浪湖、崇湖、玉湖等，总面积 127.38 km^2；县内有卷桥水库一座，水库承雨面积 16 km^2，总库容 1220 万 m^3，校核洪水位 52.51 m，设计灌溉面积 4.76 万亩，是一座以防洪为主，兼有灌溉、养殖等综合利用的中型水库。全县水域及水利设施用地面积 50091.30 hm^2，水面率为 22.19%，超过全县面积的 1/5，因此河湖水资源环境是生态环境保护的重点。

（6）矿产资源

G 县盐、河砂、土料、石料资源丰富：有北闸和石子滩两处盐矿；河砂多分布于长江河漫滩上，如北闸江中的三八滩和杨家厂漫滩，砂的成分以石英为主，其次是长石；土料广泛地分布在平原区，网纹黏土、亚黏土和亚砂土储量丰富；有岩石和卵石两种石料，其中岩石分布于黄山和虎山两地，质地坚硬，储量大。

（7）旅游资源

G 县始建于公元前 202 年，历史悠久，文化底蕴深厚，是楚文化、巴蜀文化、三国文化交融繁衍的圣地，发掘出古文化遗址、墓葬多处，现有各级文物保护单位82处。规模较大的名胜古迹旅游资源包括鸡鸣城遗址、王家岗新石器时代遗址、三国遗址、囊萤台遗址、黄山头国家公园、荆江分洪工程、卷桥水库风景区、“三袁”故里、红四军和六军会帅旧址等。

7.1.2　社会特征

（1）人口状况

2017年末G县户籍人口100.15万人，其中非农业人口30.48万人，占总人口的30.43%，农业人口69.67万人，占69.57%。县内常住人口86.28万人，其中城镇人口43.31万人，乡村人口42.97万人。全县按常住人口计算城镇化水平为50.2%，城镇化呈现中部北部高、南部低的空间分布特征。

G县共有劳动力65.17万人，按照城乡划分，城镇劳动力23.8万人，农村劳动力42.37万人；按照性别划分，男性劳动力32.21万人，女性劳动力32.96万人；按照产业划分，第一产业28.82万人，第二产业11.92万人，第三产业24.43万人；按照年龄划分，25~54岁的劳动力资源较为丰富，占比38.79%；按照教育构成划分，初中、小学文化人数占到75%以上，受教育程度偏低。

G县人口分布均匀，密度为469人/km^2，高于H省人口密度（325人/km^2），与J市人口密度（470人/km^2）相当，中心城区密度高达1180人/km^2，各乡镇人口密度集中在350~600人/km^2。

（2）产业构成

2017年G县三大产业结构为25.3：45.1：29.6，第二产业占比最高，第三产业所占比重进一步增长，超过第一产业，但第一产业所占比重仍然较大。G县国民生产总值从1998年的36.19亿元增长到2017年的248.91亿元，20年间增长了近6倍。产业结构从1998年的以第一产业为主导、第三产业并线发展，转型为2017年的第二产业占比凸显、第三产业超过第一产业。1998—2008 年，第一产业和第三产业并线发展，第二产业发展水平均低于第一产业和第三产业；2009—2010 年，第二产业开始超过第三产业，但仍弱于第一产业；2012—2017 年，第二产业飞跃发展，远远超过第一产业和第三产业。

G 县是全国重点粮、棉、油生产基地，素有“鱼米之乡”的美誉。G 县作为全国著名的农业大县，也是全国粮食生产先进县之一，县优质稻、优质棉、优质油菜纳入了全国优势农产品区域布局规划，优质稻、优质棉、优质油菜、优质猪、优质禽（蛋）、优质水产品、优质食用菌等七大类农产品纳入全省优质农业板块建设范围，为工业的发展提供了原料来源（张若菡，2014）。

全县本土工业企业较多，支撑主导产业发展壮大，形成“龙头—骨干—民营”三层阶梯结构的特征。上层有凯乐科技、湖北车桥、湖北新生源、金安纺织等龙头企业，中层有荆都集团、湖北移栽灵等骨干企业，下层有一大批中小型民营企业。同时，形成了汽车零部件、塑料新材、生物化工、纺织服装、农产品加工、包装造纸等六大支柱产业，车桥、塑料管材、氨基酸、纯棉混纺精普梳纱线等主导产品在全国拥有较高的市场地位。同时，具备通过发展新型工业带动现代农业化的条件，农产品加工、生物、造纸等能使用本地区农产品资源。

G 县第三产业相对落后，批发和零售业，交通运输、仓储和邮政业，住宿和餐饮业等传统服务业占主导地位，金融保险、房地产、旅游业等现代服务业规模滞后。

根据西蒙—库兹涅茨工业化五阶段理论判断，G 县整体产业处于工业化初中期阶段，产业发展呈现“一产稳定减少、二产逐步增加、三产均衡偏弱”态势，究其原因，G 县作为国家级农业粮食主产区，第一产业虽在稳定减少但农业仍是全县发展的核心与支柱产业之一，并存在着农业发展水平稳定上升，但现代化程度偏低的问题；二产发展形式较粗放，不少为第一产业的延伸，产品附加值低，产业链厚度不足；三产发展能级低端，服务提质亟待加速。

（3）经济条件

2017 年，全县实现地区生产总值 248.91 亿元，可比价格增长 7.2%。其中，第一产业实现增加值 63.20 亿元，第二产业实现增加值 112.15 亿元，第三产业实现增加值 73.56 亿元。全年人均地区生产总值 28951 元，比上年增长 12.1%。全县三次产业结构为 25.3∶45.1∶29.6，第二、第三产业占比提升幅度较大，产业结构优化调整，动能转换不断加速。全县实现农业总产值 112.10 亿元，主要农产品产量如粮食、棉花、油料、蔬菜、禽蛋、水产品产量均居 J 市前三位。全县规模工业效益良好，工业增加值居全市第一位。固定资产投资稳步增长，全社会固定资产投资 235.55 亿元，居全市第五位。消费市场繁荣，社会消费品零售总额 158.16 亿元，商品房销售面积 44.95 万平方米。居民收入稳步增加，全县常住居民人均可支配收入 21021 元，其中城镇常住居民人均可支配收入 28630 元，农村常住居民人均可支配收入 16750 元。

7.2　G 县国土空间利用特征及问题诊断

7.2.1　国土空间利用格局特征

为实现 G 县县域国土空间全覆盖，根据《土地利用现状分类》（GB/T 21020—2007）中农村土地调查分类标准，利用 2018 年 G 县土地变更调查成果将其国土空间利用现状分为 8 个一级分类和 26 个二级分类（表 7-1）。从 G 县国土空间利用数量特征来看，G 县总面积 225762.20 hm^2，其中耕地总面积 138342.51 hm^2，园地总面积 4952.17 hm^2，林地总面积 3358.62 hm^2，草地总面积 73.92 hm^2，交通运输用地总面积 1344.38 hm^2，水域及水利设施用地总面积 50091.30 hm^2，其他土地总面积 199.14 hm^2，城镇村及工矿用地总面积 27400.16 hm^2。将不同一级土地类型面积按照从大到小依次排列，顺序为耕地、水域及水利设施用地、城镇村及工矿用地、园地、林地、交通运输用地、其他土地、草地。具体表现在：G 县耕地总面积 138342.51 hm^2，其中水田面积 77298.40 hm^2，水浇地面积 56326.40 hm^2，旱地面积 4717.71 hm^2。G 县园地总面积 4952.17 hm^2，其中果园面积 4897.28 hm^2，茶园面积 24.98 hm^2，其他园地面积 29.91 hm^2。G 县林地总面积 3358.62 hm^2，其中有林地面积 2653.99 hm^2，灌木林地面积 1.58 hm^2，其他林地面积 703.05 hm^2。G 县草地总面积 73.92 hm^2，其中其他草地面积 73.92 hm^2。G 县交通运输用地总面积 1344.38 hm^2，其中铁路用地面积 120.88 hm^2，公路用地面积 1186.70 hm^2，农村道路用地面积 36.80 hm^2。G 县水域及水利设施用地总面积 50091.30 hm^2，其中河流水面面积 10269.00 hm^2，湖泊水面面积 5595.77 hm^2，水库水面面积 246.74 hm^2，坑塘水面面积 19974.60 hm^2，内陆滩涂面积 5132.61 hm^2，沟渠面积 4074.10 hm^2，水工建筑用地面积 4798.48 hm^2。G 县其他土地总面积 199.14 hm^2，其中设施农用地面积 198.60 hm^2，裸地面积 0.54 hm^2。G 县城镇村及工矿用地总面积 27400.16 hm^2，其中建制镇面积 3996.70 hm^2，村庄面积 22585.10 hm^2，采矿用地面积 537.26 hm^2，风景名胜及特殊用地面积 281.09 hm^2。

表 7-1　2018 年 G 县国土利用类型现状统计

一级分类	二级分类	面积（hm^2）	面积比例（%）
耕地	水田	77298.40	34.24
	水浇地	56326.40	24.95
	旱地	4717.71	2.09
	总计	138342.51	61.28

续表

一级分类	二级分类	面积（hm^2）	面积比例（%）
园地	果园	4897.28	2.17
	茶园	24.98	0.01
	其他园地	29.91	0.01
	总计	4952.17	2.19
林地	有林地	2653.99	1.18
	灌木林地	1.58	0.00
	其他林地	703.05	0.31
	总计	3358.62	1.49
草地	其他草地	73.92	0.03
	总计	73.92	0.03
交通运输用地	铁路用地	120.88	0.05
	公路用地	1186.70	0.53
	农村道路	36.80	0.02
	总计	1344.38	0.60
水域及水利设施用地	河流水面	10269.00	4.55
	湖泊水面	5595.77	2.48
	水库水面	246.74	0.11
	坑塘水面	19974.60	8.85
	内陆滩涂	5132.61	2.27
	沟渠	4074.10	1.80
	水工建筑用地	4798.48	2.13
	总计	50091.30	22.19
其他土地	设施农用地	198.60	0.09
	裸地	0.54	0.00
	总计	199.14	0.09
城镇村及工矿用地	建制镇	3996.70	1.77
	村庄	22585.10	10.00
	采矿用地	537.26	0.24
	风景名胜及特殊用地	281.09	0.12
	总计	27400.16	12.13

从 G 县各乡镇国土空间利用数量特征来看（图 7-1），不同乡镇国土空间利用类型存在明显的差异。在耕地空间类型上，埠河镇耕地范围最广，为 12290.51 hm^2，斗湖堤镇耕地范围最小，为 4870.37 hm^2；章田寺乡水田种植面积最大，为 7274.26 hm^2，埠河镇水浇地面积最大，杨家厂镇旱地面积最大。在园地空间类型上，章庄铺镇园地面积最大，为 1373.94 hm^2，多为果园，藕池镇园地面积最小，仅为2.18 hm^2。在林地空间类型上，黄山头镇林地面积最大，为 470.64 hm^2，有林地居多，章田寺乡林地面积最小，仅为 20.13 hm^2。在草地空间类型上，甘家厂乡面积最大，为 23.07 hm^2，杨家厂镇面积仅次于甘家厂乡，为 17.66 hm^2，而南平镇面积最小，没有草地这一空间类型。在交通运输用地空间类型上，埠河镇交通运输用地面积最大，为 236.50 hm^2，狮子口镇面积仅次于埠河镇，为 179.60 hm^2，甘家厂乡和黄山头镇面积最小。在水域及水利设施用地空间类型上，埠河镇水域及水利设施用地空间最大，为 6683.34 hm^2，河流水面、内陆滩涂居多，闸口镇面积次之，为4129.75 hm^2，坑塘水面居多，斗湖堤镇水域及水利设施用地面积最小，为 1687.38 hm^2。在其他土地空间类型方面，夹竹园镇面积最大，为23.42 hm^2，其次是埠河镇，为 22.63 hm^2，章田寺乡的设施农用地面积最小，仅为 2.81 hm^2。在城镇村及工矿用地空间类型方面，章庄铺镇面积最大，为 2464.10 hm^2，村庄面积最大，藕池镇城镇村及工矿用地空间最小，仅为 1078.01 hm^2，县政府所在的斗湖堤镇建制镇面积最大，为 1391.30 hm^2。

从 G 县国土空间利用分布特征来看，G 县耕地空间分布范围广泛，在各个乡镇均有所分布：水田多集中分布在河流、湖泊、坑塘的周围地区，如在章庄铺镇、夹竹园镇、闸口镇、孟家溪镇、章田寺乡、甘家厂乡和黄山头镇广泛分布；水浇地多集中分布在埠河镇、斑竹垱镇、南平镇等地区，较水田来说分布相对分散；旱地多集中在县城周边地区，如夹竹园镇的北部和杨家厂镇的北部地区。G 县园地空间相对零散：果园多分散在埠

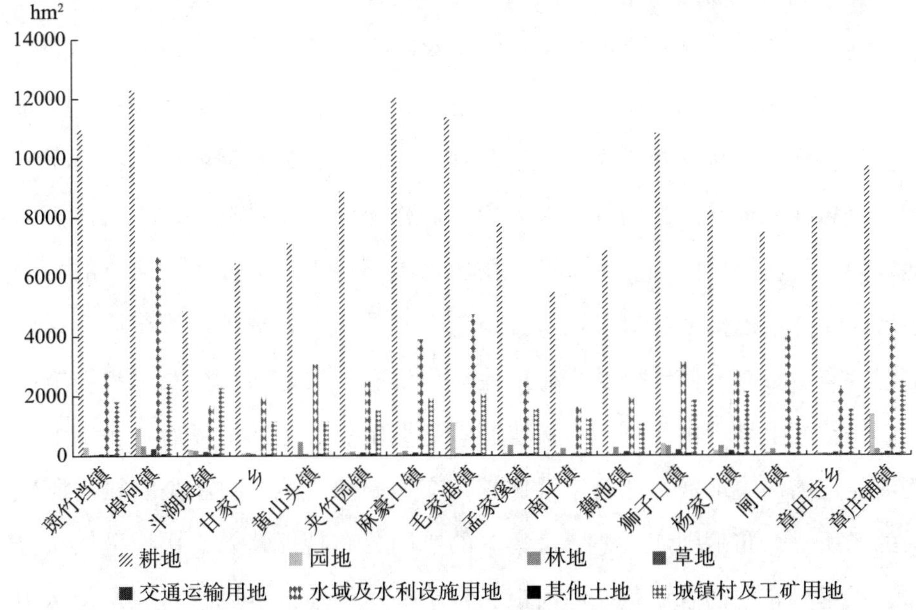

图 7-1　2018 年 G 县各乡镇国土空间利用类型

河镇、毛家港镇、狮子口镇和章庄铺镇等地区；茶园零星分布在章庄铺镇和章田寺乡的一些地区；其他园地多零星分布在夹竹园镇的东北部地区。G 县林地空间多呈条带状分布：有林地多靠近湖泊周边以及河流的两岸，如湖滨垱周围以及长江、松滋河、虎渡河的河岸地带；灌木林地零星分布在闸口镇北部的一些地区；其他林地在埠河镇的西北部、南部呈块状分布，在章庄铺镇、黄山头镇等地零星分布。G 县草地空间多呈点状分布，只有其他草地一种草地类型，散落在杨家厂镇、甘家厂乡等地。G 县交通运输用地空间呈线状突出显示，主要表现在公路用地空间上：岳宜高速、二广高速呈 X 状交叉分布，207 国道贯穿南北全境，254、221、226 等省道四通八达；铁路用地和农村道路面积较小，远远低于境内公路密度。G 县水域及水利设施用地空间分布范围较广，水系发达：河流水面纵横串汊，交织过境，共有长江、松滋河、虎渡河、藕池河等外江河流 14 条，其中长江险段——荆州九曲回肠地段环绕东、北两面，虎渡河居中纵贯南北；大小湖泊水面星罗棋布，共有大小湖泊 105 个，主要湖泊有玉湖、崇湖、陆逊湖、淤泥湖、牛奶湖等；中型水库一座，是位于县内西南部的卷桥水库；大小坑塘水面遍布全境，主要有北湖渔场、崇湖渔场等；内陆滩涂空间多呈条带状分布，主要位于长江、虎渡河、松滋河的两岸；沟渠空间多分布在耕地空间的周围，大多用于农作物灌溉、排渍等；水工建筑用地空间主要包括堤路林、南闸、北闸、水电厂房等，多分布在河流的两岸地区。G 县其他土地空间呈点状分布，设施农用地和裸地面积很小，仅局部地区有所分布。城镇村及工矿用地面积仅次于耕地和水域及水利设施用地，在空间上呈现出如下特点：建制镇是城镇居民生活的场所，多集中在河流、道路周边地区，地理位置优越，交通四通八达；村庄是农村居民生活的场所，分布范围广，整体呈集聚的空间分布特征；采矿用地呈块状分布，零星分布在杨家厂镇、埠河镇、黄山头镇等地区；风景名胜及特殊用地多呈点状分布，散落在个别乡镇地区。

具体到 G 县各乡镇国土空间利用分布上，各有其特点。斑竹垱镇耕地分布范围广泛，北部地区多水浇地，南部地区多水田，城镇村及工矿用地沿河流、道路呈条带状分布。埠河镇耕地分布范围广泛，葡萄等果园种植业发达，交通运输便利，城镇村及工矿用地集聚。斗湖堤镇水田种植居多，建制镇高度集聚。甘家厂乡多水田种植，湖泊坑塘水面较多，村庄多呈亲水性团状分布。黄山头镇多水田种植，坑塘水面较多，水工建设用地沿河岸呈条带状分布，城镇村庄多沿道路放射状分布。夹竹园镇中西部多水田，东北部多旱地，南部地区坑塘集中，城镇村沿河流、道路分布。麻豪口镇北部地区多水田，南部地区多水浇地，东部河岸多防护林带，水产种质资源丰富。毛家港镇多水田种植，湖泊坑塘水面集中，城镇村及工矿用地沿河流、道路呈条带状分布。孟家溪镇西北部多水浇地，东部、南部多水田，村庄多呈散乱状分布。南平镇水浇地种植居多，建制镇集中分布在东北部河流交汇处，村庄沿河流、道路呈条带状分布。藕池镇西部多水田，东部多水浇地，防护林带集中分布在东南部建制镇的外围地区，村庄沿道路呈放射状分布。狮子口镇北部多水浇地，南部多水田，二广、岳宜高速在此交会，村庄则呈条带状或散乱状形态分布。杨家厂镇临近长江，耕地范围广，村庄多集中在河流两岸呈条带状分布。闸口镇水田居多，坑塘水面集中在东南部，村庄则呈放射状分布。章田寺乡水田居多，水工建设用地沿河岸呈条带状分布，村庄则多呈散乱状分布。章庄铺镇北部多水田，东南部多水浇地，西南部台地果园居多，湖泊水面集中，村庄则呈条带状或散乱状形态分布。

从G县国土空间结构比例构成特征来看（表7-1），耕地、水域及水利设施用地、城镇村及工矿用地是G县国土空间结构的主要构成部分，这与其宜耕性区位和富水化特征密切相关。G县位于被誉为“鱼米之乡”的江汉平原腹地，是国家限制开发区下的农产品主产区和重要的商品粮油棉生产基地，故耕地资源占有绝对优势，占县域面积的60%以上，达到61.28%，其中水田和水浇地类型居多，面积占比分别为34.24%和24.95%。G县素称“洪水走廊”“百湖之县”，境内荆南四河交织过境，大小湖泊、坑塘星罗棋布，水域及水利设施用地面积比例为22.19%，占到县域面积的1/5以上，其中河流水面、坑塘水面和湖泊水面类型居多，分别占全域面积的4.55%、8.85%、2.48%。城镇村及工矿用地面积比例为12.13%，其中建制镇和村庄类型居多，是城乡居民主要的生活场所，分别占全域面积的1.77%和10.00%。G县园地、林地、草地、交通运输用地和其他土地面积比例很少，合计不足县域面积的1/20，仅仅为4.4%，分别占县域面积的2.19%、1.49%、0.03%、0.60%和0.09%。

从G县各乡镇国土空间结构比例构成来看，各乡镇国土空间结构比例在一级分类体系上呈现“耕—水—城镇村”主导的整体特征，在二级分类体系上各乡镇国土空间结构也有所差异。在耕地空间类型上，各乡镇耕地资源均处于绝对优势地位，均占各乡镇总面积比例的50%以上：斑竹垱镇耕地占总面积比例最大，为 68. 85%，斗湖堤镇耕地所占比例最小，为 51. 90%；章田寺乡、甘家厂乡、黄山头镇、夹竹园镇、孟家溪镇等耕地类型以水田为主，章田寺乡水田所占比例最大，占乡镇总面积的 61. 17%，南平镇、埠河镇、斑竹垱镇、杨家厂镇等耕地类型以水浇地为主，南平镇水浇地所占比例最大，为 51. 77%。在园地空间类型上，章庄铺镇、毛家港镇和埠河镇园地面积相对较大，分别占各乡镇总面积的 7. 52%、5. 72%和 4. 06%，且多以果园类型为主。在林地空间类型上，黄山头镇和孟家溪镇林地面积较大，分别占各乡镇总面积的 3. 96%和 2. 80%，且多以有林地类型为主。在草地空间类型上，甘家厂乡和杨家厂镇其他草地面积较大，但不足其乡镇总面积的 1%。在交通运输用地空间类型上，斗湖堤镇、藕池镇、杨家厂镇交通运输用地面积较大，分别占各乡镇总面积的 1. 44%、1. 17%和 1. 09%，且公路用地居多。在水域及水利设施用地空间类型上，埠河镇水域及水利设施用地占总面积比例最大，为 29. 16%，斑竹垱镇所占比例最小，为 17. 39%；杨家厂镇水域及水利设施用地类型以河流水面为主，章田寺乡水域及水利设施用地类型以湖泊水面为主，闸口镇、毛家港镇、夹竹园镇等用地类型以坑塘水面为主，埠河镇用地类型以湖泊水面和内陆滩涂为主，章庄铺镇用地类型以坑塘水面和湖泊水面为主等。在其他土地空间类型上，各乡镇其他土地所占比例均小于其总面积的 1%。在城镇村及工矿用地空间类型上，斗湖堤镇所占比例最大，为 24. 28%，以建制镇为主；黄山头镇所占比例最小，为 9. 59%；章庄铺镇、毛家港镇和埠河镇等用地类型以村庄为主。

为进一步度量 G 县及各乡镇土地利用结构，采用吉布斯—马丁多样化指数（敖登高娃、李跃进和兀良哈·巴雅尔，2017）进行土地利用结构多样化分析。G 县多样化指数平均值为 0. 5598，远低于理论最大值 0. 8750，说明该县土地利用类型多样化程度处于中下程度，平均水平较低，而各乡镇的多样化指数介于 0. 4824~0. 6383，其中斗湖堤镇多样化程度最高，为

0.6383，章庄铺镇次之，斑竹垱镇最低，为0.4824。将多样化指数从高到低排序依次为斗湖堤镇、章庄铺镇、埠河镇、毛家港镇、杨家厂镇、闸口镇、黄山头镇、南平镇、孟家溪镇、狮子口镇、甘家厂乡、麻豪口镇、藕池镇、夹竹园镇、章田寺乡和斑竹垱镇，其中斗湖堤镇、章庄铺镇、埠河镇、毛家港镇、杨家厂镇、闸口镇、黄山头镇的多样化指数大于G县多样化指数平均值。这是由于G县处于平原地区，土地利用类型以耕地为主，其他类型土地分布较少；章庄铺镇多样化指数最高，与该地平原台地地形地貌有关。

7.2.2 国土空间利用景观特征

基于国土利用数据的景观格局指数分析是研究景观空间格局的重要方法（杨晓红、张双双和汪鑫，2019；秦艳丽等，2020）。根据研究区国土空间类型特征，对类型水平和景观水平选取不同的指数，在类型水平上选取斑块数目指数（NP）、斑块密度指数（PD）、平均斑块面积（AMN）、最大斑块指数（LPI）、边缘密度（ED）、景观形状指数（LSI）、周长面积分维数（PAFRAC）、聚集度指数（AI）等，在景观水平上选取景观形状指数（LSI）、聚集度指数（AWMSI）、香农多样性指数（SHDI）、香农均度指数（SHEI）、蔓延度指数（CONTAG）等，并借用Fragstats 4.2软件分析景观的破碎度、连通性、优势度和多样性等，进一步分析G县国土空间景观内部结构的组成和空间配置。

（1）景观水平格局分析

基于景观水平的景观格局指数可以明确G县全域的景观特征。由表7-2可知，反映景观组斑块复杂程度的LSI值为104.14，形状指数越大，斑块形状越不规则，曲折程度越高，表明构成G县总体景观的斑块形状比较复杂，所受到的各种干扰强度较大。反映景观空间格局复杂性的AWMSI值为20.53，平均形状因子越大，斑块形状越复杂和不规则，表明构成G县总体景观的平均形状因子较大，景观复杂程度较高。反映景观团聚程度或延展趋势的 CONTAG 值为 62.34%，蔓延度越高，景观中优势斑块类型连通度越高，表明构成 G 县总体景观的优势斑块类型连通度越高。反映景观异质性特征的 SHDI 值为 1.07，多样性指数越大，斑块类型或各斑块类型在景观中越呈现均衡化趋势分布，表明 G 县土地利用类型丰富，破碎化程度较高，不定性信息含量较大。反映景观均匀度特征的 SHEI 值为 0.51，均度指数值越小，优势度越高，表明构成 G 县总体景观的均匀度适中，受少数优势斑块类型所支配。

表 7-2　G 县景观水平上的景观格局指数

区域	LSI	AWMSI	CONTAG	SHDI	SHEI
G 县	104.14	20.53	62.34%	1.07	0.51
斑竹垱镇	25.52	12.59	67.71%	0.92	0.44
埠河镇	27.53	14.56	61.45%	1.17	0.56
斗湖堤镇	23.01	7.43	58.23%	1.22	0.59
甘家厂乡	27.52	17.36	61.86%	0.95	0.49
黄山头镇	21.53	10.02	62.11%	1.05	0.54
夹竹园镇	25.74	9.66	65.47%	0.97	0.46
麻豪口镇	28.00	9.53	66.90%	0.94	0.45
毛家港镇	29.23	8.70	62.97%	1.08	0.52
孟家溪镇	32.85	19.78	61.52%	1.03	0.49
南平镇	21.66	9.57	61.11%	1.03	0.53
藕池镇	21.48	11.26	66.03%	0.96	0.46
狮子口镇	30.00	12.50	62.22%	1.07	0.51
杨家厂镇	20.24	8.10	64.86%	1.06	0.51
闸口镇	20.84	8.48	66.48%	1.01	0.48
章田寺乡	31.28	22.95	65.71%	0.90	0.43
章庄铺镇	48.03	19.36	53.66%	1.23	0.59

从 G 县各乡镇景观水平上的景观格局指数来看，各乡镇具有明显的区域差异性。各乡镇 LSI 从高到低排列依次为章庄铺镇、孟家溪镇、章田寺乡、狮子口镇、毛家港镇、麻豪口镇、埠河镇、甘家厂乡、夹竹园镇、斑

竹垱镇、斗湖堤镇、南平镇、黄山头镇、藕池镇、闸口镇、杨家厂镇。各乡镇 AWMSI 从高到低排列依次为章田寺乡、孟家溪镇、章庄铺镇、甘家厂乡、埠河镇、斑竹垱镇、狮子口镇、藕池镇、黄山头镇、夹竹园镇、南平镇、麻豪口镇、毛家港镇、闸口镇、杨家厂镇、斗湖堤镇。受低海拔冲积台地地形的影响，章庄铺镇、孟家溪镇、章田寺乡等景观斑块形状曲折复杂，景观形状指数和平均形状因子指数较高。各乡镇 CONTAG 从高到低排列依次为斑竹垱镇、麻豪口镇、闸口镇、藕池镇、章田寺乡、夹竹园镇、杨家厂镇、毛家港镇、狮子口镇、黄山头镇、甘家厂乡、孟家溪镇、埠河镇、南平镇、斗湖堤镇、章庄铺镇。结合 G 县国土空间利用情况，各乡镇均有耕地这一景观优势类型且均大于 50%，斑竹垱镇耕地景观优势类型连通度最高，为 67.71%，章庄铺镇耕地景观优势类型连通度最低，为 53.66%。各乡镇 SHDI 从高到低排列依次为章庄铺镇、斗湖堤镇、埠河镇、毛家港镇、狮子口镇、杨家厂镇、黄山头镇、孟家溪镇/南平镇、闸口镇、夹竹园镇、藕池镇、甘家厂乡、麻豪口镇、斑竹垱镇、章田寺乡。章庄铺镇景观类型呈均衡化趋势分布，破碎化程度较高，不定性信息含量较大。各乡镇 SHEI 从高到低排列依次为章庄铺镇/斗湖堤镇、埠河镇、黄山头镇、南平镇、毛家港镇、狮子口镇/杨家厂镇、甘家厂乡/孟家溪镇、闸口镇、夹竹园镇/藕池镇、麻豪口镇、斑竹垱镇、章田寺乡。G 县各乡镇景观均度指数取值范围为 0.43～0.59，由一种或少数优势斑块类型支配。

（2）类型水平格局分析

基于类型水平的景观格局指数可以明确不同景观类型的差异特征。NP、PD 和 AMN 通常表征景观异质性和破碎化程度，ED 描述对应斑块类型的边界复杂性，最大斑块指数（LPI）用以衡量景观优势度，LSI 和 PAFRAC 通常表征景观形状复杂程度，AI 用以表征景观聚集程度或非随机性。G 县县域不同景观类型的差异特征如图 7-2 所示。

景观异质性和破碎化：G 县斑块数目最多的景观类型为水域及水利设施用地，斑块数为 16086 个；其次是城镇村及工矿用地，斑块数为 9436 个；斑块数目最少的景观类型是草地，仅有 89 个。G 县斑块密度最大的景观类型是水域及水利设施用地，斑块密度为 7.13 个/100 hm^2；其次是城镇村及工矿用地，斑块密度为 4.18 个/100 hm^2；斑块数目最少的景观类型是草地，斑块密度为 0.04 个/100 hm^2。可见，水域及水利设施用地斑块破碎化严重，其次是城镇村及工矿用地，草地最低，这是由于景观受人类活动的影响，在一定面积上斑块数量较多，斑块规模小，异质性高。G 县境内水网稠密，水域多被耕地、道路等分割造成斑块破碎，如坑塘水面斑块数量众多，面积普遍较小，分布范围广泛；村庄多被耕地、农村道路等分割，工矿用地面积较小，分布相对集中；草地为零散分布的细碎斑块。G 县平均斑块面积最大的景观类型是耕地，面积平均值为 100.33 hm^2，远远高于其他国土空间景观类型，耕地景观连续性最好，相对破碎化程度较小；其次是城镇村及工矿用地，面积平均值为 3.12 hm^2；其他土地的平均斑块面积最小，仅为 0.45 hm^2。

边界复杂性：G 县边缘密度最大的是耕地景观，为 67.37 m/hm^2，耕地边界复杂性最高，其余依次是城镇村及工矿用地、水域及水利设施用地、园地、林地、交通运输用地、其他土地、草地。其他土地和草地边界密度最小，均不到 1 m/hm^2，呈现规则零散分布特征。

景观优势度：G 县水域及水利设施用地和耕地具有绝对优势地位，远远高于其他景观类型优势度，分别为 12.39% 和 9.52%。这是由于 G 县属于平原水乡地区，湖泊众多，水域资源丰富，且耕地景观集中连片，机械化耕作普遍。

形状复杂度：在 G 县景观形状指数中，城镇村及工矿用地景观形状指数最高，达到 151.46，其斑块形状比较复杂，所受到的各种人为干扰强度较大。其次是水域及水利设施用地，为 110.91，受自然因素和人类活动的影响较大。同样，耕地景观也由于受到人为因素的影响，形状指数较高，为102.39。其余依次为园地、交通运输用地、林地、其他土地、草地。在G县周长面积分维数中，交通运输用地周长面积分维数最大，为1.74，其余依次是草地、水域及水利设施用地、城镇村及工矿用地、林地、耕地、园地、其他土地，其他土地周长面积分维数最小，为1.28。这是由于受人类活动影响较大的人为景观的分维数值也较大，如交通运输用地和水域及水利设施用地，而草地多为零散分布的细碎斑块，分维数也较大；自然景观的分维数值相对较小，如林地、园地等。

景观聚集度：在G县聚集度指数中，耕地景观聚集度最高，为91.82，其次是水域及水利设施用地，为85.26，其余依次为林地、城镇村及工矿用地、园地、草地、其他土地、交通运输用地。

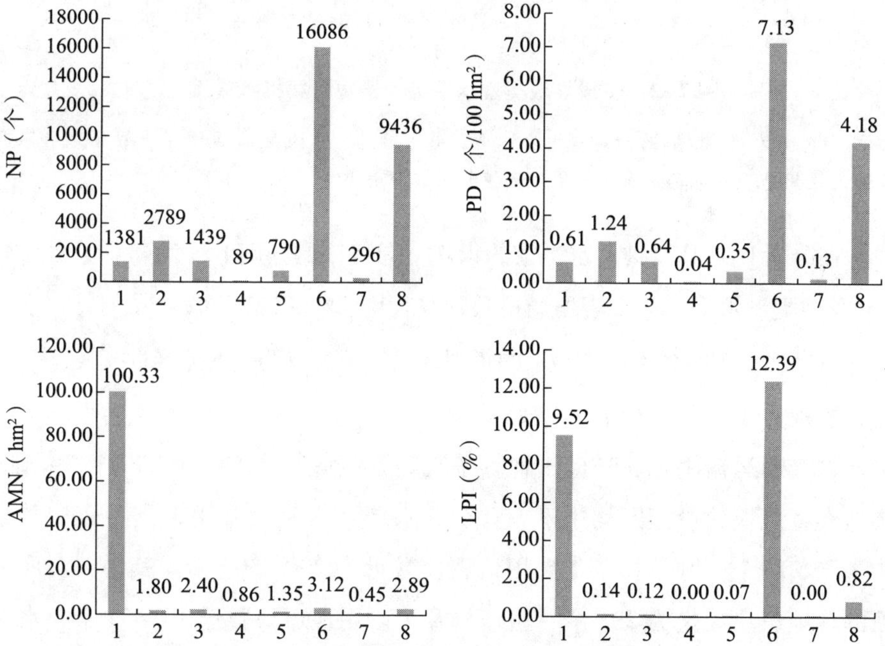

图7-2　G县县域类型水平上的景观格局指数

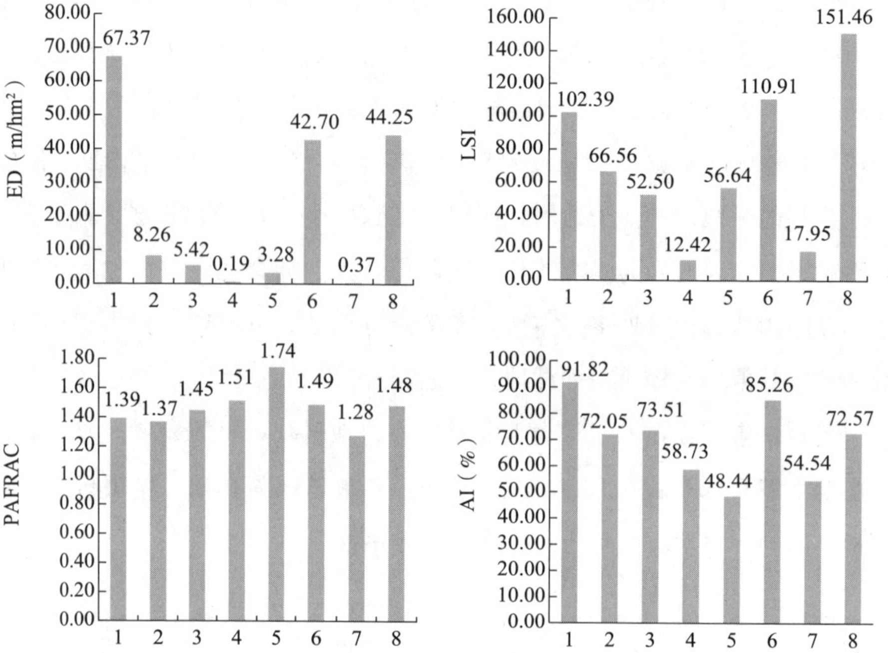

图 7-2　G 县县域类型水平上的景观格局指数（续）

注：1 为耕地；2 为园地；3 为林地；4 为草地；5 为交通运输用地；6 为水域及水利设施用地；7 为其他土地；8 为城镇村及工矿用地。

在分析 G 县县域类型水平上的景观格局特征的基础上，计算 G 县各乡镇 8 种景观类型水平上的景观格局指数，并利用 ArcGIS 表关联 join 工具在空间上分级呈现，表明各乡镇类型上的景观格局特征具有明显的差异性（图 7-3）。

景观异质性和破碎化：斑块数量如图 7-3（a）所示，各乡镇林地、草地、交通运输用地、其他土地等景观类型斑块数量均小于 200 个，耕地、园地类型斑块数量范围均小于 500 个，水域及水利设施用地类型斑块数量均大于 500 个，城镇村及工矿用地斑块数量为 200~500 个。其中，章庄铺镇的耕地斑块数量为 231 个，城镇村及工矿用地斑块数量为 1854 个，水域及水利设施用地类型上斑块数量为 3423 个，与其他乡镇相比景观类型破碎化严重。斑块密度如图 7-3（b）所示，各乡镇耕地、林地、草地、交通运输用地、其他土地等类型斑块密度均小于 2 个/100 hm^2，园地斑块密度在

0~5个/100 hm^2，城镇村及工矿用地斑块密度范围为2~15个/100 hm^2。其中，章庄铺镇耕地、园地、城镇村及工矿用地等类型斑块密度均高于其他乡镇，其与章田寺乡、甘家厂乡水域及水利设施用地斑块密度均大于15个/100 hm^2，与夹竹园镇城镇村及工矿用地斑块密度范围为5~15个/100 hm^2。平均斑块面积如图7-3（c）所示，各乡镇耕地平均斑块面积均在20 hm^2以上，园地、林地、草地、交通运输用地、水域及水利设施用地、其他土地、城镇村及工矿用地等类型平均斑块面积均在20 hm^2以下。其中，斗湖堤镇和章庄铺镇各个类型的平均斑块面积均在50 hm^2以下，斑竹垱镇、藕池镇、黄山头镇和甘家厂乡耕地类型平均斑块面积均在120 hm^2以上。

边界复杂性：边缘密度如图7-3（d）所示，各乡镇耕地边缘密度均大于50 m/hm^2，园地边缘密度均小于40 m/hm^2，林地、草地、交通运输用地、其他土地等类型边缘密度均小于20 m/hm^2，水域及水利设施用地、城镇村及工矿用地的边缘密度范围为20~80 m/hm^2。其中，章庄铺镇、孟家溪镇等镇边缘密度较高，景观类型边界复杂。

景观优势度：最大斑块指数如图7-3（e）所示，各乡镇耕地最大斑块指数范围为10%~64.71%，园地、林地、草地、交通运输用地、其他土地等类型最大斑块指数均小于10%，水域及水利设施用地的最大斑块指数范围为0~35%，城镇村及工矿用地的最大斑块指数均小于20%。其中，孟家溪镇、章田寺乡、甘家厂乡、藕池镇耕地类型优势度较高，最大斑块指数均大于50%。

形状复杂度：景观形状指数如图7-3（f）所示，各乡镇耕地形状指数范围为0~59.3，区域间差异明显，章庄铺镇形状指数最大，为59.3，其次是孟家溪镇和章田寺乡，斗湖堤镇、杨家厂镇、藕池镇和南平镇耕地形状指数最小。各乡镇园地、林地、草地和其他土地形状指数均小于20，水域及水利设施用地、城镇村及工矿用地形状指数均大于20。周长面积分维数如图7-3（g）所示，各乡镇耕地周长面积分维数差异明显，章庄铺镇分维数最大，其次是章田寺乡和甘家厂乡。水域及水利设施用地、城镇村及工矿用地等人为景观分维数较高，园地、林地、草地等自然景观分维数较低。

景观聚集度：聚集度指数如图 7-3（h）所示，各乡镇耕地聚集度均大于 85%，且高于其他景观类型。各乡镇水域及水利设施用地聚集度指数范围为 30%～93%，闸口镇、埠河镇聚集度较高，章庄铺镇、章田寺乡、甘家厂乡等聚集度较低。各乡镇园地、林地、城镇村及工矿用地等景观类型聚集度均在 85%以下。

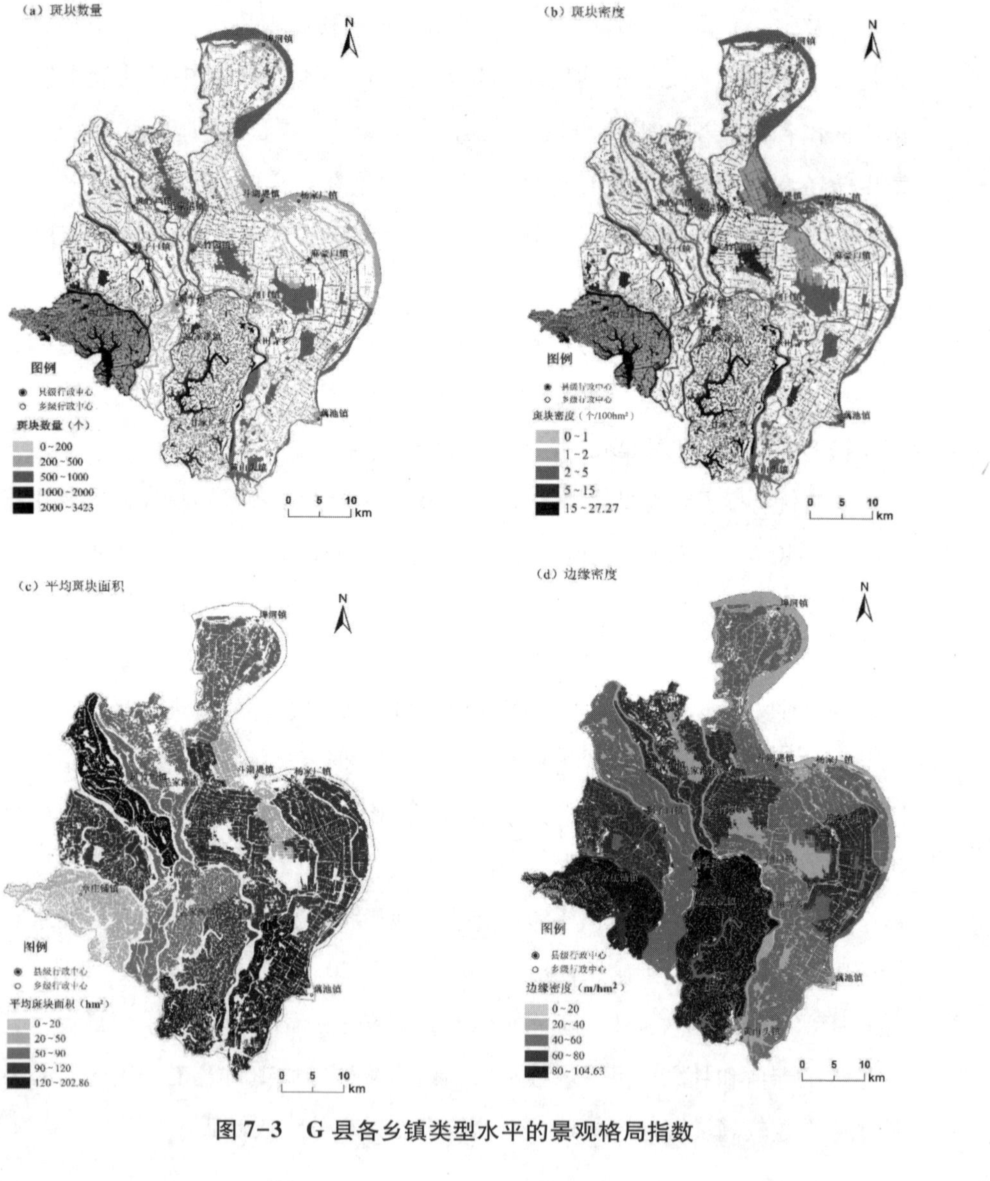

图 7-3　G 县各乡镇类型水平的景观格局指数

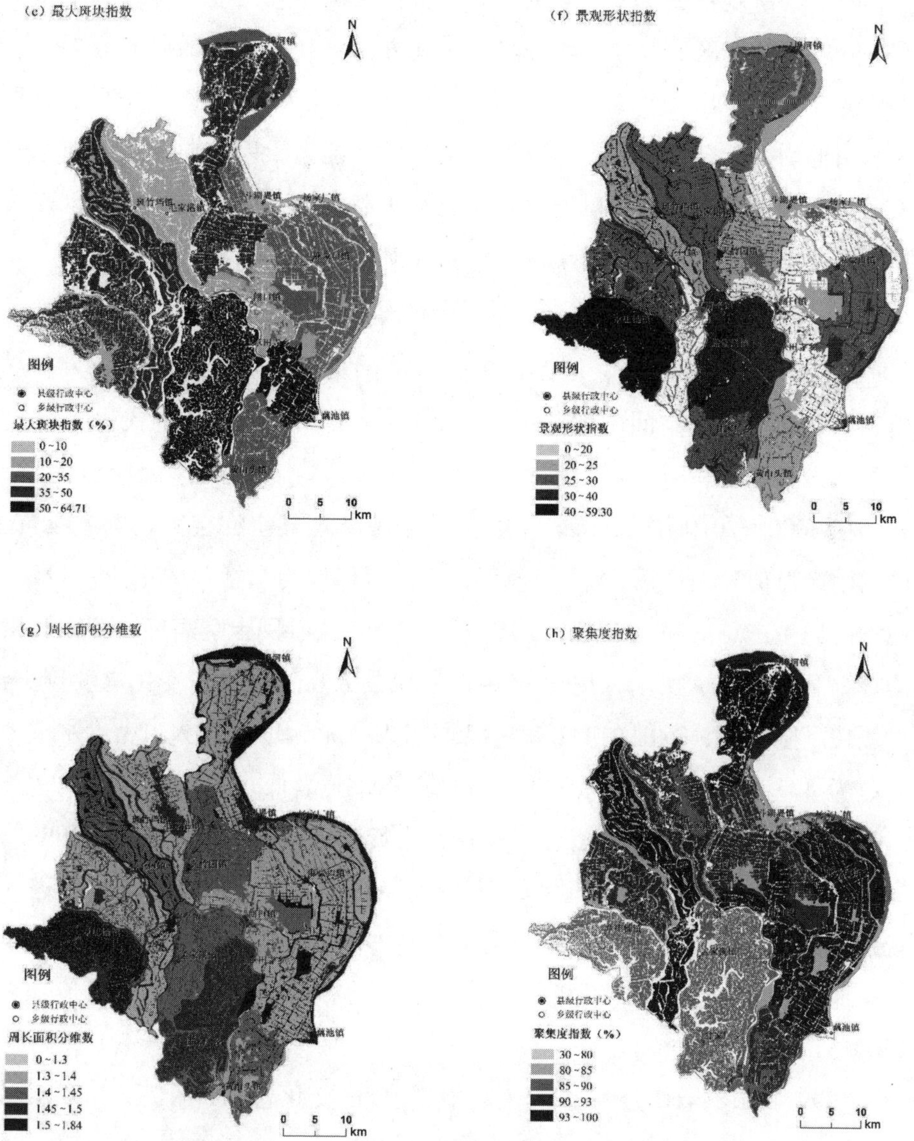

图 7-3　G 县各乡镇类型水平的景观格局指数（续）

7.2.3　国土空间集约利用特征

（1）年际变化特征

土地集约利用是建设生态文明、转变经济发展方式、实现经济社会可持续发展的有效路径。考虑县域数据的可获取性与国土空间集约利用和城市、开发区等地区的差异，参考李广东和方创琳（2014）的研究成果——土地的投入、产出和承载能力是决定国土空间集约利用水平最重要的要素，用地均全社会固定资产投资表征土地投入能力，用地均区域生产总值表示土地产出能力，用人口密度表征土地承载能力，根据三维矢量运算法则在此基础上构建国土空间集约利用测度模型，公式如下：

$$I=\sqrt{f^2(A_x)+f^2(A_y)+f^2(A_z)}$$

式中，I 为矢量的模，可以代表国土空间集约利用度在土地投入、产出和承载利用三维空间中的长度。$f(A_x)$、$f(A_y)$、$f(A_z)$ 分别代表土地投入、产出和承载利用系数。

在 2000—2019 年《J 市统计年鉴》中提取 G 县全社会固定资产投资、国内生产总值和人口数，进一步计算 G 县历年地均全社会固定资产投资、地均区域生产总值和人口密度。1999—2018 年 G 县国土空间集约利用要素测算结果如图 7-4 所示，1999—2018 年 G 县人口密度水平变化幅度较小，呈缓慢下降趋势，范围在 441.83~475.41 人/km^2，1999 年人口密度水平最高，为 475.41 人/km^2，2018 年人口密度水平最低，为 441.83 人/km^2。1999—2018 年 G 县地均全社会固定资产投资变化呈整体渐增趋势，1999—2006 年经历了平缓的上升，2006—2008 年稳步提升，2008—2015 年进入快速提升阶段，2016 年达到最高值，为 1199.16 万元/km^2。1999—2018 年 G 县地均区域生产总值变化整体呈稳步上升趋势，2018 年达到最高值，为 1200.31 万元/km^2。

1999—2018 年 G 县国土空间集约利用度的变化趋势如图 7-5 所示，总体趋势呈现“勺状”走势，1999 年利用度较高，1999—2009 年利用度波动低浮，2009—2018 年利用度快速提升，在 2018 年最高，为 0.46。2008 年国务院出台的《关于促进节约集约用地的通知》① 和中共十七届三中全

---

① 中央人民政府门户网站．国务院关于促进节约集约用地的通知［EB/OL］．http：//www.gov.cn/zwgk/2008-01/07/content_ 851750.htm.

会发布的《中共中央关于推进农村改革发展若干重大问题的决定》① 提出关于“鼓励空间集约高效利用”的要求后，2009 年以后 G 县国土空间集约利用水平进入快速提升阶段。G 县国土空间集约利用仍有很大的发展空间。

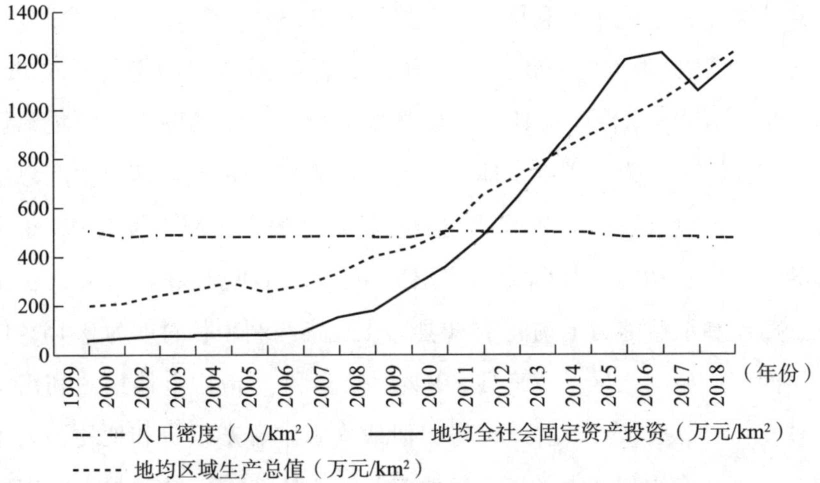

图 7-4　1999—2018 年 G 县国土空间集约利用要素

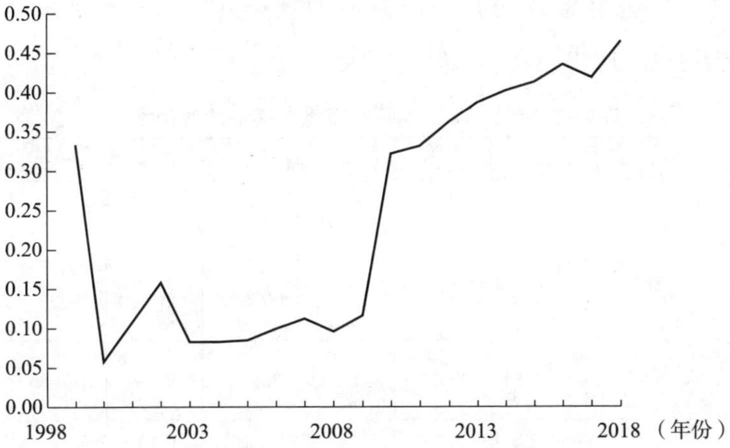

图 7-5　1999—2018 年 G 县国土空间集约利用度

① 百度百科．中共中央关于推进农村改革发展若干重大问题的决定［EB/OL］．https：//baike. baidu. com/item/中共中央关于推进农村改革发展若干重大问题的决定．

（2）区域差异特征

根据数据可获取性、同比性、可操作性等原则，在考虑经济水平、地理区位等条件的基础上选取湖北区域内个别县级行政单位，统计搜集各县市人口、固定资产投资、国内生产总值等年鉴数据，横向对比 2017 年 G 县与其他地区的土地集约利用水平差异（表 7-3）。

2017 年国土空间集约利用水平从高到低排列依次为 D 市、Y 市、G 县、J 县、YX 县、YS 县和 H 县，G 县排名第三。H 县国土空间集约利用度最低，无论是从人口密度、地均固定资产投资还是地均国内生产总值上来看，其土地投入、产出和承载能力都是最低的，本底值设为 0，是国家层面的重点生态功能区。同为国家层面重点生态功能区的 YS 县，在土地投入、产出和承载能力上均高于 H 县，土地集约利用相对度为 0.15。作为国家层面农产品主产区的 YX 县、J 县、G 县和 Y 市，土地集约利用水平相对较高：Y 市虽然人口密度较低，但地均固定资产投资和地均国内生产总值较高，其集约利用水平高于其他三县；G 县、J 县、YX 县人口密度较高，地均固定资产投资和地均国内生产总值较低。D 市国土空间集约利用水平最高，这是因为 D 市是国家层面的重点开发区，也是全国百强县（市），土地投入产出比高，人口密度大。

表 7-3　2017 年不同县市国土空间集约利用水平

2017 年	G 县	D 市	Y 市	J 县	YX 县	H 县	YS 县
人口密度（人/km^2）	443.73	565.58	287.55	376.77	348.17	75.59	276.19
地均固定资产投资（万元/km^2）	1043.64	4157.54	3021.23	1062.05	1134.00	202.62	652.54
地均国内生产总值（万元/km^2）	1102.84	3493.81	4243.33	784.03	792.91	197.86	681.02
集约利用相对度	0.27	0.54	0.43	0.22	0.21	0	0.15

7.2.4　国土空间利用冲突测度

国土空间利用冲突通常是抗解问题，是各土地利用主体及利益相关者之间以同一空间区位上的土地为核心的资源要素的时空博弈的过程，在国土利用空间上表现为多种土地利用类型（功能）的演变，突出表现在农牧交错带、水陆过渡带和城乡过渡带上。在对 G 县国土空间问题作出初步诊断的基础上，进一步探索 G 县在国土空间利用上的冲突现象，在参考以往研究（彭佳捷等，2012；周德、徐建春和王莉，2015）的基础上考虑土地利用系统的复杂性、脆弱性及稳定性，认为土地利用斑块空间复杂性可以用景观指数的面积加权平均斑块分形指数（AWMPFD）表示，土地利用类型之间的转换频率和程度可以用脆弱度指数表示，土地利用类型受空间开发利用等行为干扰的影响效应（即稳定性指数）可以用景观指数中的景观破碎度（B_i）表示：

$$AWMPFD = \sum_{i=1}^{m} \sum_{j-1}^{n} \left[\frac{2\ln(0.25 P_{ij})}{\ln(a_{ij})} \left(\frac{a_{ij}}{A} \right) \right]$$

式中，P_{ij}为斑块周长；a_{ij}为斑块面积；A 为景观总面积。

$$E = \sum_{i=1}^{n} F_i \times \frac{a_i}{S} n = 8$$

式中，F_i为 8 类景观脆弱度指数，并进行脆弱度排序、赋值、归一化处理；a_i为单元内各类景观面积；S 为空间单元总面积。

$$B_i = 1 - \frac{PD - PD_{\min}}{PD_{\max} - PD_{\min}}$$

式中，PD 为斑块密度，即各空间景观单元内斑块数目与面积之比。

利用复杂度指数（P）、脆弱度指数（E）、稳定性指数（S）构建国土空间利用冲突综合模型（M）：

$$M = P + E - S$$

结合 G 县实际情况，考虑空间单元过于破碎化、研究范围、空间斑块等，研究单元的选取尝试按照 2 km×2 km 的方格大小划分冲突评估的空间景观单元，将 G 县范围分为 650 个空间冲突评价单元，每个方格面积为 4 km^2，对研究区边界地区未布满整个方格面积的空间斑块按一个完整方格参与计算。在此基础上构建 G 县国土空间利用冲突综合测度模型，对空间景观单元复杂度指数、脆弱度指数、稳定性指数进行测算，如图 7-6 所示。利用复杂度指数、脆弱度指数和稳定性指数构建国土空间利用冲突综合模型，并将测算结果标准化处理至（0，1）范围内，得到每一网格单元的空间冲突水平值，将国土空间冲突水平值划分为轻度冲突（0~0.3）、一般冲突（0.3~0.5）、中度冲突（0.5~0.7）和重度冲突（0.7~1.0）四个等级，并计算各个等级所占空间单元总量的数目及比例构成。

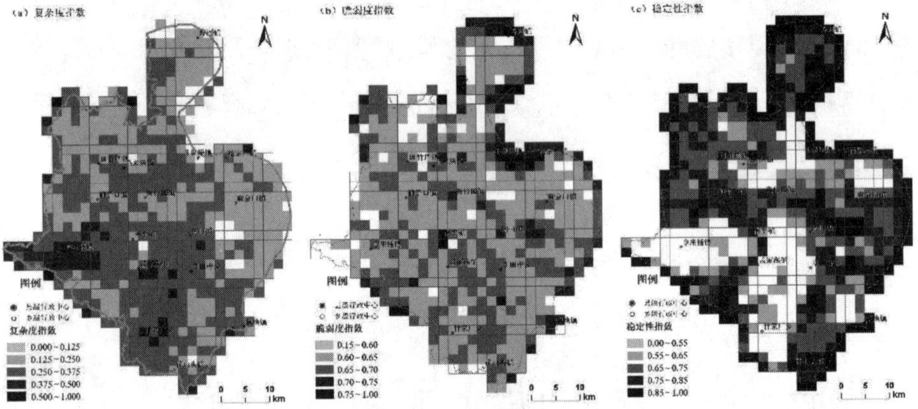

图 7-6　G 县国土空间利用冲突指数

通过对 G 县国土空间利用冲突指数进行计算发现（表 7-4），G 县以轻度冲突为主，占研究区所有空间单元总量的 71.08%，为维护 G 县国土空间安全及控制空间潜在风险起到重要作用，也是未来 G 县土地利用空间冲突管理和调控的主要范围。同时，一般冲突、中度冲突、重度冲突三个冲突级别的空间景观单元分别占所有空间单元总量的 16.31%、8.31%和 4.30%，尤其是部分空间冲突严重失控的地区，成为 G 县国土空间冲突调控的重点区域。从 G 县各空间单元网格冲突水平测度的各区段分布情况来看（图 7-7），轻度冲突地区主要集中在埠河镇、黄山头镇、麻豪口镇、斑竹垱镇等地；一般冲突地区主要分布在毛家港镇、狮子口镇和藕池镇的南部以及杨家厂镇的北部；中度冲突和重度冲突地区主要交叉分布在章田寺乡、孟家溪镇、甘家厂乡、斗湖堤镇的西北部、夹竹园镇的北部以及章庄铺镇的中部。

表 7-4　G 县国土空间利用冲突指数测算结果统计

冲突级别	冲突水平值	空间单元个数/个	空间单元百分比/%
轻度冲突	0~0.3	462	71.08
一般冲突	0.3~0.5	106	16.31
中度冲突	0.5~0.7	54	8.31
重度冲突	0.7~1	28	4.30

此外，根据G县空间冲突水平测度结果及各个冲突等级的地域分布情况，借助Google Earth遥感影像平台，选取一些中度和重度冲突级别的典型地区进行遥感影像截图比对，在不同程度上都反映了一些空间冲突现象，如县城周边地区呈现出明显的城乡过渡地带特点，城市与乡村空间、建设用地与农用地空间竞争激烈，大量生态空间被建设用地空间淹没；章庄铺镇建设用地无序扩张，肆意蔓延；孟家溪镇水体生态空间被道路分割较为严重等。

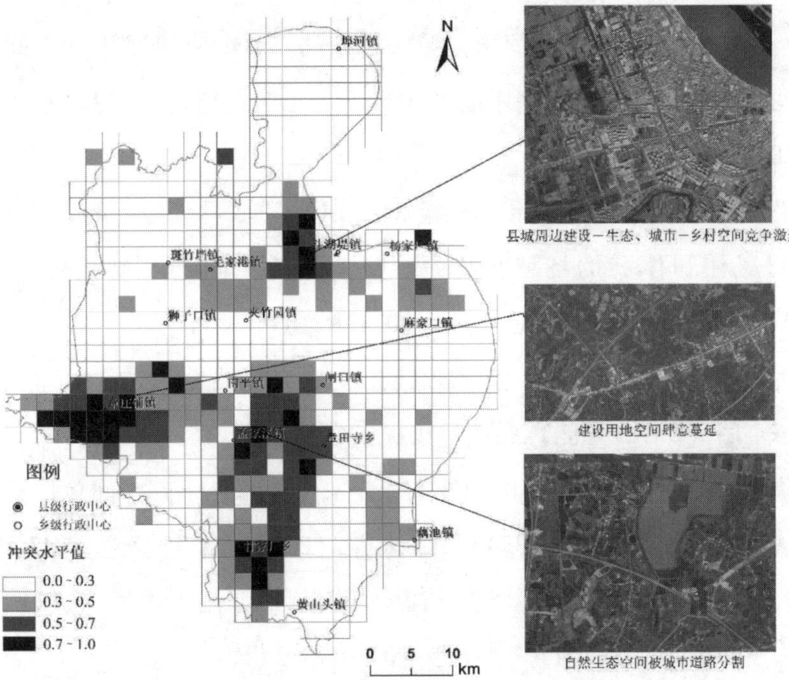

图 7-7　G 县国土空间冲突示意

7.3 G县国土功能空间分类特征

7.3.1 G县国土功能空间体系划分

结合G县实际用地分类情况，划分G县国土功能空间分类体系（表7-5）。G县国土功能空间一级空间包括生产空间、生活空间、生态空间、生产—生活空间和生产—生态空间5类，细分为工矿生产空间、农业生产空间、城镇生活空间、乡村生活空间、绿色生态空间、水域生态空间、其他生态空间、服务生产—服务生活空间、农业生产—绿色生态空间和农业生产—水域生态空间等10类二级空间。具体来看：

生产空间（P）包括农业生产空间（P2）和工矿生产空间（P1），对应G县产业结构分类的第一产业（农林牧渔）和第二产业（工业、交通、水利）。其中，农业生产空间指县域农村道路（104）；工矿生产空间包括县域铁路用地（101）、公路用地（102）、水工建筑用地（118）和采矿用地（204）4种类型。

生活空间（L）包括城镇生活空间（L1）和乡村生活空间（L2），是供人们居住和休憩的场所。其中，城镇生活空间指县域建制镇用地（202）；乡村生活空间指村庄用地（203）。

生态空间（E）包括绿色生态空间（E1）、水域生态空间（E2）和其他生态空间（E3），是能直接或间接提供生态服务功能，且自身具有一定自我调节、维持和发展能力的用地类型。其中，绿色生态空间包括县域有林地（031）、灌木林地（032）、其他林地（033）和其他草地（043）4种类型；水域生态空间包括县域内河流水面（111）、湖泊水面（112）和内陆滩涂（116）3种类型；其他生态空间指裸地（127）。

G县生产—生活空间（PL）是指服务生产—服务生活空间（PL1），

指其服务生产功能和服务生活功能大体相当的用地类型，如风景名胜及特殊用地（205）既为人们提供公共服务和产品，同时又具有一定的生活用地功能。

G县生产—生态空间（PE）包括农业生产—绿色生态空间（PE1）和农业生产—水域生态空间（PE2），指农业生产功能和生态功能大体相当的用地类型。其中，农业生产—绿色生态空间包括县域内水田（011）、水浇地（012）、旱地（013）、果园（021）、茶园（022）、其他园地（023）和设施农用地（112）7种类型；农业生产—水域生态空间包括水库水面（113）、坑塘水面（114）和沟渠（117）3种类型。

表7–5　G县国土空间与土地利用现状分类衔接体系

<table>
<tr><th>国土功能空间</th><th>二级空间</th><th>土地利用现状分类</th></tr>
<tr><td rowspan="5">生产空间（P）</td><td rowspan="4">工矿生产空间（P1）</td><td>101 铁路用地</td></tr>
<tr><td>102 公路用地</td></tr>
<tr><td>118 水工建筑用地</td></tr>
<tr><td>204 采矿用地</td></tr>
<tr><td>农业生产空间（P2）</td><td>104 农村道路</td></tr>
<tr><td rowspan="2">生活空间（L）</td><td>城镇生活空间（L1）</td><td>202 建制镇用地</td></tr>
<tr><td>乡村生活空间（L2）</td><td>203 村庄用地</td></tr>
<tr><td rowspan="8">生态空间（E）</td><td rowspan="4">绿色生态空间（E1）</td><td>031 有林地</td></tr>
<tr><td>032 灌木林地</td></tr>
<tr><td>033 其他林地</td></tr>
<tr><td>043 其他草地</td></tr>
<tr><td rowspan="3">水域生态空间（E2）</td><td>111 河流水面</td></tr>
<tr><td>112 湖泊水面</td></tr>
<tr><td>116 内陆滩涂</td></tr>
<tr><td>其他生态空间（E3）</td><td>127 裸地</td></tr>
<tr><td>生产—生活空间（PL）</td><td>服务生产—服务生活空间（PL1）</td><td>205 风景名胜及特殊用地</td></tr>
</table>

续表

国土功能空间	二级空间	土地利用现状分类
生产—生态空间（PE）	农业生产—绿色生态空间（PE1）	011 水田
		012 水浇地
		013 旱地
		021 果园
		022 茶园
		023 其他园地
		122 设施农用地
	农业生产—水域生态空间（PE2）	113 水库水面
		114 坑塘水面
		117 沟渠

7.3.2 G 县国土功能空间特征

从 2018 年 G 县国土功能空间分布特征来看（图 7-8），在生产空间分布上，农业生产空间呈断裂线段状分布在各个乡镇田块和农村居民点之间，便于农产品的生产和集散；工矿生产空间呈条带状连接各个乡镇，四通八达，便于工矿产品的对外输出。在生活空间分布上，城镇生活空间多处于各乡镇位置优越、资源富足的区域，满足居民政治、经济、文化等方面的需要；乡村生活空间则呈点状、团状或放射状分布在各个乡镇，便于居民生产生活。不同类型的生态空间相互支撑，有绿色生态空间的区域自然有水域生态空间；其他生态空间面积很小，在狮子口镇零星分布。在生产—生活空间分布上，服务生产—服务生活空间多位于生活空间周围，满足居民公共产品和服务的需要。在生产—生态空间分布上，农业生产—绿色生态空间分布最为广泛，遍布全域，是主要的第一产业生产区域；农业生产—水域生态空间则分布在闸口镇、夹竹园镇、毛家港镇等，发挥着渔业养殖、涵养水源、调节气候等生产和生态双重功能。

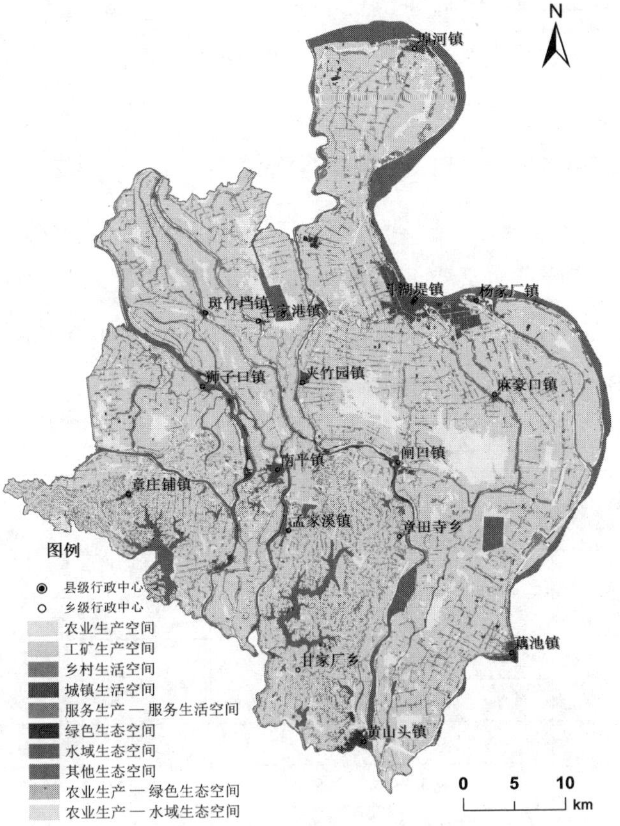

图 7-8　2018 年国土功能空间分布

利用 2018 年 G 县土地变更调查成果对其国土功能空间分类面积数量进行汇总（表 7-6），从一级功能空间分类面积统计结果来看，一级功能空间面积最大的是生产—生态空间，面积为 167579.83 hm^2，占整个国土功能空间的 74.63%。其次是生活空间，面积为 26531.52 hm^2，占整个国土功能空间的 11.82%。再次是生态空间，面积为 23507.21 hm^2，占整个国土功能空间的 10.47%。从次是生产空间，面积为 6630.92 hm^2，仅高于生产—生活空间，占整个国土功能空间的 2.96%。最后是生产—生活空间，面积仅为 281.00 hm^2，占整个国土功能空间的 0.13%。

从二级功能空间分类面积统计结果来看，二级功能空间面积最大的是农业生产—绿色生态空间，面积为 143345.54 hm^2，占整个国土功能空间的 63.84%。其次是农业生产—水域生态空间，面积为 24234.29 hm^2，占整个国土功能空间的 10.79%。再次是乡村生活空间和水域生态空间，面积分别为 22535.16 hm^2 和 20114.85 hm^2，分别占整个国土功能空间的 10.04%和 8.96%。此外，G 县工矿生产空间、城镇生活空间、绿色生态空间、服务生产—服务生活空间、农业生产空间和其他生态空间面积很小，分别为 6594.12 hm^2、3996.36 hm^2、3391.82 hm^2、281.00 hm^2、36.80 hm^2 和 0.54 hm^2，所占比例均不足 5%。

表 7-6　2018 年 G 县国土功能空间分类面积汇总

国土功能空间分类	二级功能空间分类	一级面积（hm^2）	二级面积（hm^2）	比例（%）
生产空间（P）	工矿生产空间（P1）	6630.92	6594.12	2.94
	农业生产空间（P2）		36.80	0.02
生活空间（L）	城镇生活空间（L1）	26531.52	3996.36	1.78
	乡村生活空间（L2）		22535.16	10.04
生态空间（E）	绿色生态空间（E1）	23507.21	3391.82	1.51
	水域生态空间（E2）		20114.85	8.96
	其他生态空间（E3）		0.54	0.00
生产—生活空间（PL）	服务生产—服务生活空间（PL1）	281.00	281.00	0.13
生产—生态空间（PE）	农业生产—绿色生态空间（PE1）	167579.83	143345.54	63.84
	农业生产—水域生态空间（PE2）		24234.29	10.79

从 G 县各乡镇国土功能空间分类数量特征来看，不同乡镇国土功能空间组合类型存在明显的差异。从一级功能空间分类面积统计结果来看（图 7-9），各乡镇一级功能空间面积最大的均为生产—生态空间，远远高于其余类型，而生产—生活空间面积最小。从生产空间面积统计结果来看，埠河镇面积最大，为 973.16 hm^2；毛家港镇次之，为 731.56 hm^2；甘家厂乡面积最小，为 173.29 hm^2。从生活空间面积统计结果来看，章庄铺镇面积最大，为 2444.03 hm^2；斗湖堤镇次之，为 2261.99 hm^2；藕池镇面

积最小，为 1079.98 hm²。从生态空间面积统计结果来看，埠河镇面积最大，为 4780.23 hm²；杨家厂镇次之，为 2180.02 hm²；夹竹园镇面积最小，为 489.43 hm²。从生产—生活空间面积统计结果来看，埠河镇面积最大，为 46.15 hm²；其次是孟家溪镇，为 31.88 hm²；斑竹垱镇面积最小，为4.13 hm²。从生产—生态空间面积统计结果来看，毛家港镇面积最大，为 14927.73 hm²；埠河镇次之，为 14617.08 hm²；南平镇面积最小，为 6156.41 hm²。

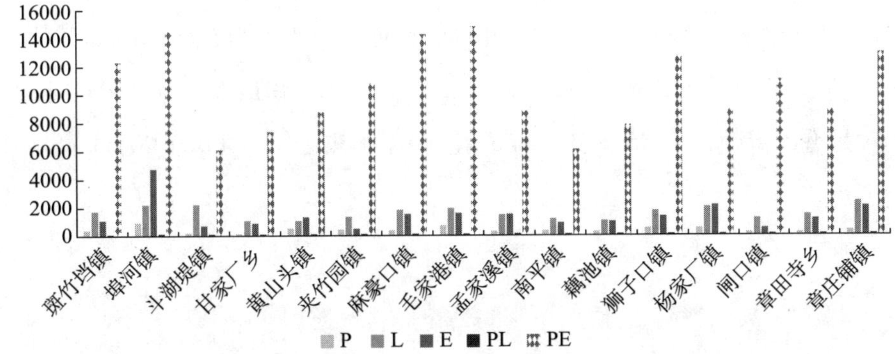

图 7-9　2018 年 G 县各乡镇国土功能空间一级分类

从二级功能空间分类面积统计结果来看（图 7-10），各乡镇二级功能空间面积最大的均为农业生产—绿色生态空间，远远高于其他类型，而其他生态空间面积最小。从工矿生产空间面积统计结果来看，埠河镇面积最大，为 964.86 hm²；毛家港镇次之，为 731.56 hm²；甘家厂乡面积最小，为 173.29 hm²。从农业生产空间面积统计结果来看，藕池镇面积最大，为 11.56 hm²；其次是埠河镇和章田寺乡，分别为 8.30 hm²和 5.52 hm²；其余各镇面积均小于 5 hm²。从城镇生活空间面积统计结果来看，斗湖堤镇面积最大，为 1379.11 hm²；杨家厂镇次之，为 779.40 hm²；章田寺乡面积最小，为0.46 hm²。从乡村生活空间面积统计结果来看，章庄铺镇面积最大，为 2264.70 hm²；其次为埠河镇，面积为 1943.86 hm²；南平镇面积最小，为 870.06 hm²。从绿色生态空间面积统计结果来看，黄山头镇面积最大，为 456.89 hm^2；孟家溪镇次之，为 339.86 hm^2；章田寺乡面积最小，为 20.61 hm^2。从水域生态空间面积统计结果来看，埠河镇面积最大，为 4443.81 hm^2；其次为章庄铺镇，面积为 1907.79 hm^2，闸口镇面积最小，为 298.68 hm^2。从其他生态空间面积统计结果来看，其他生态空间主要集中在狮子口镇，面积仅为 0.54 hm^2。从服务生产—服务生活空间面积统计结果来看，埠河镇面积最大，为 46.15 hm^2；其次为孟家溪镇，面积为 31.88 hm^2；斑竹垱镇面积最小，为 4.13 hm^2。从农业生产—绿色生态空间面积统计结果来看，埠河镇面积最大，为 13202.20 hm^2；毛家港镇和麻豪口镇次之，分别为12424.40 hm^2和 12273.50 hm^2；斗湖堤镇面积最小，为 5165.86 hm^2。从农业生产—水域生态空间面积统计结果来看，闸口镇面积最大，为 3630.54 hm^2；其次是毛家港镇，为 2503.33 hm^2；南平镇面积最小，为 620.00 hm^2。

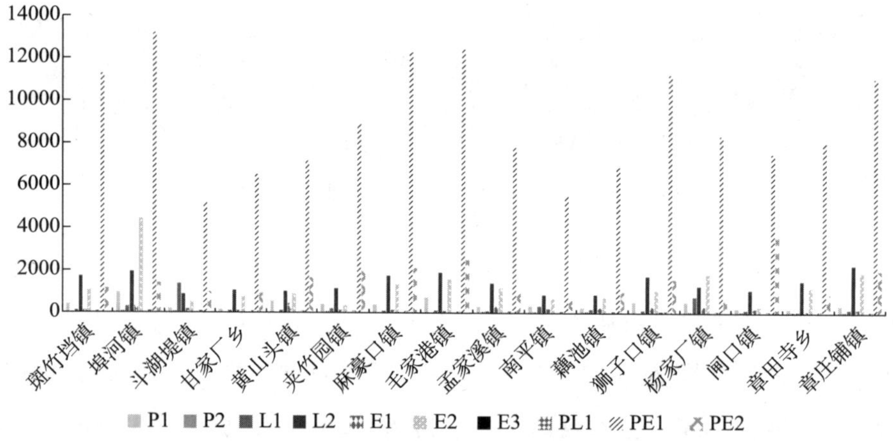

图 7-10　2018 年 G 县各乡镇国土功能空间二级分类

7.4　G 县国土空间功能“双评价”

7.4.1　G 县生态保护功能“双评价”

基于“双评价”《技术指南》的要求，考虑数据的可获取性和方法的可操作性，结合G县生态资源环境特征以及面临的国土空间问题，围绕生态保护这一目标指向，分为生态保护承载能力和人为法定约束两个准则层，包含水土保持、河湖岸线防护、土地利用、灾害防护、水源水质保护、湿地保护、自然保护、森林保护、物种保护、文物保护等10个评价要素，确定了地貌、植被覆盖度、河湖岸线、河网密度、土地利用类型（国土功能空间）、主要活动断裂带、是否分蓄洪区、饮用水水源地及其集水区、湿地保护区、自然保护小区、森林保护区、水产种质资源保护区、重点文物保护单位等13个评价指标。G县生态保护功能指向的各个评价要素及对应各项指标因子说明如表7-7所示。

表7-7　G县生态保护功能“双评价”指标体系

目标层	准则层	评价要素	指标及说明	指标获取来源
生态保护功能“双评价”	生态保护承载能力	水土保持	地貌：反映一个区域地势高低起伏的变化。 植被覆盖度：衡量地表植被状况、描述生态系统的重要指标	中科院资源环境数据中心
		河湖岸线防护	河湖岸线：属于水土流失重点防护区及汛情易发区。 河网密度：反映河流密集程度的指标	根据土地二调变更调查数据提取得到
		土地利用	土地利用类型（国土功能空间）：将反映土地用途、性质的基本地域单元如耕地、园地、林地、草地等类型划分相应的生产—生活—生态功能空间	根据本书第5章所得
		灾害防护	主要活动断裂带：应力易于积累和发生地震的场所。 是否分蓄洪区：分蓄洪区主要起到存蓄洪水、削减洪峰、防洪保安的作用，发挥生态安全的重要作用	经对H省地震局图件矢量化所得

续表

目标层	准则层	评价要素	指标及说明	指标获取来源
生态保护功能“双评价”	人为法定约束	水源水质保护	饮用水水源地及其集水区：是关系生态安全的重要区域，需要在国土空间开发中限制进行大规模开发，从而保持并提高生态产品供给能力的区域	参考《H省县级以上集中式饮用水水源保护区划分方案》相关标准提取
		湿地保护	湿地保护区：为遏制湿地退化，保护湿地生态功能和经济、科研、旅游价值而划定的自然保护区	根据土地二调变更调查数据提取得到
		自然保护	自然保护小区：对有代表性的自然生态系统所在的陆地、水域依法划出一定面积予以特殊保护和管理的区域	参考《J市生态红线划定方案》相关标准提取
		森林保护	森林保护区：以森林结构、功能、物种及景观等为主要保护对象的自然保护区	参考《J市生态红线划定方案》相关标准提取
		物种保护	水产种质资源保护区：为保护和合理利用水产种质资源及其生存环境，在保护对象的主要生长繁育区域依法划出一定面积的水域	参考《J市生态红线划定方案》相关标准提取
		文物保护	重点文物保护单位：对文物保护单位本体及周围一定范围实施重点保护的区域	《H省人民政府办公厅关于公布文物保护单位保护范围和建设控制地带的通知》

在生态保护功能承载能力评价要素方面：

（1）在水土保持方面，主要体现在地形地貌和植被覆盖度上

地貌：如图7-11（a）所示，G县地貌可划分为低海拔冲积台地、低海拔冲积平原和低海拔洪积湖积平原三类，将低海拔冲积台地区域赋值为3；低海拔冲积平原和低海拔洪积湖积平原区域分别赋值为1。

植被覆盖度：如图7-11（b）所示，G县植被覆盖度可划分为五个等级，将不高于0.1的区域赋值为5，0.1~0.25的区域赋值为4，0.25~0.5

的区域赋值为3，0.5~0.75的区域赋值为2，不低于0.75的区域赋值为1。

（2）在河湖岸线防护方面，河湖岸线周围属于水土流失重点防护区及易发区，距离河湖越近生态保护重要性越高，反之，则越低

河湖岸线：根据土地二调变更调查数据提取G县主要河流、湖泊，并在ArcGIS软件中利用buffer工具对河流、湖泊向外分别以200 m间距做缓冲区分析，划分五个等级，将河流湖泊周围小于200 m的范围赋值为5，范围在200~400 m的赋值为4，范围在400~600 m的赋值为3，范围在600~800 m的赋值为2，大于800 m的赋值为1，如图7-11（c）所示。

河网密度：根据土地二调变更调查数据提取G县主要河流，并在ArcGIS软件中利用密度分析工具划分五个等级，将密度大于2.5 km/km^2的区域赋值为5，密度范围在1.5~2.5 km/km^2的区域赋值为4，密度范围在1~1.5 km/km^2的区域赋值为3，密度范围在0.5~1 km/km^2的区域赋值为2，密度范围在0~0.5 km/km^2的区域赋值为1，如图7-11（d）所示。

（3）在土地利用方面，将土地利用现状分类按照国土功能空间分类评价体系中的一级功能空间判定生态保护功能重要程度等级，属于生产空间、生活空间的生态保护功能程度较低，属于生态空间的生态保护功能程度较高

土地利用类型（国土功能空间）：根据G县土地利用分类现状，将耕地、园地、水域及水利设施用地中的水库水面、坑塘水面、沟渠，其他土地中的设施农用地等生产—生态空间划分为生态保护功能等级一般的区域，赋值为3；将交通运输用地、水域及水利设施用地中的水工建筑用地，城镇村及工矿用地中的采矿用地等生产空间和城镇村及工矿用地中的建制镇、村庄等生活空间以及城镇村及工矿用地中的风景名胜及特殊用地等生产—生活空间均划分为生态保护功能安全的区域，赋值为1；将林地和草

地等生态空间划分为生态保护功能重要的区域，赋值为5，如图7-11（e）所示。

（4）在地震风险方面，主要地震带为生态保护功能重要区

主要地震带：G县主要断裂带为公安断裂和石首断裂。在ArcGIS软件中利用buffer工具将G县主要地震带周边区域以1 km间距做缓冲区分析，划分五个等级，将其周围小于1 km的范围赋值为5，范围在1~2 km的赋值为4，范围在2~3 km的赋值为3，范围在3~4 km的赋值为2，大于4 km的赋值为1，如图7-11（f）所示。

分蓄洪区：G县分蓄洪区为荆江分洪区，是位于荆江河段右岸、虎渡河以东的区域。如图7-11（g）所示，将荆江分蓄洪区区域赋值为3，非分蓄洪区区域赋值为1。

在人为法定约束评价要素方面：

（5）在水源水质保护方面，县级以上饮用水水源地及其集水区的区域即为生态保护功能极重要区

饮用水水源地及其集水区：G县县级以上饮用水水源地保护区为长江宏源自来水公司水源地。根据《湖北省县级以上集中式饮用水水源保护区划分方案》①，分别提取G县一级保护区和二级保护区水域范围及陆域范围。

（6）在湿地保护方面，湿地保护区为生态保护功能极重要区

湿地保护区：G县湿地保护区为崇湖国家湿地公园和淤泥湖省级湿地公园。

（7）在自然保护方面，自然保护小区为生态保护功能极重要区

自然保护小区：G县自然保护小区为黄山头鸟类自然保护小区、卷桥

① 湖北省人民政府网站．湖北省人民政府办公厅关于印发湖北省县级以上集中式饮用水水源保护区划分方案的通知［EB/OL］．http：//www.hubei.gov.cn/zfwj/ezbf/201201/t20120116_1713073.shtml.

自然保护小区、淤泥湖自然保护小区。

（8）在森林保护方面，森林保护区为生态保护功能重要区

森林保护区：G 县森林保护区为黄山头森林公园。

（9）在物种保护方面，水产种质资源保护区为生态保护功能极重要区

水产种质资源保护区：G 县水产种质资源保护区为淤泥湖团头鲂水产种质资源保护区、崇湖黄颡鱼水产种质资源保护区、牛浪湖鳜水产种质资源保护区。

（10）在文物保护方面，省级以上重点文物保护单位为生态保护功能极重要区

重点文物保护单位：G 县重点文物保护单位有鸡鸣城遗址，荆江分洪闸，红四六军会师旧址，王家岗遗址，袁宗道、袁中道合葬墓，青河城遗址。

人为法定约束评价各要素如图 7-11（h）所示。

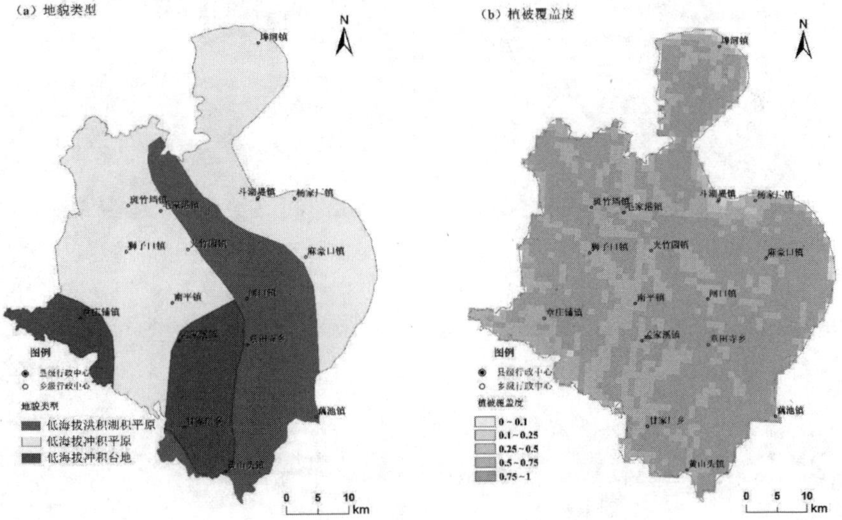

图 7-11　G 县生态保护功能“双评价”因子空间分布

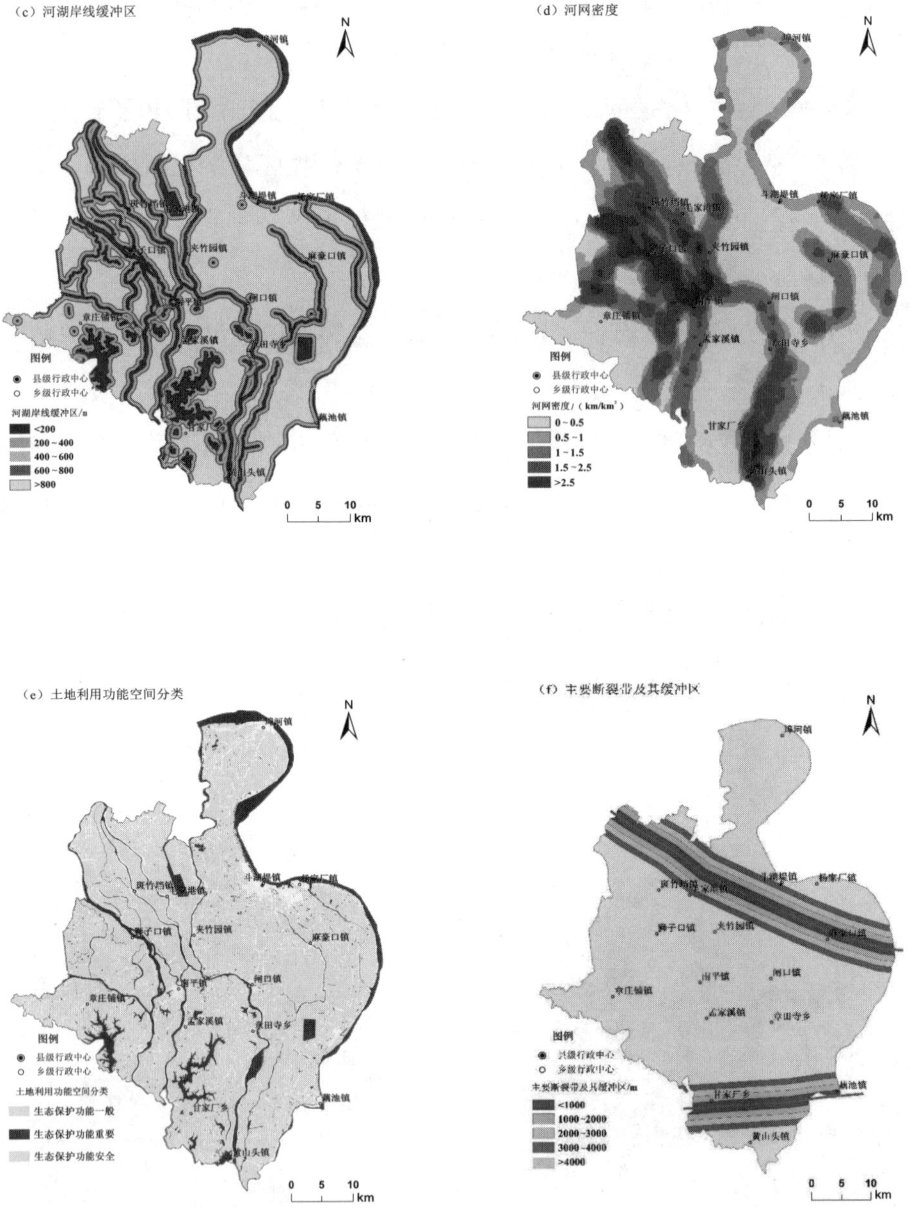

图 7-11　G 县生态保护功能“双评价”因子空间分布（续）

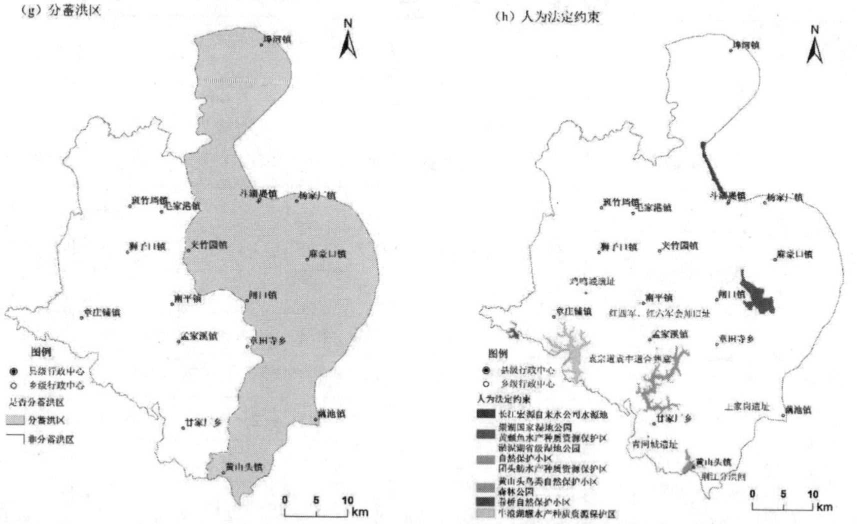

图 7-11　G 县生态保护功能“双评价”因子空间分布（续）

在遴选出 G 县生态保护功能承载力评价指标的基础上，建立 G 县生态保护功能承载力评价模型。考虑土地本身属性以及人为限定因素，参照《生态保护红线划定指南》的相关标准，结合 G 县实际情况，考虑对区域生态安全具有重要作用的生态廊道和满足人们休憩需求的森林公园、湿地公园等采用“一票否决制”，无论“双评价”要素的其他指标如何，将其饮用水水源地保护区、湿地公园、自然保护小区、森林公园、水产种质资源保护区、文物保护单位等区域，认定为不适宜进行农业生产或城镇建设，赋值为 0，均直接判定为生态保护功能重要区。

然后，将 7 个生态保护功能承载力评价指标按照表 7-8 赋值标准在 ArcGIS 环境下完成空间分类赋值；统一投影坐标系；利用 GIS 分析工具进行多因素等权叠加计算，按照评分标准判定生态保护功能重要程度等级，将水土保持、河湖岸线防护、土地利用现状和地震风险等评价要素采用等权叠加的方法根据评价结果赋值，对 G 县生态保护功能承载力作出评价。

表 7-8　G 县生态保护功能承载力等级划分标准及分级赋值表

准则层	指标层		等级划分				
			1 级	2 级	3 级	4 级	5 级
生态保护功能承载力评价	地貌	分级	低海拔冲积台地	—	低海拔冲积平原	—	低海拔洪积湖积平原
		分值	3	—	1	—	1
	植被覆盖度	分级	<0. 1	0. 1~0. 25	0. 25~0. 5	0. 5~0. 75	0. 75~1
		分值	5	4	3	2	1
	河湖岸线缓冲区(m)	分级	<200	200~400	400~600	600~800	>800
		分值	5	4	3	2	1
	河网密度（km/km^2）	分级	>2. 5	1. 5~2. 5	1~1. 5	0. 5~1	0~0. 5
		分值	5	4	3	2	1
	土地利用功能空间分类	分级	生态用地	生产—生态用地	生产—生活用地	生产用地	生活用地
		分值	5	3	1		
	发生震级区域及主要断裂带（km）	分级	<1	1~2	2~3	3~4	≥4
		分值	5	4	3	2	1
	分蓄洪区	分级	—	—	分蓄洪区	—	非分蓄洪区
		分值	—	—	3	—	1

随后，对人为空间约束上的湿地保护区、自然保护小区、森林保护区、水产种质资源保护区以及重点文物保护单位等文化遗产进行空间叠加修正，从而形成生态功能“双评价”最终结果，将研究区进一步细分为生态保护功能重要区、生态保护功能次重要区、生态保护功能一般区和生态保护功能安全区。

根据 G 县生态保护功能承载力评价结果（图 7-12），G 县生态保护功能承载力水平具有明显的空间异质性。生态保护功能承载力较高的区域呈“条带状”分布明显，主要集中在 G 县南部的甘家厂乡和黄山头镇的低海拔冲积台地地区，长江、松滋河、虎渡河等河流沿岸地带以及玉湖、淤泥湖、崇湖等湖泊周围地区。生态保护功能承载力较低的区域呈面块状集中分布，主要集中在 G 县北部的埠河镇、斗湖堤镇，中部的夹竹园镇、闸口镇以及西南部的南平镇等乡镇地区。部分乡镇自身生态保护功能承载力水平差异化明显，既有生态保护功能承载力水平较高的区域，又有生态保护功能承载力水平较低的区域，如西南部的章庄铺镇、狮子口镇，中南部的孟家溪镇和章田寺乡。

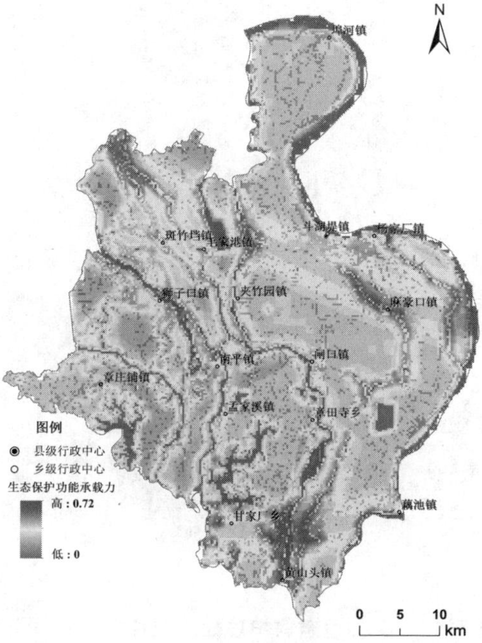

图 7-12　G 县生态保护功能承载力空间分布

在 G 县生态保护功能承载力评价的基础上，考虑人为法定约束因素进行空间修正，得到 G 县生态保护功能“双评价”最终结果，如图 7-13 所示。G 县生态保护功能重要区域占全县面积的 9.54%，主要集中在 G 县北部长江沿线地带，西南部的牛浪湖、卷桥水库，南部的淤泥湖、黄山头以及中部的玉湖、崇湖湿地等地区。生态保护次重要区占全县面积的 33.16%，主要集中在 G 县中部的斑竹垱镇、毛家港镇、夹竹园镇、麻豪口镇的北部等地，南部的甘家厂乡、黄山头镇。G 县生态保护功能一般区占全县面积的 22.15%，呈斑块状分布在各个乡镇，主要集中在毛家港镇、杨家厂镇、夹竹园镇等地区。G 县生态保护功能安全区面积最大，占全县面积的35%以上，呈面状分布，主要集中在G县北部的埠河镇，中部夹竹园镇、闸口镇、孟家溪镇的绝大部分区域，南部的南平镇、章田寺乡以及章庄铺镇的绝大部分区域。

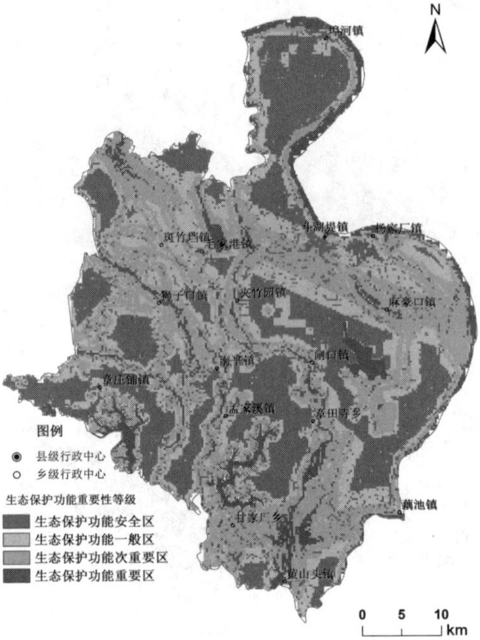

图 7-13　G 县生态保护功能“双评价”空间分布

从G县各乡镇的生态保护功能面积等级结果（表7-9）来看，各乡镇生态保护功能等级面积及比例构成具有显著差异性。从生态保护功能重要区面积数量统计结果来看，埠河镇重要区面积最大，为3079.44 hm^2，占该镇域面积的13.9%。其次，生态保护功能重要区面积较大的乡镇为章庄铺镇、杨家厂镇、黄山头镇、闸口镇，面积分别为1994.76 hm^2、1939.41 hm^2、1934.19 hm^2、1920.69 hm^2，分别占各自乡镇面积的11.36%、14.44%、16.65%、14.65%。南平镇生态保护功能重要区面积最小，为312.12 hm^2，仅占其乡镇面积的3.4%。从生态保护功能次重要区面积数量统计结果来看，毛家港镇的生态保护功能次重要区面积最大，为

8253.72 hm^2，占该乡镇面积的43.34%。其次，生态保护功能次重要区面积较大的乡镇为麻豪口镇、斑竹垱镇、杨家厂镇和狮子口镇，面积分别为7720.65 hm^2、6677.64 hm^2、6243.30 hm^2、6013.53 hm^2，分别占各自乡镇面积的42.68%、42.76%、46.48%、36.53%。闸口镇生态保护功能次重要区面积最小，为1999.44 hm^2，仅占其乡镇面积的15.26%。从生态保护功能一般区面积数量统计结果来看，毛家港镇的生态保护功能一般区面积最大，为5639.85 hm^2，占该乡镇面积的29.62%。其次，生态保护功能一般区面积较大的乡镇为斑竹垱镇、麻豪口镇、夹竹园镇和狮子口镇，面积分别为4463.55 hm^2、3789.99 hm^2、3759.21 hm^2、3618.63 hm^2，分别占各自乡镇面积的28.58%、20.95%、28.42%、21.98%。甘家厂乡生态保护功能一般区面积最小，为1365.84 hm^2，仅占其乡镇面积的14.42%。从生态保护功能安全区面积数量统计结果来看，埠河镇的生态保护功能安全区面积最大，为12785.13 hm^2，面积占比为57.72%，占该乡镇面积的一半以上。其次，生态保护功能安全区面积较大的乡镇为章庄铺镇、闸口镇、章田寺乡和麻豪口镇，分别占各自乡镇面积的48.98%、45.48%、50.12%、32.40%。甘家厂乡生态保护功能安全区面积最小，为1609.29 hm^2，仅占其乡镇面积的16.99%。从生态保护功能承载力等级面积比例构成来看，斑竹垱镇、甘家厂乡、黄山头镇、夹竹园镇、麻豪口镇、毛家港镇、狮子口镇、杨家厂镇等乡镇生态保护功能次重要区所占各乡镇镇域面积比例较大，而埠河镇、斗湖堤镇、孟家溪镇、南平镇、藕池镇、闸口镇、章田寺乡和章庄铺镇等生态保护功能安全区所占各乡镇镇域面积比例较大，均高于其他生态保护功能承载力等级，且比例构成均在35%以上。

表7-9　G县生态保护功能承载力评价分级

乡镇名称	重要区		次重要区		一般区		安全区	
	面积（hm^2）	占比（%）	面积（hm^2）	占比（%）	面积（hm^2）	占比（%）	面积（hm^2）	占比（%）
斑竹垱镇	787.14	5.04	6677.64	42.76	4463.55	28.58	3688.65	23.62
埠河镇	3079.44	13.9	2888.91	13.04	3396.51	15.33	12785.13	57.72

续表

乡镇名称	重要区		次重要区		一般区		安全区	
	面积（hm^2）	占比（%）	面积（hm^2）	占比（%）	面积（hm^2）	占比（%）	面积（hm^2）	占比（%）
斗湖堤镇	873.81	9.41	2761.74	29.75	2138.85	23.04	3507.3	37.79
甘家厂乡	1205.91	12.73	5291.46	55.86	1365.84	14.42	1609.29	16.99
黄山头镇	1934.19	16.65	5929.38	51.04	2032.02	17.49	1722.33	14.82
夹竹园镇	449.28	3.64	4712.31	35.63	3759.21	28.42	4305.42	32.55
麻豪口镇	718.74	3.97	7720.65	42.68	3789.99	20.95	5861.61	32.4
毛家港镇	1459.62	7.66	8253.72	43.34	5639.85	29.62	3689.64	19.38
孟家溪镇	994.41	8.19	3146.13	25.92	2470.59	20.36	5524.83	45.52
南平镇	312.12	3.4	2866.05	33.39	1753.92	20.44	3650.22	42.53
藕池镇	839.43	8.22	2946.33	28.84	2673.18	26.17	3757.68	36.78
狮子口镇	1011.42	6.14	6013.53	36.53	3618.63	21.98	5820.12	35.35
杨家厂镇	1939.41	14.44	6243.3	46.48	3602.16	26.82	1647.81	12.27
闸口镇	1920.69	14.65	1999.44	15.26	3225.24	24.61	5961.24	45.48
章田寺乡	1325.52	11.27	2741.4	23.31	1799.64	15.3	5895.81	50.12
章庄铺镇	1994.76	11.36	3482.82	19.83	3484.62	19.84	8603.37	48.98

7.4.2 G 县城镇开发功能“双评价”

基于“双评价”《技术指南》的要求，城镇开发功能的重要约束条件是空间、水资源、环境容量或灾害。从 G 县实际情况出发，基于短板理论筛选出限制 G 县城镇开发的主要制约因素。

从空间底线约束来看，G 县城镇开发功能的最大承载规模应控制在县域范围以内，也就是说，G 县城镇开发规模不得高于 G 县全域面积 2257 km^2。

从水资源底线约束来看，可用水资源为城镇开发功能承载规模的重要约束条件。城镇开发功能的最大合理规模可以用可承载的城镇人口规模乘以人均城镇建设用地面积来表示，而可承载的人口规模则通过城镇可用水量除以人均需水量计算所得。根据《G 县城乡总体规划（2015—2030 年）》文本说明（表 7-10），G 县多年平均水资源总量约为 24.31 亿 m^3，多年平均水资源可利用总量约为 15.83 亿 m^3。且全县过境客水资源丰沛，长江多年平均过境水量为3914亿 m^3，松滋河、虎渡河、藕池河等河流多年平均过境水量为903.1亿 m^3，受水资源约束不显著。因此，应从城镇供水能力和供水结构来反映城镇开发功能的承载规模。根据G县城乡供水专项规划（2015—2030年）预测，2030年全县供水规模为32.6万吨/日，可以承载人口为124万，其中镇区人口85.2万，乡村人口38.8万。根据《G县城乡总体规划（2015—2030年）》初步成果，2030年全县人均城镇建设用地为105 m^2，由此可知，水资源底线约束下的全县城镇开发功能的最大合理规模为130.2 km^2。

表7-10　G县水资源总量及可利用量汇总

单位：亿 m^3

水平年	保证率	水资源量				水资源可利用量					
		地表水	地下水	重复计算量	水资源总量	地表水	地下水	重复计算量	客水	其他	水资源可利用总量
多年平均		11.1518	15.2780	2.1188	24.3109	7.9178	1.4620	1.6627	6.7646	1.3460	15.8277
平水年	50%	9.9188	13.5888	1.8846	21.6230	7.0423	1.3004	1.4789	6.4282	1.1972	14.4892
偏枯年	75%	6.2445	8.5549	1.1864	13.6129	4.4336	0.8186	0.9310	7.7339	0.7537	12.8088
枯水年	95%	0.2891	0.3960	0.0549	0.6302	0.2052	0.0379	0.0431	8.7389	0.0349	8.9738

资料来源：《G县城乡总体规划（2015—2030年）》。

从环境容量约束来看，主要从水环境容量和大气环境容量两个方面来体现。水环境容量表征特定水质目标下水环境的纳污能力以及对经济社会发展的承载能力（杨清可、段学军和王磊，2016）。G县辖区内有长江（河长85.62 km）、虎渡河（河长94.95 km）、松东河（河长75.89 km）、松西河（河长49.53 km）、藕池河（河长11.6 km）、淞水河（河长15.58 km）、内淞水河（河长21.75 km）、梓柳河（河长23.5 km）、中和口汊河（河长2 km）、官支河（河长23 km）、瓦窑河（河长5.3 km）、苏支河（河长10 km）、荆江分洪区总排河（河长106.4 km）、莲支河（河长6 km）、小虎西排水河（河长 40.2 km）、安乡河（河长 14.6 km）、界溪河（河长 6 km）等 17 条河流，过境总长为 422.84 km。辖区内还有崇湖（面积 21.2 km^2）、淤泥湖（面积 18.1 km^2）、玉湖（面积 7.6 km^2）、陆逊湖（面积 6.39 km^2）、北湖（面积 2.94 km^2）、湖滨垱（面积 1.87 km^2）、三眼桥（面积 1.71 km^2）、郝家湖（面积 1.19 km^2）、马尾套（面积 1.1 km^2）、扁担湖（面积 2.66 km^2）、黄天湖（面积 2.92 km^2）等 11 个面积在 1 km^2以上的湖泊。此外，辖区内还有卷桥水库（面积 2 km^2）、杨麻水库（面积 1.7 km^2）、鹅支河水库（面积 0.8 km^2）3 个水库。G 县有 5 个河流监测断面，分别设在藕池河的藕池口和康家岗、松西河的杨家垱、松东河的淤泥湖和虎渡河的黄山头控制断面，河流水质状况良好，主要为Ⅱ类（松东河、虎渡河）和Ⅲ类（长江、藕池河、松西河），BOD_5、氨氮、总磷、COD、高锰酸钾指数等主要污染物全部达标，水质稳定，集中式饮用水水源地水质达标率为 100%，水质状况总体均达到良好以上标准。因此，G 县现状水环境承载能力较强，尚在可承受环境容量范围以内，不构成约束因素。大气环境容量是满足环境功能目标要求下环境空气中允许接纳的大气污染物排放量。根据《2018 年 J 市环境质量状况公报》，G 县环境空气质量优良天数为 229 天，可吸入颗粒物（PM_{10}）年均浓度为 92 $\mu g/m^3$（高于国家二级标准 70 $\mu g/m^3$），细颗粒物（$PM_{2.5}$）年均浓度为 52 $\mu g/m^3$（高于国家二级标准 35 $\mu g/m^3$），臭氧（O_3）年均浓度为 162 mg/m^3（高于国家二级标准 160 mg/m^3），二氧化硫（SO_2）年均浓度为 14 mg/m^3（低于国家二级标准 60 mg/m^3），二氧化氮（NO_2）年均浓度为 27 mg/m^3（低于国家二级标准 40 mg/m^3），一氧化碳（CO）年均浓度为 1.4 mg/m^3（低于国家二级标准 4 mg/m^3）。由此可见，G 县大气环境较好，不构成约束条件，NO_2、SO_2等大部分指标低于国家二级标准，值得注意的是可见细颗粒物（$PM_{2.5}$）和可吸入颗粒物（PM_{10}）亟待控制。

从灾害约束来看，制约城镇开发的自然灾害主要有地震、滑坡、泥石流和洪涝灾害等。而制约G县城镇开发的主要自然灾害风险为地震和洪涝灾害。根据G县县志记载，从公元前159年至今，2000多年来G县境内未发生过震级（M）大于4.25级的破坏性地震，地震发生的频度和强度都较低，但仍具有公安和石首两大活动性断裂带，易引起地震发生。湖北省地震局在对G县的地震危险区划和烈度区划定位中，将G县大部分定义为M=4.7~5级（烈度为Ⅵ）的地震危险区，将藕池口南西一带定义为M=5.25~5.75级（烈度为Ⅶ）的地震危险区。根据《长江流域防洪规划》，由于荆江河段的重要性及洪灾严重程度，确定荆江河段的防洪标准为百年一遇，即以防御枝城百年一遇洪峰流量为目标。对遭遇类似1870年洪水应有可靠的措施保证荆江南北两岸大堤不自然漫溃，防止发生毁灭性灾害。G县有7个水位站，分别设在虎渡河的闸口站，松东河的斑竹垱、港关、黄泗咀，松西河的狮子口、郑公渡和淹水河的法华寺。根据G县江河防汛水位设防标准，应妥善布防堤段，加强对防汛工作的领导，配足防汛劳力，做好防汛抢险的各项准备工作。因此，在进行城镇开发时应在空间上尽量避开地震易发区和洪涝危险区。

在“双评价”《技术指南》要求和底线约束的基础上，考虑数据的可获取性和方法的可操作性，结合G县国土空间城镇建设用地现状及城镇功能定位，围绕城镇开发这一目标指向，分为城镇开发承载能力和城镇开发适宜性两个准则层，包含土地资源、水资源、环境容量、灾害风险、土地开发、综合优势度、社会经济、发展潜力等8个评价要素，确定了海拔高程、坡度、地形起伏度、供水规模、人均综合用水控制量、人口密度、人均建设用地、主要活动断裂带、是否分蓄洪区、土地利用再开发难度、城镇紧凑度、交通可达性、交通网络密度、规模工业企业生产总值、人均可支配收入、城镇发展战略、公共服务设施层级规划等17个评价指标。G县城镇开发功能指向的各个评价要素及对应各项指标因子说明如表7-11所示。

表 7-11　G 县城镇开发功能“双评价”指标体系

目标层	准则层	评价要素	指标及说明	指标获取来源
城镇开发功能“双评价”	城镇开发承载能力	土地资源	海拔高程：能反映一个地区与海平面的高度差。 坡度：能反映一个地区地表单元陡缓的程度。 地形起伏度：在特定区域内最高点海拔高度与最低点海拔高度的差值	中科院资源环境数据中心，经 GIS 空间计算所得
		水资源	供水规模：反映一个地区的供水能力，是供水系统在一天内能提供的生活用水量。 人均综合用水控制量：单位用水人口所消耗的城镇最高日用水量	《G 县城乡总体规划（2015—2030 年）》
		环境容量	人口密度：单位土地面积上的人口数量，是衡量一个国家或地区人口分布状况的指标。 人均建设用地：规划建设用地面积按总人口分配的人均面积	中科院资源环境数据中心，《G 县城乡总体规划（2015—2030 年）》
		灾害风险	主要活动断裂带：是应力易于积累和发生地震的场所，是城镇建设尽量避开的区域。 是否分蓄洪区：分蓄洪区发挥存蓄洪水、削减洪峰、防洪保安的作用，非分蓄洪区是城镇建设的安全区	经对 H 省地震局图件矢量化所得
	城镇开发适宜性	土地开发	土地利用再开发难度：将耕地、园地、林地、草地等土地利用类型按照再开发难易程度进行分级。 城镇紧凑度：反映城镇空间分布的紧凑程度	根据本书 4.2 节内容以及 GIS 空间计算所得
		综合优势度	交通可达性：描述两分区间交通联系程度的指标。 交通网络密度：在一定区域内道路网络里程与区域面积的比值	G 县电子地图数据，通过 GIS 空间计算所得
		社会经济	规模工业企业生产总值：能够反映一个地区工业企业经济状况的指标。 人均可支配收入：反映一个地区人民生活水平的指标	《G 县统计年鉴》
		发展潜力	城镇发展战略：影响未来城镇发展方向的政策方针等。 公共服务设施层级规划：反映公共服务设施配置方案和发展方向的布置方案	G 县人民政府网站资料整理和《G 县城乡总体规划（2015—2030 年）》

在城镇开发功能承载能力评价要素方面：

（1）在土地资源方面，主要体现在海拔高程、坡度和地形起伏度上

海拔高程：从遭受洪涝灾害风险高低考虑，如图 7-14（a）所示，将 G 县海拔高程划分为不高于 30 m、30~100 m、不低于 100 m 三个等级，将不高于 30 m 的区域赋值为 1，将 30~100 m 的区域和不低于 100 m 的区域赋值为 3。

坡度：利用全域 DEM 计算地形坡度，按照≤3°、3°~8°、8°~15°、15°~25°、≥25°生成坡度分级图，分别赋值为 5、4、3、2、1，如图 7-14（b）所示。

地形起伏度：利用标准差计算地形起伏度，将 G 县划分为平坦地形（0~5 m）、小起伏（5~15 m）、中起伏（15~45 m）、山地起伏（45~140 m）和高山起伏（≥140 m）五种分级标准，分别赋值为 5、4、3、2、1，如图 7-14（c）所示。

（2）在水资源方面，主要体现在供水规模和人均综合用水控制量上

供水规模：G 县有 28 个集中式供水工程，供水总规模为 148560 吨/日，根据《村镇供水工程设计规范》的规定，按供水规模将 G 县各乡镇供水能力划分为Ⅰ型（W>10000 吨/日）、Ⅱ型（10000 吨/日≥W>5000 吨/日）和Ⅲ型（5000 吨/日≥W>100 吨/日）三个等级，分别赋值为 5、4、3，如图 7-14（d）所示。

人均综合用水控制量：考虑各乡镇城镇规模等级及产业侧重点的不同，采用单位人口综合用水指标法进行城镇人均综合用水量的划分，划分为Ⅰ型（400 升/日）、Ⅱ型（300 升/日）、Ⅲ型（250 升/日）、Ⅳ型（200 升/日）四个等级，分别赋值为 5、4、3、2，如图 7-14（e）所示。

（3）在环境容量方面，主要选取人口密度和人均建设用地来衡量

人口密度：将 G 县人口密度按照自然间断点分级法分为密集区、较密集区、中等区、较稀少区、稀少区五个等级，分别赋值为 5、4、3、2、1，

如图 7-14（f）所示。

人均建设用地：根据《镇规划标准》将 G 县各乡镇人均建设用地分为一级（≥120 m^2）、二级（100~120 m^2）和三级（80~100 m^2）三个级别，分别赋值为 4、3、2，如图 7-14（g）所示。

（4）在灾害风险方面：体现在主要活动断裂带和是否分蓄洪区上

主要活动断裂带：G 县主要断裂带为公安断裂和石首断裂，是城镇建设应尽量避开的区域。在 ArcGIS 软件中利用 buffer 工具将 G 县主要地震带周边区域以 1 km 间距做缓冲区分析，从内到外划分为五个等级，分别赋值为 1、2、3、4、5，如图 7-11（f）所示。

是否分蓄洪区：G 县分蓄洪区为荆江分洪区，分蓄洪区制约社会经济和城镇空间建设与布局，也是国家重大项目和域内外投资者一般规避的区域。将分蓄洪区区域赋值为 3，非分蓄洪区区域赋值为 5，如图 7-11（g）所示。

在城镇开发功能适宜性评价要素方面：

（5）在土地开发方面，主要体现在土地利用再开发难度和城镇紧凑度上

土地利用再开发难度：根据土地利用方向变更的相对困难性特点，将 G 县国土空间利用一级类型分为低难度（耕地、草地）、较低难度（水域及水利设施用地）、中等难度（园地、林地）、较高难度（其他土地）、高难度（城镇村及工矿用地、交通运输用地）五个等级，分别赋值为 5、4、3、2、1，如图 7-14（h）所示。

城镇紧凑度：根据各乡建制镇面积和周长的比例关系，将 G 县城镇紧凑度划分为紧凑、较紧凑、一般、较分散、分散五个等级，分别赋值为 5、4、3、2、1，如图 7-14（i）所示。

（6）在综合优势度方面，主要体现在交通可达性和交通网络密度上

交通可达性：利用 ArcGIS 软件在镇政府驻地数据中新建时间字段，以

镇政府驻地到县政府驻地的最短路径为依据，利用百度地图查询各个镇政府驻地驾车到县政府驻地所需要的最短时间，选择克里金插值法进行县域插值分析，以 15 min 为间隔将 G 县交通可达性分为好（0~15 min）、较好（15~30 min）、一般（30~45 min）、较差（45~60 min）、差（60~75 min）五个等级，分别赋值为 5、4、3、2、1，如图 7-14（j）所示。

交通网络密度：根据 G 县各乡镇道路网络里程与区域面积的比值，按照自然间断点分级法将 G 县交通网络密度分为密集（0.60~0.97 km/km^2）、较密集（0.46~0.60 km/km^2）、一般（0.29~0.46 km/km^2）、较分散（0.16~0.29 km/km^2）、分散（0.15~0.16 km/km^2）五个等级，分别赋值为 5、4、3、2、1，如图 7-14（k）所示。

（7）在社会经济方面，主要从规模工业企业生产总值和人均可支配收入两方面来反映

规模工业企业生产总值：根据 G 县统计数据，按照自然间断点分级法，将各乡镇的规模工业企业生产总值分为高（≥3140409 千元）、较高（1650201 ~ 3140408 千元）、一般（710596 ~ 1650200 千元）、较低（116001~710595 千元）、低（≤116000 千元）五个等级，分别赋值为 5、4、3、2、1，如图 7-14（l）所示。

人均可支配收入：根据 G 县统计数据，按照自然间断点分级法，将各乡镇的人均可支配收入分为高、较高、一般、较低、低五个等级，将人均可支配收入大于等于 17571 元的区域赋值为 5，将人均可支配收入在 16958~17570 元的区域赋值为 4，将人均可支配收入在 16541~16957 元的区域赋值为 3，将人均可支配收入在 14444~16540 元的区域赋值为 2，将人均可支配收入小于 14443 元的区域赋值为 1，如图 7-14（m）所示。

（8）在发展潜力方面，主要体现在城镇发展战略和公共服务设施层级规划上

城镇发展战略：G 县制定的关于城镇发展的战略方案。城镇发展战略

倾向是影响县域社会经济和城镇空间建设不可忽略的重要因素，也决定了未来城镇的发展方向，同时有利于定义城镇开发和农业生产“双宜”功能空间。G 县规划城镇发展采取极核启动、中心外迁的对策，规划发展的主要区域包括城南新区、迎宾商贸区、战前物流组团。将城镇发展的战略规划区域赋值为 5，非战略规划区域赋值为 1，如图 7-14（n）所示。

公共服务设施层级规划：参考 G 县对公共服务设施的规划方案成果，考虑居民对标志性的设施使用行为确定城乡公共服务设施的层级标准，划分为五级生活圈，将服务半径在 3 km 以内的中心村划分为第一生活圈，赋值为 1，将服务半径范围在 3~6 km 的特色乡镇划分为第二生活圈，赋值为 2，将服务半径范围在 6~20 km 的重点镇划分为第三生活圈，赋值为 3，将服务半径范围在 20~30 km 的县域副中心划分为第四生活圈，赋值为 4，将服务半径范围在 20~30 km 的县域中心划分为第五生活圈，赋值为 5，如图 7-14（o）所示。

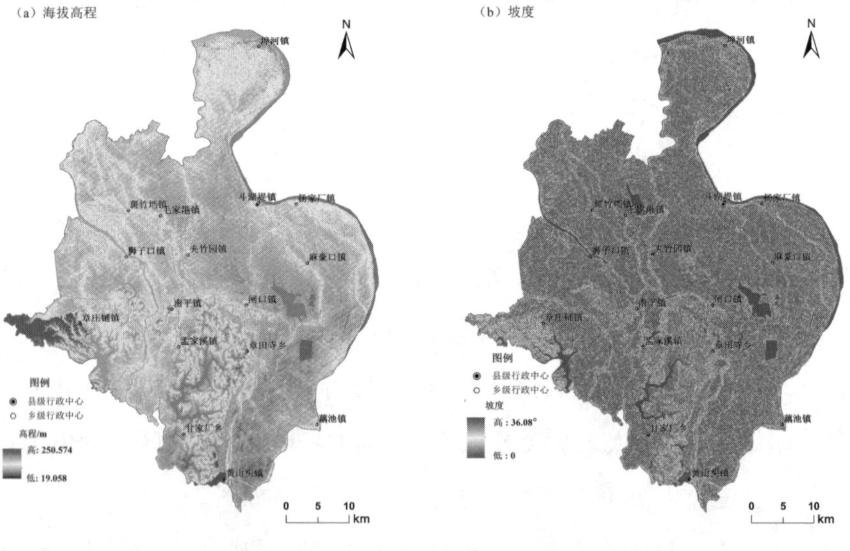

图 7-14　G 县城镇开发功能“双评价”因子空间分布

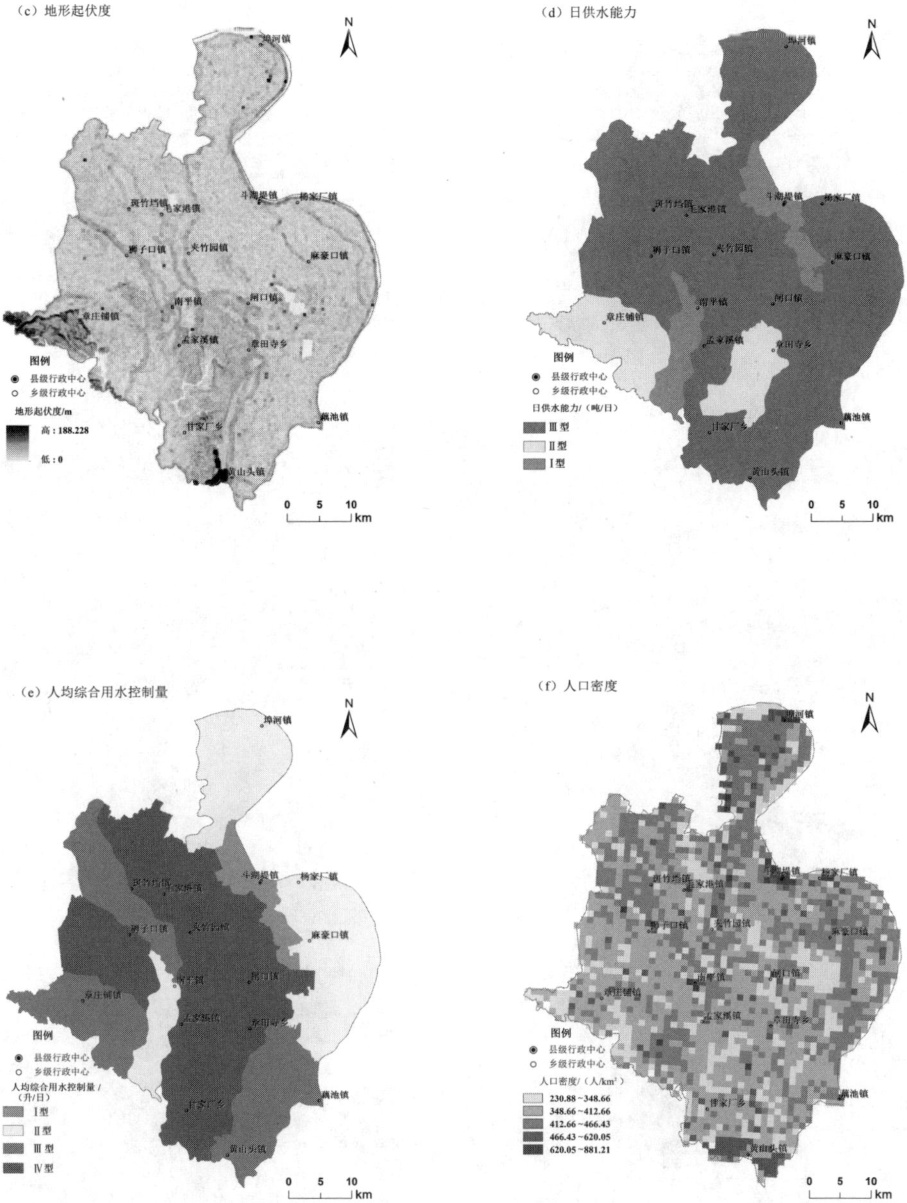

图 7-14　G 县城镇开发功能“双评价”因子空间分布（续）

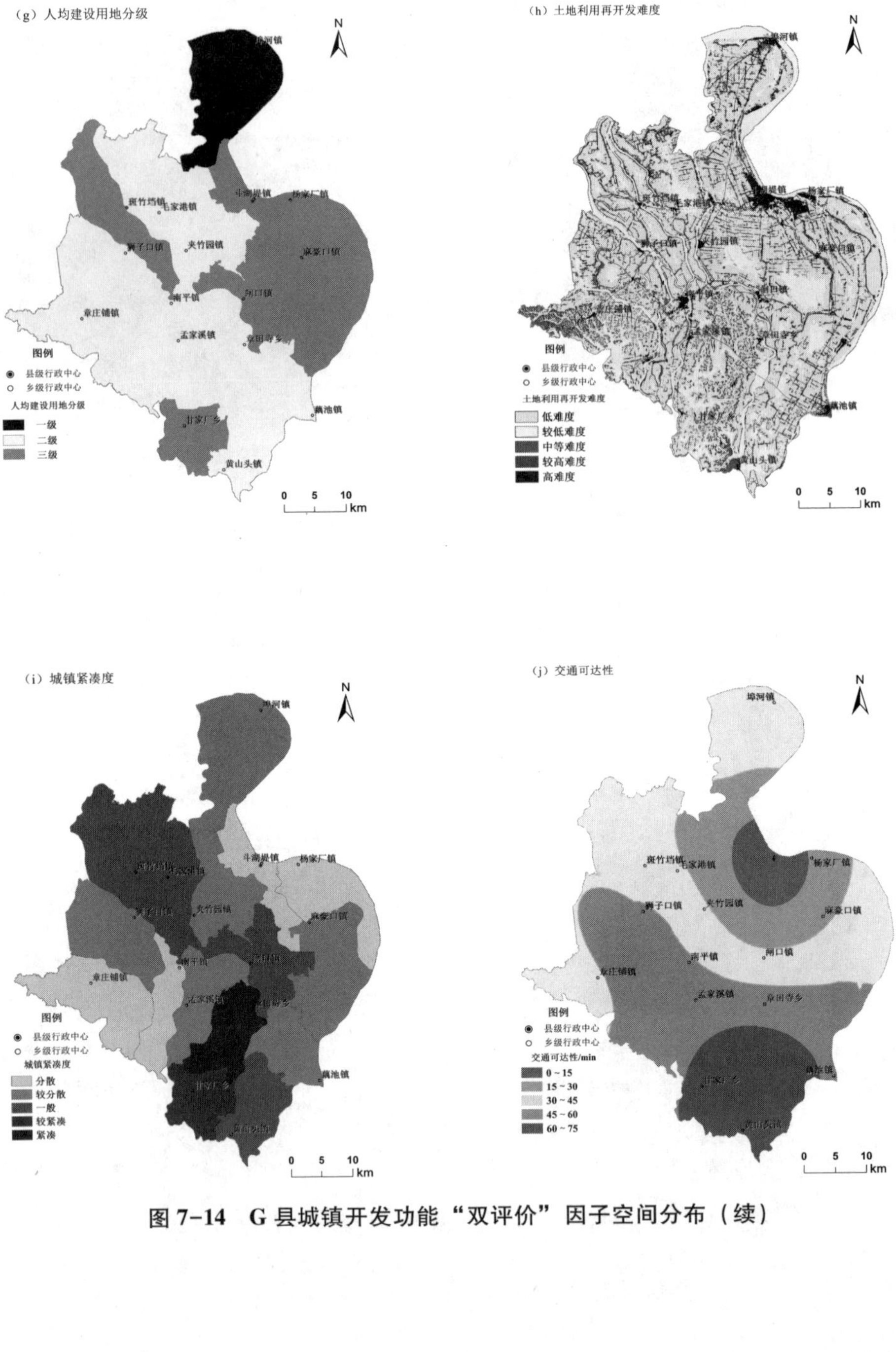

图 7-14 G 县城镇开发功能"双评价"因子空间分布(续)

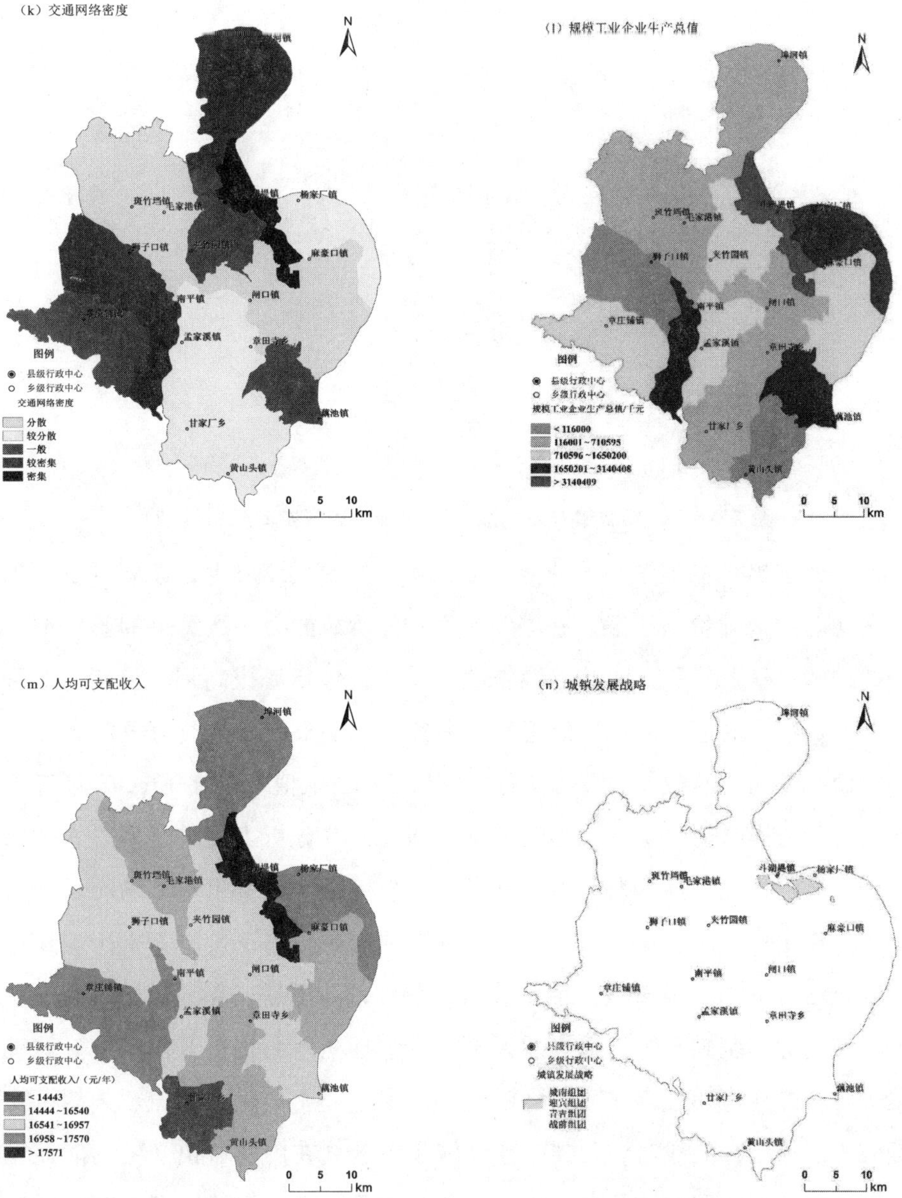

图 7-14　G 县城镇开发功能“双评价”因子空间分布（续）

（o）公共服务设施层级规划

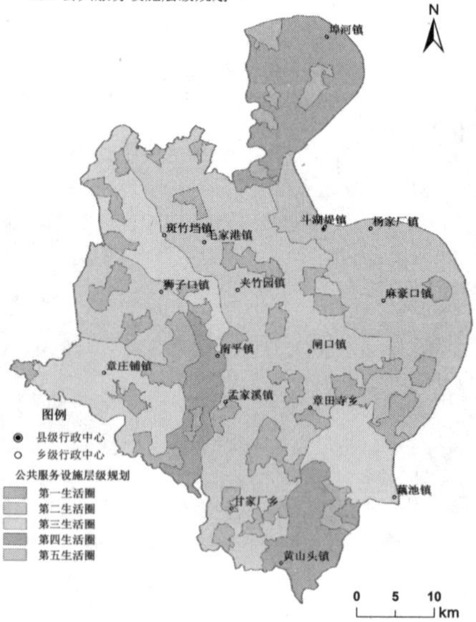

图 7-14　G 县城镇开发功能“双评价”因子空间分布（续）

在遴选出 G 县城镇开发功能“双评价”指标的基础上，建立 G 县城镇开发功能“双评价”模型。在城镇开发功能承载能力底线约束的基础上考虑数据的可获取性和方法的可操作性，首先将包括海拔高程、坡度、地形起伏度、供水规模、人均建设用地、主要活动断裂带、是否分蓄洪区在内的城镇开发功能承载能力评价指标按照表 7-12 赋值标准在 ArcGIS 环境下完成空间分类赋值；统一投影坐标系；利用 GIS 分析工具进行多因素加权叠加计算。按照城镇开发功能评价指标评分标准判定城镇开发功能承载力等级，将土地资源、水资源、环境容量和地震风险等评价要素采用加权叠加的方法对 G 县城镇开发功能承载力进行评价。随后，在划定城镇开发功能承载能力的基础上进行适宜性评价，将包括土地利用再开发难度、城镇紧凑度、交通可达性、交通网络密度、规模工业企业生产总值、人均可支配收入、城镇发展战略、公共服务设施层级规划在内的城镇开发功能适宜性评价指标，按照城镇开发功能评价指标评分标准判定城镇开发功能适宜性等级，将再开发难度、综合优势度、社会经济、发展潜力等评价要素采用加权叠加的方法进行城镇开发功能适宜性评价，从而形成 G 县城镇开发功能“双评价”最终结果，将研究区进一步细分为城镇开发适宜性功能适宜区、城镇开发功能一般区和城镇开发功能不适宜区。

表 7-12　G 县城镇开发功能“双评价”等级划分标准及分级赋值

准则层	指标层		等级划分				
			1 级	2 级	3 级	4 级	5 级
城镇开发功能“双评价”	海拔高程（m）	分级	<30	—	30~100	—	≥100
		分值	1	—	3	—	3
	坡度	分级	<3°	3°~8°	8°~15°	15°~25°	≥25°
		分值	5	4	3	2	1
	地形起伏度（m）	分级	0~5	5~15	15~45	45~140	≥140
		分值	5	4	3	2	1
	供水规模	分级	Ⅰ型	Ⅱ型	Ⅲ型	—	—
		分值	5	4	3	—	—
	人均综合用水控制量	分级	Ⅰ型	Ⅱ型	Ⅲ型	Ⅳ型	—
		分值	5	4	3	2	—
	人口密度（人/km^2）	分级	密集区	较密集区	中等区	较稀少区	稀少区
		分值	5	4	3	2	1
	人均建设用地（m^2）	分级	—	≥120	100~120	80~100	—
		分值	—	4	3	2	—
	主要活动断裂带（km）	分级	<1	1~2	2~3	3~4	≥4
		分值	1	2	3	4	5
	是否分蓄洪区	分级	非分蓄洪区	—	分蓄洪区	—	—
		分值	5	—	3	—	—
	土地利用再开发难度	分级	低难度	较低难度	中等难度	较高难度	高难度
		分值	5	4	3	2	1
	城镇紧凑度	分级	紧凑	较紧凑	一般	较分散	分散
		分值	5	4	3	2	1
	交通可达性	分级	好	较好	一般	较差	差
		分值	5	4	3	2	1
	交通网络密度	分级	密集	较密集	一般	较分散	分散
		分值	5	4	3	2	1

续表

准则层	指标层		等级划分				
			1级	2级	3级	4级	5级
城镇开发功能“双评价”	规模工业企业生产总值（千元）	分级	高	较高	一般	较低	低
		分值	5	4	3	2	1
	人均可支配收入（元）	分级	高	较高	一般	较低	低
		分值	5	4	3	2	1
	城镇发展战略	分级	规划区域	—	—	—	非规划区域
		分值	5	—	—	—	1
	公共服务设施层级规划	分级	第五生活圈	第四生活圈	第三生活圈	第二生活圈	第一生活圈
		分值	5	4	3	2	1

利用城镇开发功能承载力评价模型及相关方法得出，城镇开发功能承载力因子归一化后的特征向量及权重值依次为0.12、0.26、0.45和0.17，判断矩阵的最大特征根$\lambda_{max}=4.0710$，通过计算一致性指标CI和检验系数CR对判断矩阵进行一致性检验，检验结果显示$CR=0.0266<0.1$，表明判断矩阵的一致性可以接受，指标权重设置较为合理，即G县土地资源、水资源、环境容量和灾害风险4项因子城镇开发功能承载力评价下的权重分别为0.12、0.26、0.45和0.17，海拔高程、坡度、地形起伏度、人均综合用水控制量、供水规模、人口密度、人均建设用地、主要活动断裂带、是否分蓄洪区等9个单项评价指标的权重依次为0.02、0.05、0.05、0.13、0.13、0.15、0.30、0.11和0.06。

通过加权叠加计算，G县城镇开发功能承载力分值区间在0.29~0.81，根据自然间断点法将承载力分值划分为低、较低、一般、较高、高5个等级，如图7-15所示。由图可见，G县城镇开发功能承载力高的区域占全县面积的11.54%，主要集中在县域北部地区，如埠河镇的绝大部分区域、斗湖堤镇的北部和南部、杨家厂镇的西北部和南平镇的南部区域。G县城镇开发功能承载力较高的区域占全县面积的22.68%，主要集中在杨家厂镇的北部、斗湖堤镇的中部、斑竹垱镇和麻豪口镇的中南部以及南平镇的北部区域。G 县城镇开发功能承载力一般的区域占全县面积的 26.94%，主要集中在杨家厂镇的南部、麻豪口镇的北部、章庄铺镇的中部以及章田寺乡的绝大部分区域。G 县城镇开发功能承载力较低的区域占全县面积的 29.83%，主要集中在毛家港镇和夹竹园镇的南部、狮子口镇、孟家溪镇、藕池镇以及甘家厂乡的绝大部分区域。G 县城镇开发功能承载力低的区域占全县面积的 9.01%，主要集中在毛家港镇和夹竹园镇的北部、黄山头镇的中部地区。

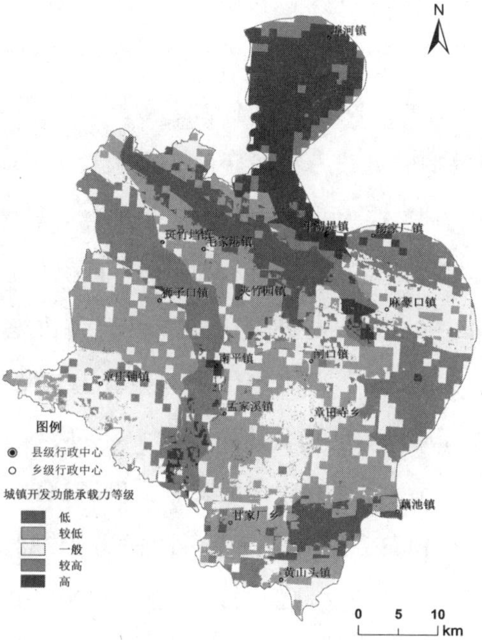

图 7-15　G 县城镇开发功能承载力等级分布

从 G 县各乡镇的城镇开发功能等级面积统计结果来看，各乡镇城镇开发功能等级面积具有显著差异性（表 7-13）。从 G 县各乡镇城镇开发功能承载力高值区域面积数量统计结果来看，埠河镇城镇开发功能承载力高值区域面积最大，为 18036.18 hm^2，占该镇域面积的 81.96%。其次，承载力高值区域面积较大的乡镇为斗湖堤镇和南平镇，面积分别为 5564.70 hm^2

和 1332.72 hm^2，占其各自乡镇面积的 60.69% 和 15.72%。甘家厂乡、黄山头镇、毛家港镇、孟家溪镇、藕池镇、狮子口镇、章田寺乡等乡镇承载力高值区域面积最小，均不足其乡镇面积的 1%。从 G 县各乡镇城镇开发功能承载力较高区域面积数量统计结果来看，斑竹垱镇的城镇开发功能承载力较高区域面积最大，为 11893.5 hm^2，占该乡镇面积的 75.37%。其次，承载力较高区域面积较大的乡镇为麻豪口镇、杨家厂镇和南平镇，面积分别为 11014.11 hm^2、7197.21 hm^2、6352.47 hm^2，分别占各自乡镇面积的 61.20%、53.75%、74.95%。黄山头镇、夹竹园镇、毛家港镇、孟家溪镇、藕池镇和狮子口镇承载力较高区域面积很小，均不足其乡镇面积的 1%。从 G 县各乡镇城镇开发功能承载力一般区面积数量统计结果来看，章庄铺镇的城镇开发功能承载力一般区面积最大，为 13156.47 hm^2，占该乡镇面积的 74.33%。其次，城镇开发功能承载力一般区面积较大的乡镇为章田寺乡、闸口镇、麻豪口镇和杨家厂镇，面积分别为 8334.27 hm^2、7161.93 hm^2、6285.96 hm^2、4798.71 hm^2，分别占各自乡镇面积的 26.94%、54.42%、34.93%、35.83%。埠河镇城镇开发功能承载力一般区面积最小，为 0.09 hm^2，不足其乡镇面积的 1%。从 G 县各乡镇城镇开发功能承载力较低区域面积数量统计结果来看，狮子口镇的城镇开发功能较低区域面积最大，为 13436.19 hm^2，面积占比为 81.38%，超过该乡镇面积的4/5。其次，承载力较低区域面积较大的乡镇为毛家港镇、孟家溪镇、藕池镇和夹竹园镇，面积分别为 9456.75 hm^2、8838.27 hm^2、7160.13 hm^2、5813.64 hm^2，分别占各自乡镇面积的 49.75%、71.99%、70.05%、43.96%。埠河镇、南平镇、斗湖堤镇的城镇开发功能承载力较低区域面积最小，不足其乡镇面积的 1%。从 G 县各乡镇城镇开发功能承载力低值区域面积数量统计结果来看，毛家港镇的城镇开发功能低值区域面积最大，为 7014.24 hm^2，面积占比为 36.90%。其次，城镇开发功能承载力低值区域面积较大的乡镇是夹竹园镇和黄山头镇，面积分别为 6999.39 hm^2 和

4422.15 hm^2，分别占各自乡镇面积的52.92%和37.93%。斑竹垱镇、埠河镇、麻豪口镇、南平镇、杨家厂镇、闸口镇和章庄铺镇等城镇开发功能承载力低值区域面积最小，均不足其乡镇面积的1%。

从G县各乡镇城镇开发功能承载力等级结果面积比例构成来看，各乡镇城镇开发功能等级比例构成具有显著差异性（表7-13）。埠河镇、斗湖堤镇的城镇开发功能承载力高值区域所占各乡镇镇域面积比例较大，斑竹垱镇、麻豪口镇、南平镇、杨家厂镇等乡镇城镇开发功能承载力较高区域所占各乡镇镇域面积比例较大，章庄铺镇、闸口镇的城镇开发功能承载力一般区域所占各乡镇镇域面积比例较大，狮子口镇、孟家溪镇、藕池镇、甘家厂乡、毛家港镇等乡镇的城镇开发功能承载力较低区域所占各乡镇镇域面积比例较大，夹竹园镇的城镇开发功能承载力低值区域占其乡镇镇域面积的比例较大。

表7-13 G县城镇开发功能承载力评价分级

乡镇	高		较高		一般		较低		低	
	面积（hm^2）	占比（%）	面积（hm^2）	占比（%）	面积（hm^2）	占比（%）	面积（hm^2）	占比（%）	面积（hm^2）	占比（%）
斑竹垱镇	62.91	0.40	11893.50	75.37	3236.76	20.51	587.43	3.72	0.27	0.00
埠河镇	18036.18	81.96	3970.89	18.04	0.09	0.00	0.00	0.00	0.00	0.00
斗湖堤镇	5564.70	60.69	3491.10	38.08	72.63	0.79	19.62	0.21	20.52	0.22
甘家厂乡	0.00	0.00	1471.86	15.59	2308.23	24.45	5309.91	56.25	350.64	3.71
黄山头镇	0.00	0.00	0.18	0.00	2309.76	19.81	4926.51	42.26	4422.15	37.93
夹竹园镇	1.80	0.01	3.33	0.03	408.06	3.09	5813.64	43.96	6999.39	52.92
麻豪口镇	84.06	0.47	11014.11	61.20	6285.96	34.93	611.91	3.40	0.00	0.00
毛家港镇	0.00	0.00	15.66	0.08	2523.42	13.27	9456.75	49.75	7014.24	36.90
孟家溪镇	0.00	0.00	0.99	0.01	3223.8	26.26	8838.27	71.99	214.56	1.75
南平镇	1332.72	15.72	6352.47	74.95	778.77	9.19	9.63	0.11	2.25	0.03
藕池镇	0.00	0.00	3.24	0.03	2261.25	22.12	7160.13	70.05	796.77	7.80
狮子口镇	0.00	0.00	93.69	0.57	2930.49	17.75	13436.19	81.38	49.14	0.30
杨家厂镇	505.8	3.78	7197.21	53.75	4798.71	35.83	889.38	6.64	0.27	0.00
闸口镇	5.58	0.04	1391.85	10.58	7161.93	54.42	4596.30	34.93	3.96	0.03
章田寺乡	0.00	0.00	210.87	22.68	8334.27	26.94	3213.54	29.83	132.48	9.01
章庄铺镇	7.47	0.04	3195.72	18.05	13156.47	74.33	1340.91	7.58	0.00	0.00

利用城镇开发功能适宜性评价模型及相关方法得出，城镇开发功能适宜性评价因子归一化后的特征向量及权重值依次为 0.1760、0.2810、0.2454 和 0.2976，判断矩阵的最大特征根$\lambda_{max}=4.1855$，通过计算一致性指标 CI 和检验系数 CR 对判断矩阵进行一致性检验，检验结果显示 $CR=0.0695<0.1$，表明判断矩阵的一致性可以接受，指标权重设置较为合理，即 G 县土地开发、综合优势度、社会经济和发展潜力 4 项因子城镇开发功能适宜性评价下的权重分别为 0.18、0.28、0.24 和 0.30，土地利用再开发难度、城镇紧凑度、交通可达性、交通网络密度、规模工业企业生产总值、人均可支配收入、城镇发展战略、公共服务设施层级规划等 8 个单项评价指标的权重依次为 0.13、0.05、0.19、0.09、0.16、0.08、0.10 和 0.20。通过加权叠加计算，G 县城镇开发功能适宜性分值区间在 0.07~0.95，将其城镇开发功能适宜性评价结果按照自然间断点法划分为适宜区、较适宜区、一般适宜区 3 个等级。

将 G 县城镇开发功能承载力高值和较高区域作为城镇开发的备选区域，在此基础上，将前文划定的生态保护功能重要区作为城镇开发功能不适宜区，共分为 4 个等级，如图 7-16 所示。由图可见，G 县城镇开发功能适宜区占全县面积的 6.13%，主要集中在斗湖堤镇和杨家厂镇的北部地区。G 县城镇开发功能较适宜区占全县面积的 46.71%，主要集中在埠河镇、南平镇、夹竹园镇、藕池镇、斑竹垱镇、章庄铺镇、麻豪口镇的绝大部分区域以及毛家港镇的东北部、闸口镇的西部地区。G 县城镇开发功能一般适宜区占全县面积的 37.62%，主要集中在县域西部的狮子口镇，南部的章田寺乡、甘家厂乡、黄山头镇以及西北部毛家港镇的绝大部分区域。G 县城镇开发功能不适宜区即为生态保护功能重要区，占全县面积的 9.54%，主要集中在 G 县北部长江沿线地带，西南部的牛浪湖、卷桥水库，南部的淤泥湖、黄山头以及中部的玉湖、崇湖湿地等地区。可见，G 县城镇开发呈“λ”状趋势，发展方向主要是围绕城区垂直于长江向南部腹地拓展，并沿长江向东蔓延，与杨家厂镇连接成片。考虑到城镇开发功能适宜区域主要集中在斗湖堤镇和杨家厂镇，关于各乡镇城镇开发功能适宜性等级面积及比例在此不再一一详细统计。

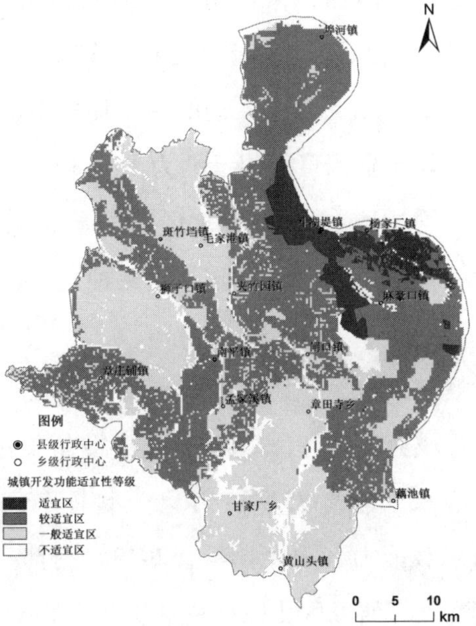

图 7-16　G 县城镇开发功能适宜性等级分布

7.4.3　G 县农业生产功能“双评价”

基于“双评价”《技术指南》的要求，农业生产适宜性可分为种植业适宜性、畜牧业适宜性和渔业适宜性，相应的农业生产承载规模也可分为种植业承载规模、畜牧业承载规模和渔业承载规模。因此，从 G 县实际情况出发，基于短板理论筛选出限制 G 县农业生产的主要制约因素。

同城镇开发功能承载规模一样，从空间底线约束来看，G 县农业生产功能的最大承载规模应控制在县域范围以内，也就是说，G 县农业生产承载规模不得高于 G 县全域面积 2257 km^2。从环境容量约束来看，水环境容量和大气环境容量承载力较高，均在可承受环境容量范围之内。从灾害约束上看，在进行农业生产时也应在空间上避开地震易发区和洪涝危险区。

从种植业承载规模来看，可用水资源为农业生产功能承载规模的重要约束条件。G 县统计资料显示，G 县常用耕地面积 1205742 亩，有效灌溉面积 1185524 亩，有效灌溉面积占常用耕地面积的 98.32%，灌溉条件良好。近年来 G 县大力推进农业节水灌溉工程，截至 2017 年末铺设排水管道 122 km，农业节水行动收效显著。同时，G 县多年平均水资源总量约为 24.31 亿 m^3，多年平均水资源可利用量约为 15.83 m^3。且全县过境客水资源丰沛，长江多年平均过境水量为 3914 亿 m^3，松滋河、虎渡河、藕池河等河流多年平均过境水量为 903.1 亿 m^3，因此种植业发展受水资源约束不显著。

从畜牧业承载规模来看，G 县畜禽养殖以生猪、肉牛、肉羊、家禽等为主，以畜禽存栏量或存笼量计，2017 年 G 县共有生猪 1148800 头、肉牛 2714 头、肉羊 16490 头、家禽 753.34 万只。本书基于改进的氮养分平衡法测算县禽畜养殖承载能力（夏艳阳等，2019），首先计算研究区的作物氮养分需求量，其次计算研究区化肥施用和秸秆还田对作物的氮养分供给量，最后计算研究区的禽畜养殖承载能力，并与实际畜禽养殖量进行对比。G 县统计资料显示，G 县主要种植农作物有小麦、蚕豆、稻谷、玉米、大豆、棉花、油菜、蔬菜等。根据农业农村部《禽畜粪污土地承载力测算技术指南》①，小麦、蚕豆、稻谷、玉米、大豆、棉花、油菜、蔬菜、果类等主要作物每 100 kg 产量氮养分的需求量分别是 3 kg、7.2 kg、2.2 kg、2.3 kg、7.2 kg、11.7 kg、7.19 kg、0.36 kg、0.50 kg。通过分别计算 G 县主要农作物的氮养分需求量并进行累计求和，得出 2017 年 G 县农作物生长对氮养分的需求总量为 26333.39 吨。2017 年 G 县施用氮肥 88583 吨（46%氮含量）、复合肥 51160 吨（14.5%氮含量），氮养分利用率为 33%，

① 中华人民共和国农业部办公厅．关于印发《禽畜粪污土地承载力测算技术指南》的通知 [EB/OL]. http://www.moa.gov.cn/gk/tzgg_1/tfw/201801/t20180122_6135486.htm.

计算出2017年G县氮肥施用对作物的氮养分的供给量为13446.90吨，复合肥供给量为2448.01吨，化肥氮养分供给总量为15894.91吨。G县还田秸秆主要有稻谷、玉米、小麦、大豆秸秆等，小麦、稻谷、玉米、大豆和油菜的草谷比分别为1.10、0.90、1.20、1.60、1.53，相应的秸秆含氮量系数分别为0.62、0.83、0.87、1.63、0.82，秸秆还田比例为40%，秸秆还田氮养分利用率为15%，计算出2017年G县秸秆还田对作物的氮养分供给总量为382.51吨，具体数据详见表7-14。根据公式禽畜养殖承载能力=（氮养分需求量-化肥施用氮养分供给量-秸秆氮养分供给量）×45%/（农用地面积×每头猪当量产氮系数×畜禽粪便还田氮养分当季利用率）估算出2017年G县畜禽养殖环境承载力为2585821头（猪当量）。根据主要畜禽的猪当量转换系数（100头猪=30头肉牛/250头羊/2500只家禽），可换算出2017年G县实际畜禽养殖量为1490995头（猪当量），并没有达到畜禽养殖环境承载能力的上限。

表7-14　G县主要作物相关数据　　单位：吨

项目	小麦	蚕豆	稻谷	玉米	大豆	棉花	油菜	蔬菜	果类
作物产量	72973	2944	532442	14371	20426	15875	97041	421545	93023
氮养分需求量	2189.19	211.97	11713.72	330.53	1470.67	1857.38	6977.25	1517.56	465.12
秸秆氮养分供给量	29.86	—	238.64	9.00	31.96	—	73.05	—	—

从渔业承载规模来看，G县养殖产量为113801吨，其中养殖鱼类产量76938吨、虾蟹类28111吨、其他8752吨，淡水养殖面积15907公顷。G县水环境适用于《地表水环境质量标准》Ⅱ类和Ⅲ类标准。本书基于环境容纳量估算G县水域养殖容量，选用Beveridge的研究结果和Dillon-Rigler模型（Dillon & Rigler，1974；刘梅等，2019；兰艳等，2020），认为磷是限制水域生产量最重要的因素，同时考虑天然水域的放流对污染物的净化作用，根据公式可允许的养殖容量=可接受的最大磷负荷/磷负荷=［（最高磷浓度-本底浓度）×平均水深×养殖面积×年换水频率/（1-磷滞留系

数）]/磷负荷估算出 G 县在保持养殖水体磷浓度为Ⅱ类水质下可接受的最大磷负荷为 12.72 吨，可允许的最大养殖容量为 46937 吨；在保持养殖水体磷浓度为Ⅲ类水质下可接受的最大磷负荷显著提升为 38.16 吨，可允许的最大养殖容量为 140811 吨。相关数据详见表 7-15。因此，在实际的养殖生产中保持Ⅱ类水质时要控制或减少鱼类养殖，在保持Ⅲ类水质时可适当调整渔业养殖增养方案。

表 7-15　G 县养殖容量评估模型参数取值

淡水养殖面积（hm^2）	磷负荷（g/kg）	磷本底浓度（mg/L）	平均水深（m）	年换水频率	磷滞留系数	Ⅱ类水最高磷浓度（mg/kg）	Ⅲ类水最高磷浓度（mg/L）
15907	0.271	0.05	2	4	0.5	0.1	0.2

在“双评价”《技术指南》要求和底线约束的基础上，考虑数据的可获取性和方法的可操作性，结合 G 县国土空间农用地现状及主体功能区定位，围绕农业生产这一目标指向，分为农业生产承载能力和农业生产适宜性两个准则层，包含土地资源、水资源、环境条件、灾害风险、基础设施、耕作距离、优势产业、城镇效应 8 个评价要素，确定了坡度、地形起伏度、年均降水量、人均综合用水控制量、土壤可蚀性、单位面积化肥施用量、单位面积农药使用量、累年年极大风速、累年年最大日降雨量、水库坑塘密度、交通网络密度、离聚落的距离、离道路的距离、葡萄产量、生猪出栏量、水产品产量、城镇影响度和交通干线影响度等评价指标。G 县农业生产功能指向的各个评价要素如表 7-16 所示。

表 7-16　G 县农业生产功能“双评价”指标体系

目标层	准则层	评价要素	指标及说明	指标获取来源
农业生产功能“双评价”	农业生产承载能力	土地资源	坡度：反映一个地区地表单元陡缓的程度。 地形起伏度：在特定区域内最高点海拔高度与最低点海拔高度的差值	中科院资源环境数据中心

续表

目标层	准则层	评价要素	指标及说明	指标获取来源
农业生产功能“双评价”	农业生产承载能力	水资源	年均降水量：某地多个观测点测得的年降雨量均值。 人均综合用水控制量：单位用水人口所消耗的城镇最高日用水量	中科院资源环境数据中心，《G县城乡总体规划（2015—2030年）》
		环境条件	土壤可蚀性：反映土壤被冲蚀的难易程度。 单位面积化肥施用量：单位面积内用于农业生产的化肥数量。 单位面积农药使用量：单位面积内用于农业生产的农药数量	H省第二次土壤普查成果和《G县统计年鉴》
		灾害风险	累年年极大风速：长时间序列下瞬时风速的最大值，是反映农作物可能遭受大风破坏的指标。 累年年最大日降雨量：长时间序列下日降雨量最大值，是反映农作物可能遭受雨涝灾害的指标	国家气象科学数据中心
	农业生产适宜性	基础设施	水库坑塘密度：反映一个地区水库坑塘的密集程度。 交通网络密度：一定区域内道路网络里程与区域面积的比值	根据本书6.2节内容以及ArcGIS空间分析工具计算所得
		耕作距离	离聚落的距离：耕地到农村居民点距离的空间分布情况。 离道路的距离：耕地到道路的距离的空间分布情况	根据本书6.2节内容以及ArcGIS空间分析工具计算所得
		优势产业	葡萄产量：一个地区当年的葡萄总产量。 生猪出栏量：当年所饲养的包括出售和自宰自食的肉猪头数。 水产品产量：全社会人工养殖的水产品和天然生长的水产品的捕捞量	《G县统计年鉴》
		城镇效应	城镇影响度：反映城镇对区域空间单元的影响程度。 交通干线影响度：反映交通干线对区域空间单元的影响程度	根据本书6.2节内容以及ArcGIS空间分析工具计算所得

在农业生产功能承载能力评价要素方面：

（1）在土地资源方面，主要体现在坡度和地形起伏度上

坡度：利用全域 DEM 计算地形坡度，按照≤2°、2°~6°、6°~15°、15°~25°、≥25°划分为高（平地）、较高（平坡地）、中等（缓坡地）、较低（缓陡坡地）、低（陡坡地）五个等级，生成坡度分级图，分别赋值为5、4、3、2、1，如图 7-14（b）所示。

地形起伏度：利用标准差计算地形起伏度，将 G 县划分为平坦地形（0~5 m）、小起伏（5~15 m）、中起伏（15~45 m）、山地起伏（45~140 m）和高山起伏（≥140 m）五种分级标准，分别赋值为 5、4、3、2、1，如图 7-14（c）所示。

（2）在水资源方面，主要体现在年均降水量和人均综合用水控制量上

年均降水量：根据区域内及邻近地区气象站点长时间序列降水观测资料，通过空间插值得到多年平均降水量数据，G 县降水量可分为湿润（≥1200 mm）和较湿润（800~1200 mm）两个等级，分别赋值为 5、4，如图 7-17（a）所示。

人均综合用水控制量：采用单位人口综合用水指标法进行城乡人均综合用水控制量的划分，划分为Ⅰ型（400 升/日）、Ⅱ型（300 升/日）、Ⅲ型（250 升/日）、Ⅳ型（200 升/日）、Ⅴ型（120 升/日）五个等级，分别赋值为 5、4、3、2、1，如图 7-17（b）所示。

（3）在环境条件方面，主要体现在土壤可蚀性、单位面积化肥施用量和单位面积农药使用量上

土壤可蚀性：利用环境政策综合气候模型（EPIC 模型），结合湖北省第二次土壤普查数据计算各土壤亚类的土壤可蚀性因子 K（闫婧等，2018），将 G 县土壤可蚀性因子按照自然间断点划分为中低（0.2~0.22）、中（0.22~0.24）、中高（0.24~0.26）共三个等级，分别赋值为 4、3、2，如图 7-17（c）所示。

单位面积化肥施用量：根据 G 县统计资料，将 G 县各乡镇单位面积化

肥施用量按照自然间断点划分为五个等级，分别赋值为5、4、3、2、1，如图7-17（d）所示。

单位面积农药使用量：根据G县统计资料，将G县各乡镇单位面积农药使用量按照自然间断点划分为五个等级，分别赋值为5、4、3、2、1，如图7-17（e）所示。

（4）在灾害风险方面，主要体现在累年年极大风速和累年年最大日降雨量上

累年年极大风速：根据区域内及邻近地区气象站点长时间序列大风观测资料，通过空间插值得到累年年极大风速数据，G县累年年极大风速可分为低（<22.5 m/s）、较低（22.5~23 m/s）、中（23~23.5 m/s）、较高（23.5~24 m/s）、高（≥24m/s）五类，分别赋值为5、4、3、2、1，如图7-17（f）所示。

累年年最大日降雨量：根据区域内及邻近地区气象站点长时间序列降雨观测资料，通过空间插值得到累年年最大日降雨量数据，G县累年年最大日降雨量可分为低（<190 mm）、较低（190~200 mm）、中（200~210 mm）、较高（210~220 mm）、高（≥220 mm）五类，分别赋值为5、4、3、2、1，如图7-17（g）所示。

在农业生产功能适宜性评价要素方面：

（5）在基础设施方面，主要体现在水库坑塘密度和交通网络密度上

水库坑塘密度：利用土地二调变更调查数据提取水库坑塘水面要素并生成水库坑塘点数据，利用ArcGIS中的核密度分析工具分析水库坑塘在区域内指定邻域范围内的单位密度，并按照自然间断点法分为密集（29.55~43.31个/hm^2）、较密集（20.04~29.55个/hm^2）、一般（11.04~20.04个/hm^2）、较分散（4.76~11.04个/hm^2）、分散（0~4.76个/hm^2）五个等级，分别赋值为5、4、3、2、1，如图7-17（h）所示。

交通网络密度：根据G县各乡镇道路网络里程与区域面积的比值，按照自然间断点分级法将G县交通网络密度分为密集（0.60~0.97 km/km^2）、较

密集（0.46~0.60 km/km^2）、一般（0.29~0.46 km/km^2）、较分散（0.16~0.29 km/km^2）、分散（0.15~0.16 km/km^2）五个等级，分别赋值为5、4、3、2、1，如图7-14（k）所示。

（6）在耕作距离方面，主要体现在离聚落的距离和离道路的距离上

离聚落的距离：利用土地二调变更调查数据提取耕地和农村居民点数据，利用ArcGIS中的近邻分析工具分析耕地到农村居民点的距离，并按照自然间断点法分为近、较近、正常、较远、远五个等级，分别赋值为5、4、3、2、1，如图7-17（i）所示。

离道路的距离：利用土地二调变更调查数据提取耕地和道路数据，利用ArcGIS中的近邻分析工具分析耕地到道路的距离，并按照自然间断点法分为近、较近、正常、较远、远五个等级，分别赋值为5、4、3、2、1，如图7-17（j）所示。

（7）在优势产业方面，主要体现在葡萄产量、生猪出栏量和水产品产量上

葡萄产量：根据G县统计资料将G县各乡镇葡萄产量按照自然间断点划分为高、较高、一般、较低、低五个等级，分别赋值为5、4、3、2、1，如图7-17（k）所示。

生猪出栏量：根据G县统计资料将G县各乡镇生猪出栏量按照自然间断点划分为高、较高、一般、较低、低五个等级，分别赋值为5、4、3、2、1，如图7-17（l）所示。

水产品产量：根据G县统计资料将G县各乡镇水产品产量按照自然间断点划分为高、较高、一般、较低、低五个等级，分别赋值为5、4、3、2、1，如图7-17（m）所示。

（8）在城镇效应方面，主要体现在城镇影响度和交通干线影响度上

城镇影响度：在ArcGIS软件中利用buffer工具将G县主要建制镇周边区域以1 km间距做缓冲区分析，划分高（<1 km）、较高（1~2 km）、中（2~3 km）、较低（3~4 km）、低（≥4 km）五个等级，分别赋值为5、4、

3、2、1，如图 7-17（n）所示。

交通干线影响度：在 ArcGIS 软件中利用 buffer 工具将 G 县主要道路以 1 km 间距做缓冲区分析，划分高（<1 km）、较高（1 ~ 2 km）、中（2 ~ 3 km）、较低（3~4 km）、低（≥4 km）五个等级，分别赋值为 5、4、3、2、1，如图 7-17（o）所示。

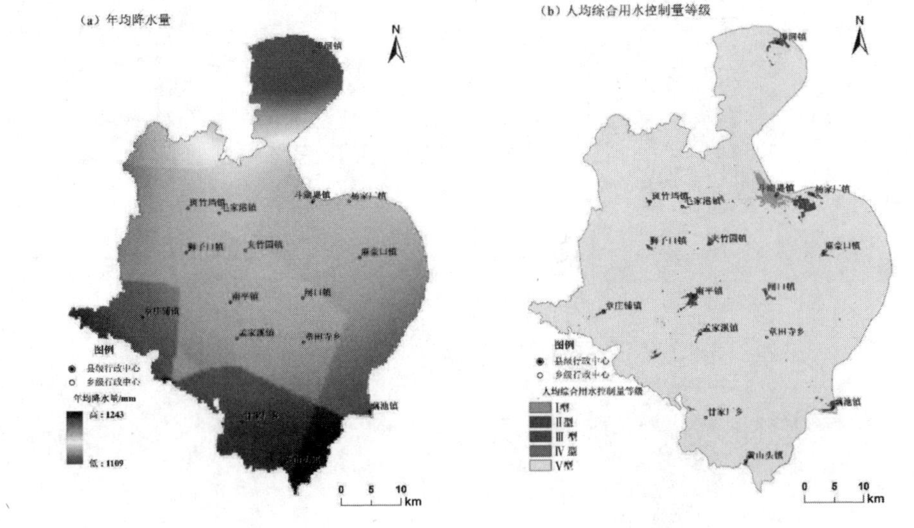

图 7-17　G 县农业生产功能“双评价”因子空间分布

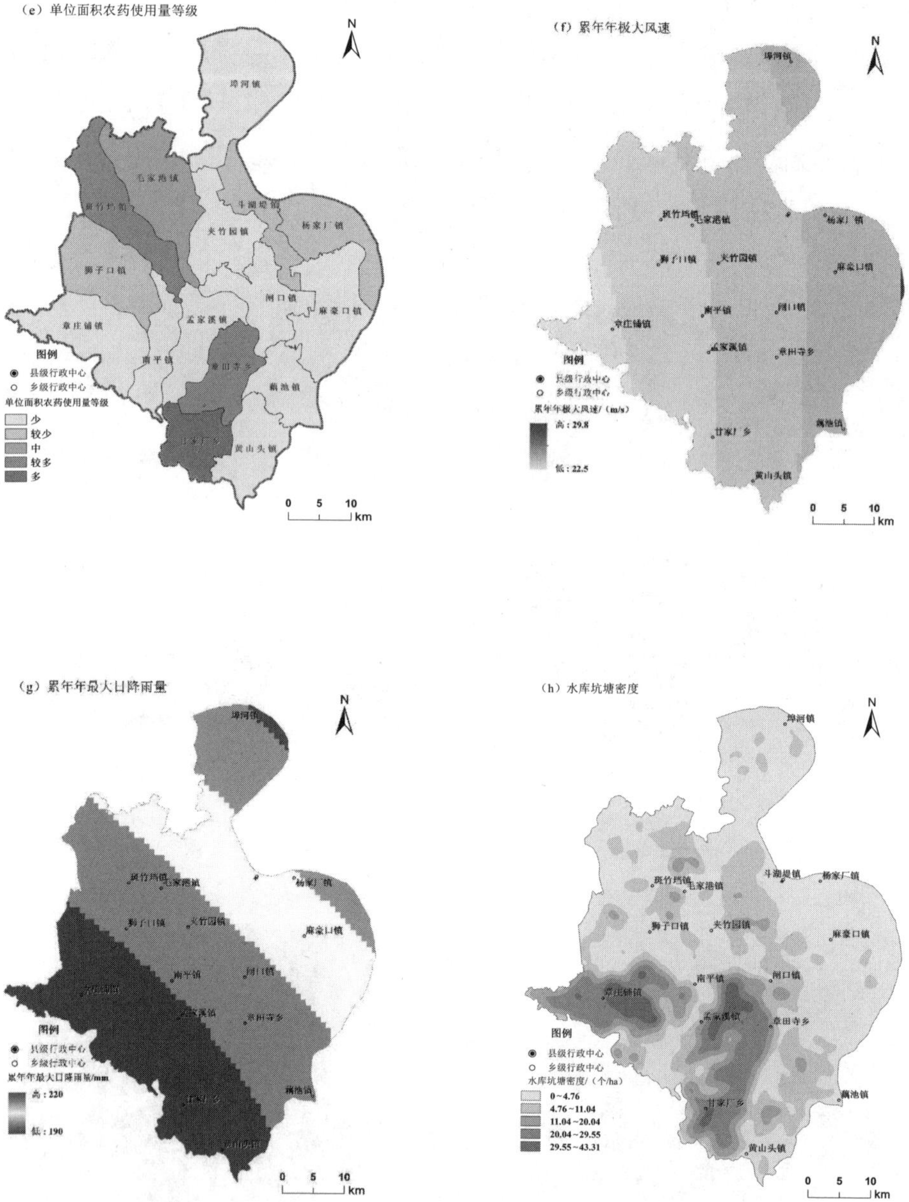

图 7-17　G 县农业生产功能“双评价”因子空间分布（续）

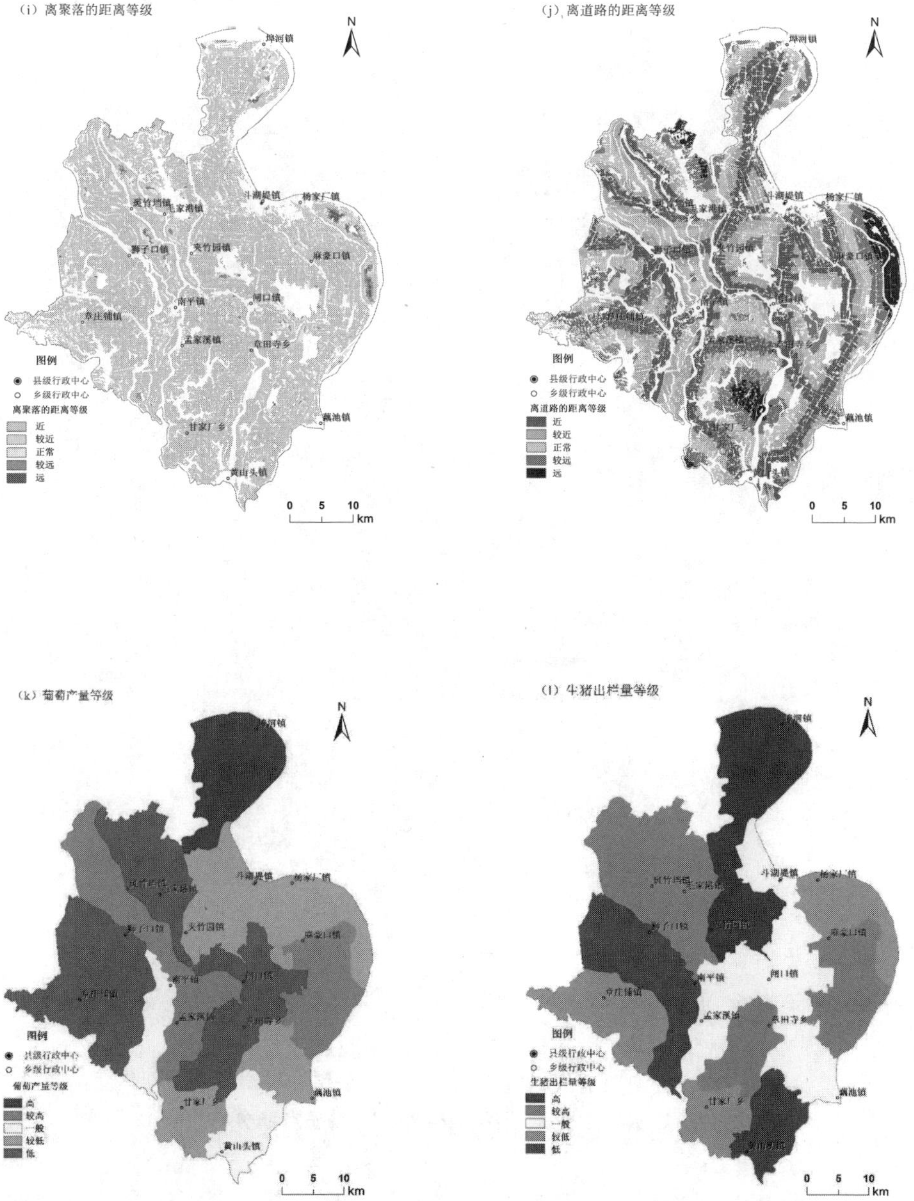

图 7-17　G 县农业生产功能“双评价”因子空间分布（续）

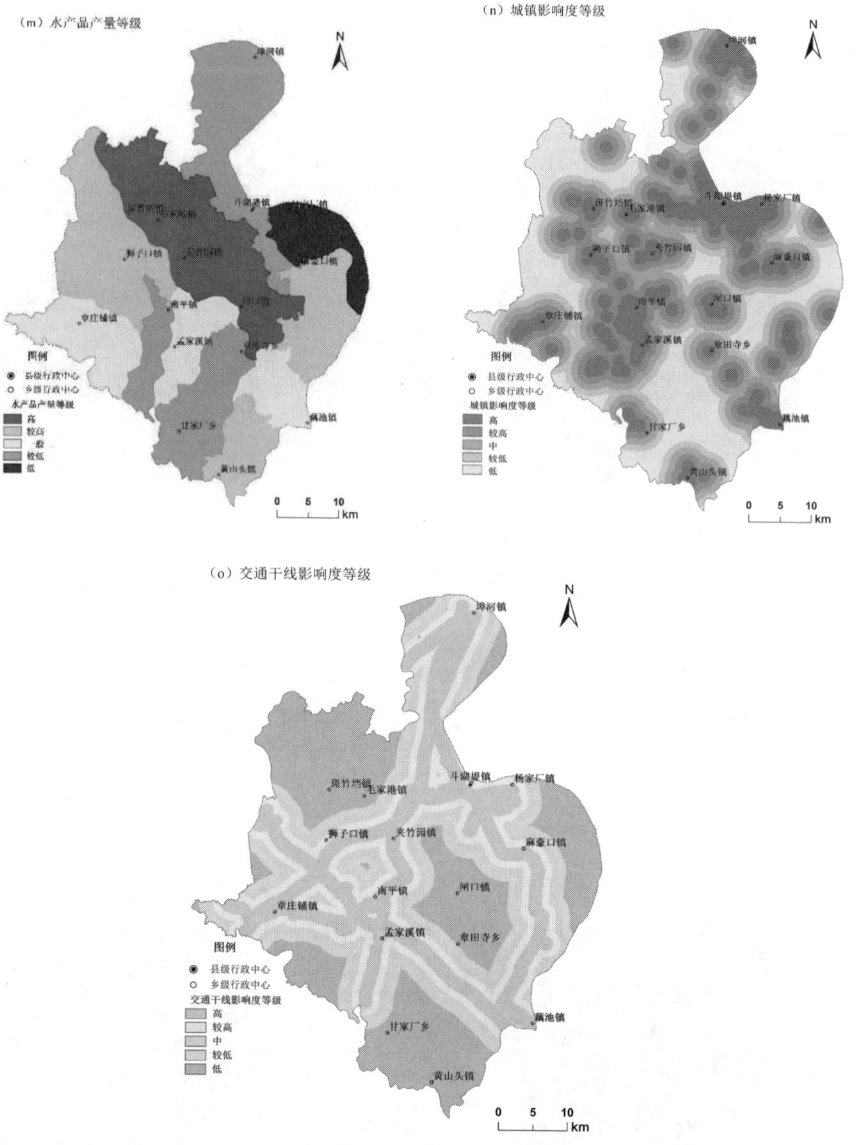

图 7-17　G 县农业生产功能“双评价”因子空间分布（续）

在遴选出 G 县农业生产功能“双评价”指标的基础上，建立 G 县农业生产功能“双评价”模型。在农业生产功能承载能力底线约束的基础上，考虑数据的可获取性和方法的可操作性，首先将包括坡度、地形起伏度、年均降水量、人均综合用水控制量、土壤可蚀性、单位面积化肥施用量、单位面积农药使用量、累年年极大风速、累年年最大日降雨量在内的农业生产功能承载能力评价指标，按照表 7-17 赋值标准在 ArcGIS 环境下完成空间分类赋值；统一投影坐标系；利用 GIS 分析工具进行多因素加权叠加计算。按照农业生产功能评价指标评分标准判定农业生产功能承载力等级，将土地资源、水资源、环境条件和灾害风险等评价要素采用加权叠加的方法对 G 县农业生产功能承载力作出评价。随后，在划定农业生产功能承载能力的基础上进行适宜性评价，将包括水库坑塘密度、交通网络密度、离聚落的距离、离道路的距离、葡萄产量、生猪出栏量、水产品产量、城镇影响度、交通干线影响度在内的农业生产功能适宜性评价指标，按照农业生产功能评价指标评分标准判定农业生产功能适宜性等级，将基础设施、耕作距离、优势产业、城镇效应等评价要素采用加权叠加的方法对 G 县农业生产功能适宜性作出评价，从而形成 G 县农业生产功能“双评价”最终结果，将研究区进一步细分为农业生产功能适宜区、农业生产功能一般区和农业生产功能不适宜区。

表 7-17 G 县农业生产功能“双评价”等级划分标准及分级赋值

指标层			等级划分				
			1 级	2 级	3 级	4 级	5 级
准则层	坡度	分级	≤2°	2°~6°	6°~15°	15°~25°	≥25°
		分值	5	4	3	2	1
	地形起伏度（m）	分级	0~5	5~15	15~45	45~140	≥140
		分值	5	4	3	2	1
	年均降水量	分级	湿润	较湿润	—	—	—
		分值	5	4	—	—	—
	人均综合用水控制量	分级	Ⅰ型	Ⅱ型	Ⅲ型	Ⅳ型	Ⅴ型
		分值	5	4	3	2	1
	土壤可蚀性	分级	—	中低	中	中高	—
		分值	—	4	3	2	—

续表

指标层			等级划分				
			1级	2级	3级	4级	5级
准则层	单位面积化肥施用量	分级	少	较少	中	较多	多
		分值	5	4	3	2	1
	单位面积农药使用量	分级	少	较少	中	较多	多
		分值	5	4	3	2	1
	累年年极大风速	分级	低	较低	中	较高	高
		分值	5	4	3	2	1
	累年年最大日降雨量	分级	低	较低	中	较高	高
		分值	5	4	3	2	1
	水库坑塘密度	分级	密集	较密集	一般	较分散	分散
		分值	5	4	3	2	1
	交通网络密度	分级	密集	较密集	一般	较分散	分散
		分值	5	4	3	2	1
	离聚落的距离	分级	近	较近	正常	较远	远
		分值	5	4	3	2	1
	离道路的距离	分级	近	较近	正常	较远	远
		分值	5	4	3	2	1
	葡萄产量	分级	高	较高	一般	较低	低
		分值	5	4	3	2	1
	生猪出栏量	分级	高	较高	一般	较低	低
		分值	5	4	3	2	1
	水产品产量	分级	高	较高	一般	较低	低
		分值	5	4	3	2	1
	城镇影响度	分级	高	较高	中	较低	低
		分值	5	4	3	2	1
	交通干线影响度	分级	高	较高	中	较低	低
		分值	5	4	3	2	1

利用农业生产功能承载力评价模型及相关方法得出，农业生产功能承载力因子归一化后的特征向量及权重值依次为 0.18、0.29、0.42 和 0.11，

判断矩阵的最大特征根$\lambda_{max}=4.0710$，通过计算一致性指标CI和检验系数CR对判断矩阵进行一致性检验，检验结果显示CR=0.0266<0.1，表明判断矩阵的一致性可以接受，指标权重设置较为合理，即G县土地资源、水资源、环境条件和灾害风险4项因子农业生产功能承载力评价下的权重分别为0.18、0.29、0.42和0.11，坡度、地形起伏度、年均降水量、人均综合用水控制量、土壤可蚀性、单位面积化肥施用量、单位面积农药使用量、累年年极大风速、累年年最大日降雨量等9个单项评价指标的权重依次为0.09、0.09、0.10、0.20、0.21、0.11、0.10、0.05和0.05。

通过加权叠加计算，G县农业生产功能承载力分值区间为0.35~0.80，根据自然间断点法将承载力分值划分为低、较低、一般、较高、高5个等级，如图7-18所示。由图可见，G县农业生产功能承载力高的区域占全县面积的3.33%，主要集中在县域中心地区如斗湖堤镇的中部和杨家厂镇的西北部，章庄铺镇的西北部和东南部。G县城镇开发功能承载力较高的区域占全县面积的24.29%，主要集中在埠河镇的南部、藕池镇、黄山头镇、南平镇、孟家溪镇的南部以及章庄铺镇的绝大部分区域。G县城镇开发功能承载力一般的区域占全县面积的31.67%，主要集中在埠河镇的北部、狮子口镇、夹竹园镇、麻豪口镇的北部和中部以及孟家溪镇的东北部。G县城镇开发功能承载力较低的区域占全县面积的29.63%，主要集中在甘家厂乡、章田寺乡、闸口镇、斗湖堤镇的西部以及毛家港镇的部分区域。G县城镇开发功能承载力低的区域占全县面积的11.07%，主要集中在斑竹垱镇和斗湖堤镇的南部，以及毛家港镇的中部地区。

从G县各乡镇的农业生产功能等级面积统计结果来看，各乡镇农业生产功能等级面积具有显著差异性（表7-18）。从G县各乡镇农业生产功能承载力高值区域面积数量统计结果来看，章庄铺镇农业生产功能承载力高值区域面积最大，为2911.32 hm^2，占该镇域面积的18.50%。其次，承载

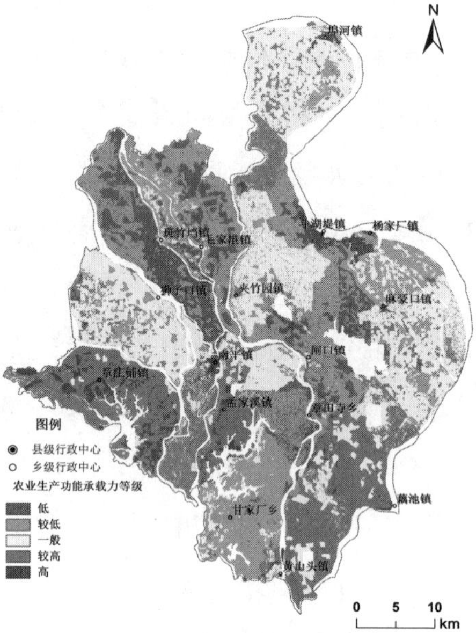

图 7-18　G 县农业生产功能承载力等级分布

力高值区域面积较大的乡镇为斗湖堤镇、杨家厂镇和孟家溪镇，面积分别为 970.47 hm^2、698.58 hm^2 和 670.05 hm^2，分别占各自乡镇面积的 12.09%、7.26%和 6.26%。斑竹垱镇、甘家厂乡、夹竹园镇、毛家港镇、狮子口镇、闸口镇和章田寺乡等乡镇承载力高值区域面积最小，均不足其乡镇面积的 1%。从 G 县各乡镇农业生产功能承载力较高区域面积数量统计结果来看，章庄铺镇的农业生产功能承载力较高区域面积最大，为 12116.52 hm^2，占该乡镇面积的 77.01%。其次，承载力较高区域面积较大的乡镇为黄山头镇、藕池镇、孟家溪镇和埠河镇，面积分别为 7664.40 hm^2、7293.24 hm^2、5161.86 hm^2 和 5064.3 hm^2，分别占各自乡镇面积的 73.42%、79.05%、48.24%和 26.87%。斑竹垱镇、斗湖堤镇、甘家厂乡、夹竹园镇、毛家港镇、杨家厂镇、闸口镇和章田寺乡承载力较高区域面积很小，均不足其乡镇面积的 1%。从 G 县各乡镇农业生产功能承载力一般区面积数量统计结果来看，埠河镇的农业生产功能承载力一般区面积最大，为

12246.03 hm^2，占该乡镇面积的64.97%。其次，农业生产功能承载力一般区面积较大的乡镇为麻豪口镇、狮子口镇和夹竹园镇，面积分别为11225.97 hm^2、11103.03 hm^2和10153.08 hm^2，分别占各自乡镇面积的66.32%、74.16%和79.63%。斗湖堤镇、斑竹垱镇农业生产功能承载力一般区面积最小，分别为24.84 hm^2和49.32 hm^2，均不足其乡镇面积的1%。从G县各乡镇农业生产功能承载力较低区域面积数量统计结果来看，毛家港镇的农业生产功能承载力较低区域面积最大，为11577.96 hm^2，面积占比为65.67%。其次，承载力较低区域面积较大的乡镇为章田寺乡、甘家厂乡和闸口镇，面积分别为7867.08 hm^2、7534.44 hm^2和7050.42 hm^2，分别占各自乡镇面积的75.28%、86.45%和67.4%。藕池镇和章庄铺镇的农业生产功能承载力较低区域面积最小，不足其乡镇面积的1%。从G县各乡镇农业生产功能承载力低值区域面积数量统计结果来看，斑竹垱镇的农业生产功能承载力低值区域面积最大，为8432.19 hm^2，占其乡镇面积的59.41%。其次为毛家港镇和闸口镇，面积分别为5078.61 hm^2和3115.35 hm^2，分别各占其乡镇面积的28.80%和29.78%。埠河镇、黄山头镇、麻豪口镇、孟家溪镇、南平镇、藕池镇、狮子口镇和章庄铺镇等农业生产功能承载力低值区域面积最小，均不足其乡镇面积的1%。

从G县各乡镇农业生产功能承载力等级结果面积比例构成来看，各乡镇农业生产功能等级比例构成具有显著差异性（表7-18）。黄山头镇、孟家溪镇、南平镇、藕池镇和章庄铺镇等乡镇农业生产功能承载力较高区域所占各乡镇镇域面积比例较大，埠河镇、夹竹园镇、麻豪口镇、狮子口镇等乡镇的农业生产功能承载力一般区域所占各乡镇镇域面积比例较大，斗湖堤镇、甘家厂乡、毛家港镇、杨家厂镇、闸口镇和章田寺乡的农业生产功能承载力较低区域所占各乡镇镇域面积比例较大，斑竹垱镇的农业生产功能承载力低值区域占其乡镇镇域面积的比例较大。

表 7-18　G 县农业生产功能承载力评价分级

乡镇	高		较高		一般		较低		低	
	面积（hm^2）	占比（%）	面积（hm^2）	占比（%）	面积（hm^2）	占比（%）	面积（hm^2）	占比（%）	面积（hm^2）	占比（%）
斑竹垱镇	0.00	0.00	0.18	0.00	49.32	0.35	5711.13	40.24	8432.19	59.41
埠河镇	387.90	2.06	5064.30	26.87	12246.03	64.97	1136.52	6.03	13.14	0.07
斗湖堤镇	970.47	12.09	47.97	0.60	24.84	0.31	4505.76	56.12	2479.32	30.88
甘家厂乡	0.00	0.00	5.76	0.07	938.34	10.77	7534.44	86.45	237.33	2.72
黄山头镇	133.02	1.27	7664.40	73.42	2498.04	23.93	143.91	1.38	0.00	0.00
夹竹园镇	0.63	0.00	112.95	0.89	10153.08	79.63	2327.67	18.26	156.51	1.23
麻豪口镇	114.39	0.68	3400.65	20.09	11225.97	66.32	2176.47	12.86	9.27	0.05
毛家港镇	0.00	0.00	0.27	0.00	974.79	5.53	11577.96	65.67	5078.61	28.80
孟家溪镇	670.05	6.26	5161.86	48.24	4454.28	41.63	411.30	3.84	3.06	0.03
南平镇	324.54	4.36	5026.68	67.53	1962.00	26.36	128.25	1.72	1.62	0.02
藕池镇	237.33	2.57	7293.24	79.05	1691.55	18.33	3.87	0.04	0.00	0.00
狮子口镇	91.08	0.61	1770.66	11.83	11103.03	74.16	1980.72	13.23	26.82	0.18
杨家厂镇	698.58	7.26	0.00	0.00	3287.97	34.15	5532.12	57.46	108.45	1.13
闸口镇	0.00	0.00	8.01	0.08	287.01	2.74	7050.42	67.40	3115.35	29.78
章田寺乡	0.99	0.01	5.76	0.06	543.78	5.20	7867.08	75.28	2033.19	19.45
章庄铺镇	2911.32	18.50	12116.52	77.01	701.91	4.46	3.78	0.02	0.00	0.00

利用农业生产功能适宜性评价模型及相关方法得出，农业生产功能适宜性评价因子归一化后的特征向量及权重值依次为 0.2198、0.2009、0.4598 和 0.1194，判断矩阵的最大特征根$\lambda_{max}=4.0458$，通过计算一致性指标 CI 和检验系数 CR 对判断矩阵进行一致性检验，检验结果显示 $CR=0.0172<0.1$，表明判断矩阵的一致性可以接受，指标权重设置较为合理，即 G 县基础设施、耕作距离、优势产业和城镇效应 4 项因子城镇开发功能适宜性评价下的权重分别为 0.22、0.20、0.46 和 0.12，水库坑塘密度、交通网络密度、离聚落的距离、离道路的距离、葡萄产量、生猪出栏量、水产品产量、城镇影响度和交通干线影响度等 9 个单项评价指标的权重依次为 0.11、0.11、0.07、0.13、0.15、0.15、0.15、0.04 和 0.08。通过加权叠加计算，G

县农业生产功能适宜性分值区间为 0.10~0.77，将其农业生产功能适宜性评价结果按照自然间断点法划分为适宜区、较适宜区、一般适宜区 3 个等级。

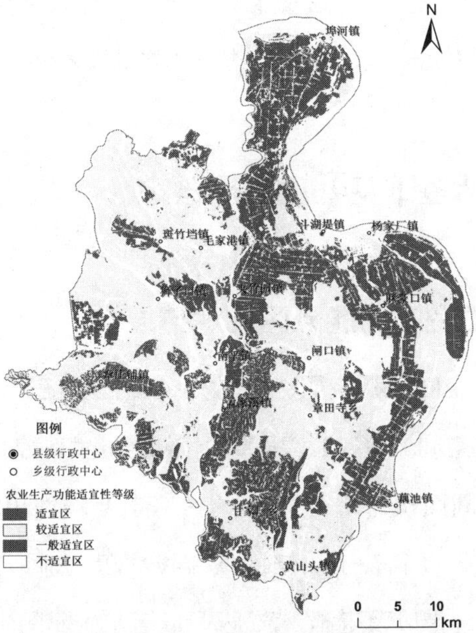

图 7-19　G 县农业生产功能适宜性等级分布

将 G 县农业生产功能承载力高值和较高区域作为农业生产的备选区域，在此基础上，将前文划定的生态保护功能重要区作为农业生产功能不适宜区，共分为 4 个等级，如图 7-19 所示。由图可见，G 县农业功能适宜区占适宜面积的 18.72%，主要集中在埠河镇、夹竹园镇、孟家溪镇的绝大部分区域以及斗湖堤镇的南部、麻豪口镇的西部、藕池镇的南部地区。G 县农业生产功能较适宜区占全县面积的 48.14%，主要集中在闸口镇、县域西部的毛家港镇和狮子口镇、章田寺乡的北部、麻豪口镇的东部、南平镇、黄山头镇的绝大部分区域。G 县农业生产功能一般适宜区占全县面积的 24.60%，主要集中在章田寺乡、甘家厂乡和章庄铺镇的南部、毛家港镇和黄山头镇的北部以及狮子口镇的西南部。G 县农业生产功能不适宜区主要集中在 G 县北部长江沿线地带，西南部的牛浪湖、卷桥水库，南部的淤泥湖、黄山头以及中部的玉湖、崇湖湿地等地区。可见，G 县农业生产发展势头良好，要合理控制农业生产空间的减少速度，继续保持现有农业优势空间基础，稳定农业生产规模。考虑到农业生产功能适宜区域在县域分布较广，关于各乡镇农业生产功能适宜性等级面积及比例在此不再一一详细统计。

7.5 G 县国土空间功能分区划定

7.5.1 国土空间功能分区划定结果

结合 G 县国土空间现状特征，根据 G 县国土功能空间“双评价”结果，划定 G 县国土功能空间分区（图 7-20）。通过 ArcGIS 空间统计计算得出，G 县生态保护功能空间面积为 41977 hm^2，占 G 县县域面积的 18.61%，主要集中在 G 县南部甘家厂乡和黄山头镇的低海拔冲积台地地区，长江、松滋河、虎渡河等河流沿岸地带以及玉湖、淤泥湖、崇湖等湖泊周围地区。

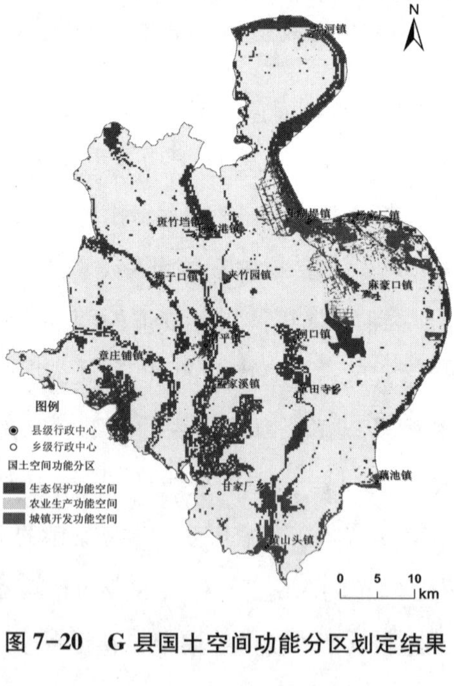

图 7-20 G 县国土空间功能分区划定结果

G 县农业生产功能空间面积为 172845.26 hm^2，主要集中在低海拔冲积平原和低海拔洪积湖积平原地区，占 G 县国土空间的 3/4。G 县城镇开发功能空间面积为 10777.74 hm^2，占G 县县域面积的 4.78%，小于水资源底线约束下的全县城镇开发功能的最大合理规模。受区位优势的影响，城镇开发功能空间主要集中在斗湖堤镇和杨家厂镇地区，便于城镇开发扩展的可持续性。

7.5.2　国土空间功能分区划定类型

在 G 县全域国土功能空间分区划定的基础上，进一步结合 G 县的地形地貌和产业特征，可将 G 县各乡镇功能空间分区类型划分为低海拔平原农业生产—生态保护区、低海拔平原农业生产区、低海拔平原城镇开发—生态保护区、低海拔台地农业生产区和低海拔台地农业生产—生态保护区五类(图 7-21)，并提出相应的发展导向。

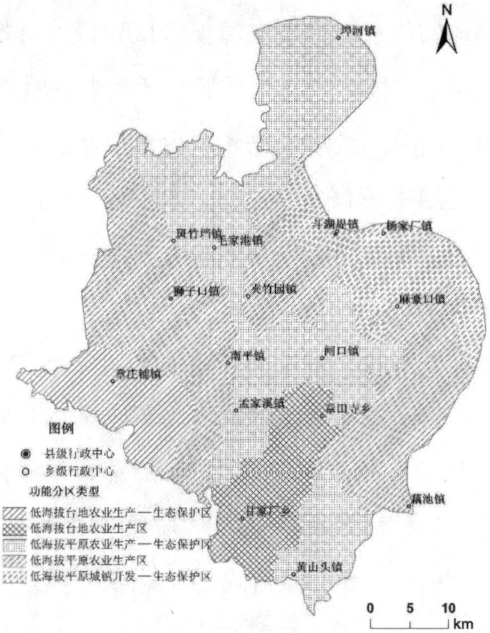

图 7-21　G 县各乡镇国土空间功能分区类型

（1）低海拔平原农业生产—生态保护区

G县低海拔平原农业生产—生态保护区主要有埠河镇、闸口镇、孟家溪镇、黄山头镇、毛家港镇。这些乡镇辖区内既包括农业生产区，又包括生态保护功能重要区，因此在发展农业生产的同时要做好生态保护工作，减少农业面源污染对周边水域的影响。埠河镇和毛家港镇北部的农业生产应重点发展葡萄特色水果产业，围绕葡萄全产业链，实现葡萄从品种培育到标准化种植、产后处理分级、深加工、采摘休闲等多业态发展，充分探索“葡萄+旅游”“葡萄+生态”等模式，将其打造成为周边城市的绿色果品特供区，建设葡萄采摘园、葡萄酒庄、休闲农场等项目，充分满足人们对绿色生态食品的需求，也推进葡萄产业与旅游、文化、康养产业的深度融合。毛家港镇的南部应发展农牧渔种养循环农业，发展畜牧、水产和林果蔬菜等特色种养产业，加强农牧结合、农渔结合，实现种养平衡。闸口镇应推进高标准农田建设，发展虾—稻连作，以崇湖渔场为中心实施精养鱼池标准化改造和黄颡鱼水产种质资源保护区建设，打造特色水产—绿色蔬菜共生基地，健全水产品良种繁育体系，着力打造优质水产品牌，实现生态农业和立体农业增效。孟家溪镇和黄山头镇辖区内生态景观优美，围绕乡村景观建设、湿地生态修复、生态环境保护打造渔林游生态农业区，推进绿满荆楚、绿满公安行动。

（2）低海拔平原农业生产区

G县低海拔平原农业生产区主要有夹竹园镇、斑竹垱镇、狮子口镇、南平镇、麻豪口镇、藕池镇。夹竹园镇的北部应重点开展“红宝石”“红玫瑰”等精品葡萄品种培育和栽培，大力发展葡萄采摘休闲农业等，实现葡萄产业发展一条龙。藕池镇以“高产优质粮食、生态水产、绿色蔬菜”为重点，大力推广稻—虾、鱼—菜等高效生态农业模式，提升优质农产品综合生产能力。麻豪口镇应推进高标准农田建设，发展虾—稻连作的种养结合模式，应用虾稻种养新品种、新技术及标准化生产管理模式，提升农田基础设施水平和生态调节功能，实现粮食绿色增产，推进虾稻产业与旅游业、文化产业、健康养生产业的深度融合。斑竹垱镇和狮子口镇应建设农牧渔种养循环农业区，以“健康畜牧、生态水产、特色林果、绿色蔬菜”为重点，大力发展肉牛、水产、特色菜、桃等特色种养产业，建设肉牛标准化规模养殖场、水产标准化规模养殖场、标准果园、标准菜园，推广“牛—沼—果”“鱼—肥—菜”等生态循环农业模式，加强农牧结合、农渔结合，实现种养平衡。

（3）低海拔平原城镇开发—生态保护区

G县低海拔平原城镇开发—生态保护区主要有斗湖堤镇和杨家厂镇。斗湖堤镇和杨家厂镇为县域主要的城镇集聚区，以城镇集聚、设施辐射和产业优化为主，兼具长江防洪的生态安全保护功能。对蓄滞洪区内的工业生产布局进行可行性研究，建设大中型项目应采取防洪措施，禁止高污染、对生态环境破坏较大、技术水平落后的工艺装备在蓄滞洪区内布局。斗湖堤镇应重点发展青吉工业园，做强轻纺食品和装备制造两大支柱产业，优化提升孱陵工业园，提升汽车零部件、塑料新材等产业，同时注重防洪安全对产业发展的影响，禁止建设有污染物质的工厂和仓储，逐步淘汰对生态破坏较大、工艺装备落后的工艺设备。杨家厂镇作为G县城镇开发的腹地，地理位置优越，应引导其与斗湖堤镇的空间拓展相互集聚，联动发展。同时，进一步加强与周边县（市）的经济联系，从而壮大自身产业，实现长江沿线城市的合作共赢。

（4）低海拔台地农业生产区

G县低海拔台地农业生产区主要有章田寺乡、甘家厂乡。二者是粮食主产区，应利用双孢蘑菇、螃蟹等特色农产品以及原生态的旅游资源，围绕乡村景观建设和湿地生态修复，打造农业功能拓展型示范园，发展渔林游生态农业。应依托区域田园、水域、村舍，融入创意农业，大力发展花卉苗木、生态渔业和林下经济。

（5）低海拔台地农业生产—生态保护区

G县低海拔台地农业生产—生态保护区主要有章庄铺镇。章庄铺镇内生态景观优美，应注重生态环境保护、湿地生态修复和丘陵特色景观打造，以一产带动三产旅游业发展、以休闲旅游促进一产提档升级。建设集农业生产、生态、休闲多功能于一体的田园综合体。建设生态田园种植区，发展生态有机农业，包括生态果园、采摘园、苗圃园等互动性项目。建设卷桥湿地景观中心，环水连片进行水生植物的配套种植，修建亲水设施，布置滨水景观。利用区域原生态环境，通过山村度假农庄、田园社区、养生运动中心等项目，塑造融居住、康养、度假休闲为一体的空间场所。

7.6 G县国土空间功能分区优化建议

7.6.1 城镇开发功能空间优化建议

（1）引导“荆江公”一体化集聚发展，实现城镇公建

以现有城镇建设为基础，促进G县现有城区与市中心城区、江陵城区一体化发展，在交通方面增强互联互通，基础设施共建共享，产业发展互补抱团，形成荆江城镇带上综合集聚发展区。积极引导斗湖堤镇和杨家厂镇的空间拓展相互集聚，联动发展，在行洪区内形成相对集中的城镇建设空间以利于城市防洪的组织。建立合理有序的城市规划区空间布局框架，吸引更多的人流、物流、资金流、信息流在县域中心集聚，做大做强县域中心。

（2）结合区位关系，强化交通网络，外联内畅

交通网络是城镇开发功能空间构成的必要条件，是发挥农业生产和生态保护功能的重要支撑，也是实现国土空间均衡利用的核心要素。G县交

通虽然四通八达，但仍存在一定问题：207 国道既是国道，又是二广高速公路的连接线，既承担过境交通，又承担城区出入高速公路交通，与城区交通混杂，对城区居民造成影响；老城区道路系统不完善，多丁字路、断头路；中心区与青吉工业园交通联系不畅，机动性较差。因此，应结合区位关系，整合县域中心内的铁路、公路等多种交通方式，优化配置交通资源，提升县域交通整体功能，构建不同层次、不同性质的交通网络，明晰对外交通通道和城区内疏港客、货运通道；实现布局合理、衔接顺畅、高效便捷的综合交通运输体系。

（3）城镇开发的空间拓展方向为“东拓、南进、西控、北优”

城镇开发空间东拓：利用区域重大基础设施的拉动作用拓展城市骨架，沿江向东与杨家厂连片发展，对接江陵。城镇开发空间南进：垂直长江向南发展青吉工业园，对接高速出口与铁路站场，辐射麻豪口镇区，最终形成“一城两镇”的县域中心，协调城乡互补、互促，推进区域城乡共同发展。城镇开发空间西控：控制城市向西发展，保障行洪断面、确保城市安全。城镇开发空间北优：优化沿长江的生活岸线，结合港口布置产业用地，呼应荆州地区沿江发展的整体态势。

（4）充分挖掘国土空间开发潜力，重构城乡居民点体系

充分挖掘国土空间开发潜力，减少工业用地占用耕地的比重，严格控制工业用地规模，提高工业用地利用效益。缩小农村居民点人均用地规模，推进居民点整理工作，可通过运用农村建设用地减少和城镇建设用地增加相挂钩政策，缓解全县建设用地的压力。逐步减少人均城镇用地面积，强调城镇土地的集约利用，提高城镇土地利用效益。结合 G 县县域集中型城镇化发展需求，壮大县域中心，创新发展县域副中心，培育重点镇，积极发展特色镇，加快建设农村新型社区，最终形成“县域中心—县域副中心—重点镇—特色镇—中心村—基层村”城乡居民点结构体系。

7.6.2 农业生产功能空间优化建议

（1）加快推进现代农业模式

G县是全国著名和湖北重要的农业大县，应该立足于其自然资源禀赋、遵循社会发展需求，统筹农业、工业、商贸物流和科技服务各产业，才能充分利用丰富的农业资源，把农业大县真正转变为农业强县。G县农业的发展模式是以农业项目为依托的产业化生产经营模式，建设特色农产品基地，大力扶持重点龙头企业。积极发展现代农业，积极发展以绿色果蔬、特色水产、优质禽畜为重点的现代种养业，包括以葡萄、柑橘、食用菌、反季节蔬菜等为主的绿色果蔬种植业，以淡水鱼类、小龙虾、莲藕、芡实等为主的特色水产业，以生猪、蛋鸭、蛋鸡等为主的优质畜禽养殖业等。推动特色种养业规模化、板块化发展，积极引进、推广新品种，强化科技支撑作用，大力发展农产品精细加工和生物育种业，积极发展农业观光休闲和农产品物流业，形成“农科服务平台+推广示范基地+加工销售中心”的一二三产联动体系。

（2）加强土地开发整理工作，确保耕地占补平衡

积极发展生态型农业和循环农业，通过生产技术和经营方式转变，积极减少面源污染。在保护和改善生态环境的前提下，适度开发宜农未利用土地资源；全面、有序开展土地整理；逐步复垦工矿废弃地；确保土地开发整理复垦补充耕地的数量和质量不低于建设占用和灾害损毁的耕地；提高土地利用率和产出率，促进土地资源集约、合理利用和经济社会的可持续发展。

（3）深入挖掘农业生产空间潜力

G县水资源丰富、土壤肥沃，是我国重要的粮食主产区，在保障国家粮食安全的前提下，切实维护耕地数量和质量，不断提升耕地集约化和规模化利用水平，加强G县粮食生产基础地位；此外，继续加大对农业生产的投资，提升农业现代化、机械化水平，推进农业科技和经营方式的创

新，以高效、高产和生态农业作为发展目标，探索多种形式农业经济合作组织，加快构建农业生产保障体系，提高农业生产空间利用的产出效益。建设以生态农业、旅游农业为主体的产业园区，可利用湿地生态资源与农业产业相融合，实现生态农业、休闲农业的发展。发展以农家院、休闲农庄为主体的休闲观光农业，提高人们的生活品质，也是推进新农村建设、改善乡村生产生活条件的重要途径。另外，应以设施农业、科技农业推进农业产业的转型，因地制宜地开展特色种植和养殖业，如有机蔬菜、绿色水果及茶叶等，促进高新技术在特色养殖领域的应用。利用循环农业生产理念，以生态养殖为引导，实现各类型农业生产空间的协调发展。

7.6.3　生态保护功能空间优化建议

（1）充分发挥G县平原水乡特色

依托县域中心丰富的水系资源，维系生态格局，顺应城市肌理（中心+组团），通过水系整理构筑生态水网肌理，连通各级水系布置生活用地，营造特色空间，彰显水乡特色；充分发挥自然水体的景观与排涝功能，发挥生态效应，塑造景观形象。

（2）尊重自然生态板块，构筑完整生态肌理

G县应保护自然环境，传承G县现有水、田、城协调发展的空间格局。主要以外围的山体、农田为背景，以绿地楔入营造富有特色的环境景观。在城市空间上将安全岛绿堤、铁路、高速公路防护带等区域基础设施绿化廊道及现状水系作为城市各功能组团的自然分隔，既独立又相互关联；以东清河、丹水河、杨麻水库为生态核心，连通城区内部水系作为生态网络骨架，结合亲水公共空间营造特色宜居的城市空间。

（3）构建合理的生态廊道

G县逐渐形成两横（江南高速、351国道防护林带）、三纵（长江、虎渡河、松滋河）、四区（生态保育区、生态缓冲区、生态农业区、适宜建设区）、六节点（卷桥水库水源地保护区、淤泥湖自然保护小区、黄山头

保护区、牛浪湖湿地、崇湖湿地、玉湖湿地）的生态安全格局。构建生态一级廊道：以主要水系长江公安段、虎渡河、松滋河和重要交通线江南高速以及351国道为主体骨架构建生态一级廊道，发挥保护生物多样性、过滤污染物、防止水土流失、防风固沙、调控洪水等功能。构建生态二级廊道：沿其他主要道路两侧绿化带以及境内主要支流浛水河、藕池河、官支河等构成的二级绿化生态体系，发挥一级廊道的辅助和支持作用。同时，保障G县外流河和内流河的河流水量水质，建设完善防护林带，形成控制城市无序蔓延、链接区域森林自然景观和城乡园林绿地系统的完备生态廊道系统。

第 8 章

结论与展望

8.1　研究结论

本书考虑可持续发展与国土空间变革的现实背景，在系统认知和研究综述的基础上形成理论支撑，并引入案例研究作为实证补充，论证了国土空间功能“双评价”及分区优化这一科学问题。全书分为环境背景、理论框架、对象界定、体系梳理、尺度衡量、方法搭建及案例介绍七个部分，开展了对国土空间功能“双评价”及分区优化的研究。

8.1.1　从理论层面形成“双评价”及分区优化认知支撑

以国土空间视角为切入点，梳理国土空间、国土空间“双评价”、国土空间功能、国土空间分区、国土空间优化等相关概念内涵和人地关系、可持续发展、国土空间规划、地域功能、地域分异等主要支撑理论，界定了土地资源、水资源、矿产资源、海洋资源等自然资源与自然气候、大气环境、水环境、土壤环境、地形地貌、交通区位、地质环境、自然灾害等环境要素，归纳总结土地利用规划体系、城乡规划体系、主体功能区划体系和生态环境功能区划体系等现行国土规划分类体系，衡量侧重于不同层面的国土空间“双评价”尺度并进行县级国土空间“双评价”探索。

8.1.2　从方法层面建立“双评价”及分区优化的概念模型和方法体系

结合相关学者研究，对我国不同时期、不同部门的国土空间分类标准进行解读，并划分出适宜的县域国土功能空间分类体系；结合“双评价”的概念和内涵，构建“双评价”概念模型，根据“双评价”《技术指南》的要求建立合适的县域国土空间功能评价指标和体系；分别建立生态保护、农业生产、城镇开发功能“双评价”模型以及具体的评价方法（如权重的确定、阈值的划分等）；构建功能分区优化逻辑框架，将研究层次贯穿研究内容的始终，最终进行国土空间功能分区的探索并提出相应的优化建议。

8.1.3 从实践层面探索县域“双评价”及分区优化方案

考虑县域作为城镇开发的基本单元，选择G县作为县域尺度国土空间研究案例，厘清了案例区国土空间的家底情况，包括国土空间资源特征、国土空间利用现状和国土空间存在的问题，划分生产空间、生活空间、生态空间、生产—生活空间和生产—生态空间5类县域国土功能空间分类体系。围绕生态保护、城镇开发、农业生产三大功能指向开展G县国土空间功能“双评价”。遵循生态优先、农业生产优于城镇开发、城镇开发建立在生态保护和生产发展基础上的划定规则，探索县域国土空间功能“双评价”及分区优化方案。

8.2 未来展望

近年来，国家相继出台了一系列资源环境承载力评价和国土空间开发适宜性评价规程，极大地推动了我国的国土空间开发利用可持续发展及相关理论和实践研究。然而，在现有的国土功能空间评价及实践中，只考虑资源环境承载力或开发适宜性等单一评价的情况仍普遍存在；常侧重于单一功能的评估，缺乏对国土空间功能的综合考量；只强调生态保护目标，或只强调社会经济发展，对实现国土空间开发利用保护与经济社会发展、生态文明建设的融合共生形成一定的阻力。

现行的主体功能区规划的评价单元以县级为单位，为城市开发区、粮食主产区或重点生态功能区的一种，需要进一步对县域内部进行功能指向性县域国土空间划分，区隔三生空间，划分城镇开发、农业生产、生态保护功能。同时，学术上关于国土空间功能评价和分区研究的尺度多集中在省级尺度并以区（县）为单元，基于小尺度的、“双评价”的国土空间功能分区与优化方面的研究成果目前还比较少。因此，需要打破发展定位趋同化的趋势，县域国土空间功能分区及优化亟须能操作的方法指引，推动国土空间规划在县域尺度上精准落地。因此，探索县域尺度下顾及底线约束的合理承载规模和空间引导下的功能空间“双评价”方法和指标体系，具有一定的示范性。

国土功能“双评价”是一个多学科交叉的复杂科学问题，未来研究一方面要加强和完善“自然系统承载力”“地域功能适宜性”等国土空间“双评价”的理论方法；另一方面要弥补政策研究的“短板”，科学认知体制机制在优化调控国土空间开发保护格局中的作用，将基础性的科学研究嵌入政府规划过程，最终实现科学研究与决策应用的有机结合。

参考文献

[1] Aubry C, Ramamonjisoa J, Dabat M H, et al. Urban agriculture and land use in cities: An approach with the multi-functionality and sustainability concepts in the case of Antananarivo (Madagascar) [J]. Land Use Policy, 2012, 29 (2): 429-439.

[2] Borrelli, Paola I. Territorial sustainability and multifunctional agriculture: A case study [J]. Agriculture & Agricultural Science Procedia, 2016 (8): 467-474.

[3] Coenen L, Benneworth P, Truffer B. Toward a spatial perspective on sustainability transitions [J]. Research Policy, 2012 (41).

[4] Creutzig F. Govern land as a global commons [J]. Nature, 2017, 546 (7656): 28.

[5] Davis K F, Rulli M C, Seveso A, et al. Increased food production and reduced water use through optimized crop distribution [J]. Nature Geoscience, 2017.

[6] Dillon P J, Rigler F H. A test of a simple nutrient budget model predicting the phosphorus concentration in lake water [J]. Journal De L'office Des Recherches Sur Les Pêcheries Du Canada, 1974, 31 (11): 1771-1778.

[7] Faludi A. A turning point in the development of European spatial planning? The "Territorial Agenda of the European Union" and the "First Action Programme" [J]. Progress in Planning, 2009, 71 (1): 1-42.

[8] Firbank L, Bradbury R B, McCracken D I, et al. Delivering multiple ecosystem services from Enclosed Farmland in the UK [J]. Agriculture, Ecosystems and Environment, 2013 (166): 65-75.

[9] Fleskens L, Duarte F, Eicher I. A conceptual framework for the assessment of multiple functions of agro-ecosystems: A case study of Trás-os-Montes olive groves [J]. Journal of Rural Studies, 2009, 25 (1): 141-155.

[10] Gao L, Bryan B A. Finding pathways to national-scale land-sector sustainability [J]. Nature, 2017 (544).

[11] Johnson, Kenneth, P, et al. 2004 Redefinition of the BEA Economic Areas [J]. Survey of Current Business, 2004.

[12] Kopeva A, Khrapko O, Ivanova O. Landscape planning of preschool yards [J]. IOP Conference Series Materials Science and Engineering, 2018, 463 (2): 022017.

[13] Lovell S T, Desantis S, Nathan C A, et al. Integrating agroecology and landscape multifunctionality in Vermont: An evolving framework to evaluate the design of agroecosystems [J]. Agricultural Systems, 2010, 103 (5): 327-341.

[14] Paracchini M L, Pacini C, Jones M, et al. An aggregation framework to link indicators associated with multifunctional land use to the stakeholder evaluation of policy options [J]. Ecological Indicators: Integrating, Monitoring, Assessment and Management, 2011.

[15] Pretty J, Benton T G, Bharucha Z P, et al. Global assessment of agricultural system redesign for sustainable intensification [J]. Nature Sustainability, 2018, 1 (8): 441-446.

[16] Priemus, Hugo. From a layers approach towards a network approach: A Dutch contribution to spatial planning methodology [J]. Planning Practice &

Research, 2004, 19 (3): 267-283.

[17] Schößer B, Helming K, Wiggering H. Assessing land use change impacts—a comparison of the SENSOR land use function approach with other frameworks [J]. Journal of Land Use Science, 2010, 5 (2): 159-178.

[18] Seto K C, Güneralp B, Hutyra L R. Global forecasts of urban expansion to 2030 and direct impacts on biodiversity and carbon pools [J]. Proceedings of the National Academy of Sciences of the United States of America, 2012, 109 (40): 16083-16088.

[19] Tipraqsa P, Craswell E T, Noble A D, et al. Resource integration for multiple benefits: Multifunctionality of integrated farming systems in Northeast Thailand [J]. Agricultural Systems, 2007, 94 (3): 694-703.

[20] Valujeva K, Sullivan L O, Gutzler C, et al. The challenge of managing soil functions at multiple scales: An optimisation study of the synergistic and antagonistic trade-offs between soil functions in Ireland [J]. Land Use Policy, 2016 (58): 335-347.

[21] Ward B, Dubos R J. Only one Earth: The care and maintenance of a small planet [J]. Norton, 1972.

[22] Wenning M. Regional development and spatial planning in an enlarged european union [J]. The Professional Geographer, 2008, 60 (3): 426-428.

[23] Willemen L, Verburg P H, Hein L G, et al. Spatial characteristics of landscape functions [J]. IALE Publication Series, 2007.

[24] Zhou D, Xu J C, Lin Z. Conflict or coordination? Assessing land use multi-functionalization using production-living-ecology analysis [J]. Science of the Total Environment, 2016 (577): 136.

[25] 敖登高娃，李跃进，兀良哈·巴雅尔. 脆弱草原带农牧交错区

村域尺度土地利用结构定量分析［J］. 农业工程学报，2017，33（6）：222-231.

［26］白杨，欧阳志云，郑华，等．海河流域森林生态系统服务功能评估［J］. 生态学报，2011，31（7）：2029-2039.

［27］蔡玉梅，吕宾，潘书坤，等．近10年主要发达国家空间规划进展及趋势［Z］. 2008全国土地资源可持续利用与新农村建设学术研讨会，中国重庆，2008.

［28］蔡玉梅，宋海荣，廖荣．韩国首都圈发展规划的演变与启示［J］. 华北国土资源，2014（5）：27-28.

［29］曹宇，王嘉怡，李国煜．国土空间生态修复：概念思辨与理论认知［J］. 中国土地科学，2019，33（7）：1-10.

［30］陈婧，史培军．土地利用功能分类探讨［J］. 北京师范大学学报（自然科学版），2005（5）：536-540.

［31］陈利，毛亚婕．荷兰空间规划及对我国国土空间规划的启示［J］. 经济师，2012（6）：18-20.

［32］陈美球，林雯璐．市级国土空间规划的内容尺度及几个重要关系［J］. 中国土地，2021（1）：16-18.

［33］陈睿山，蔡运龙，严祥，等．土地系统功能及其可持续性评价［J］. 中国土地科学，2011，25（1）：8-15.

［34］陈雯，孙伟，段学军，等．苏州地域开发适宜性分区［J］. 地理学报，2006（8）：839-846.

［35］陈小良，樊杰，孙威，等．地域功能识别的研究现状与思考［J］. 地理与地理信息科学，2013，29（2）：72-79.

［36］崔家兴，罗静，孔雪松，等．武汉城市圈三生空间格局演化特征分析［Z］. 2018中国土地资源科学创新与发展暨倪绍祥先生学术思想研讨会，中国江苏南京，2018.

［37］邓伟，张继飞，时振钦，等．山区国土空间解析及其优化概念模型与理论框架［J］．山地学报，2017，35（2）：121-128.

［38］丁冬冬．陆海统筹区域资源环境承载力研究［D］．南京：南京大学，2019.

［39］杜国明，孙晓兵，王介勇．东北地区土地利用多功能性演化的时空格局［J］．地理科学进展，2016，35（2）：232-244.

［40］樊杰．我国主体功能区划的科学基础［J］．地理学报，2007（4）：339-350.

［41］樊杰．中国主体功能区划方案［J］．地理学报，2015，70（2）：186-201.

［42］方创琳，贾克敬，李广东，等．市县土地生态—生产—生活承载力测度指标体系及核算模型解析［J］．生态学报，2017，37（15）：5198-5209.

［43］方创琳．中国城市发展格局优化的科学基础与框架体系［J］．经济地理，2013，33（12）：1-9.

［44］方创琳．中国人地关系研究的新进展与展望［J］．地理学报，2004（S1）：21-32.

［45］傅小锋，曹卫东，曹有挥，等．半城市化地区土地利用变化及其环境效应——以成都新津县为例［J］．中国人口·资源与环境，2005（3）：80-83.

［46］高庆彦，潘玉君，朱海燕，等．基于多尺度空间单元的省域可持续发展功能区划——以云南省 129 个县区为例［J］．经济地理，2015，35（7）：14-20.

［47］顾朝林．中国城市经济区划分的初步研究［J］．地理学报，1991（2）：129-141.

［48］郭艳，康鸳鸯，刘晓丽．基于遗传模拟退火算法的国土多功能

利用综合分区研究——以河南省为例［J］. 资源与产业，2015，17（5）：41-45.

［49］郭艳，张成才，康鸳鸯．河南省经济发展的国土空间评价分区研究［J］. 地理研究，2015，34（12）：2320-2328.

［50］韩青，孙中原，孙成苗，等．基于自然资源本底的国土空间规划现状一张图构建及应用——以青岛市为例［J］. 自然资源学报，2019，34（10）：2150-2162.

［51］韩青，于立，陈有川．规划转型背景下的国土空间开发适宜性评价研究［J］. 西部人居环境学刊，2019，34（5）：34-39.

［52］郝庆，彭建，魏冶，等．“国土空间”内涵辨析与国土空间规划编制建议［J］. 自然资源学报，2021，36（9）：2219-2247.

［53］何云玲，刘雪莲，杨焰，等．县域资源环境承载力评价研究［J］. 生态经济，2017，33（1）：124-128.

［54］胡安俊，肖龙．日本国土综合开发规划的历程、特征与启示［J］. 城市与环境研究，2017（4）：47-60.

［55］胡序威．国土规划与区域规划［J］. 经济地理，1982（1）：3-8.

［56］胡长慧．国土空间集聚的格局及演变过程研究［D］. 杭州：浙江大学，2019.

［57］扈万泰，王力国，舒沐晖．城乡规划编制中的“三生空间”划定思考［J］. 城市规划，2016，40（5）：21-26.

［58］黄宏源，蔡玉梅，王国力，等．省级国土空间综合功能区划研究——以湖南省为例［J］. 国土与自然资源研究，2014（3）：36-39.

［59］黄金川，林浩曦，漆潇潇．面向国土空间优化的三生空间研究进展［J］. 地理科学进展，2017，36（3）：378-391.

［60］黄媛玉．镇域国土空间类型划分研究［D］. 南宁：广西师范学

院，2017.

［61］纪学朋，黄贤金，陈逸，等．基于陆海统筹视角的国土空间开发建设适宜性评价——以辽宁省为例［J］．自然资源学报，2019，34（3）：451-463.

［62］贾克敬，何鸿飞，张辉，等．基于“双评价”的国土空间格局优化［J］．中国土地科学，2020，34（5）：43-51.

［63］蒋国翔，王金辉，罗彦．国土空间“双评价”再认识及优化路径探讨［J］．规划师，2020，36（5）：10-14.

［64］金贵，邓祥征，张倩，等．武汉城市圈国土空间综合功能分区［J］．地理研究，2017，36（3）：541-552.

［65］金贵，王占岐，姚小薇，等．国土空间分区的概念与方法探讨［J］．中国土地科学，2013，27（5）：48-53.

［66］金贵．国土空间综合功能分区研究［D］．武汉：中国地质大学，2014.

［67］孔江伟，曾坚，高梦溪．生态文明视角下国土空间分类体系探讨［J］．规划师，2019，35（23）：60-68.

［68］匡文慧．新时代国土空间格局变化和美丽愿景规划实施的若干问题探讨［J］．资源科学，2019，41（1）：23-32.

［69］兰艳，俞锦辰，刘怡琳，等．基于氮磷负荷的淡水池塘河蟹养殖容量估算［J］．上海海洋大学学报，2021（3）：1-13.

［70］雷国雄，吴传清．韩国的国土规划模式探析［J］．经济前沿，2004（9）：37-40.

［71］李广东，方创琳．城市生态—生产—生活空间功能定量识别与分析［J］．地理学报，2016，71（1）：49-65.

［72］李广东，方创琳．中国县域国土空间集约利用计量测度与影响机理［J］．地理学报，2014，69（12）：1739-1752.

［73］李平星，陈雯，孙伟．经济发达地区乡村地域多功能空间分异及影响因素——以江苏省为例［J］．地理学报，2014，69（6）：797-807.

［74］李涛．优化审计绩效考核指标体系探讨——以靖边县审计局为例［J］．新西部（理论版），2015（24）：62-71.

［75］李彦波，邓方荣，罗道．“双评价”结果在长沙市国土空间规划中的应用探索［J］．规划师，2020，36（7）：33-39.

［76］李艳梅，孙焱鑫，刘玉，等．京津冀地区蔬菜生产的时空分异及分区研究［J］．经济地理，2015，35（1）：89-95.

［77］李永浮，蔡宇超，唐依依，等．我国县域国土空间“双评价”理论与浙江嘉善县实证研究［J］．规划师，2020，36（6）：13-19.

［78］梁宇哲，谢晓瑜，郭泰圣，等．基于资源环境承载力的国土空间管制分区研究［J］．农业资源与环境学报，2019，36（4）：412-418.

［79］林坚，柳巧云，李婧怡．探索建立面向新型城镇化的国土空间分类体系［J］．城市发展研究，2016，23（4）：51-60.

［80］林坚，刘松雪，刘诗毅．区域—要素统筹：构建国土空间开发保护制度的关键［J］．中国土地科学，2018，32（6）：1-7.

［81］林坚，武婷，张叶笑，等．统一国土空间用途管制制度的思考［J］．自然资源学报，2019，34（10）：2200-2208.

［82］林伊琳，赵俊三，张萌，等．滇中城市群国土空间格局识别与时空演化特征分析［J］．农业机械学报，2019，50（8）：176-191.

［83］刘超．淄博市生态宜居城市建设策略研究［D］．天津：天津大学，2017.

［84］刘传明，李伯华，曾菊新．主体功能区划若干问题探讨［J］．华中师范大学学报（自然科学版），2007（4）：627-631.

［85］刘芳，闫慧敏，刘纪远，等．21 世纪初中国土地利用强度的空间分布格局［J］．地理学报，2016，71（7）：1130-1143.

［86］刘慧，高晓路，刘盛和．世界主要国家国土空间开发模式及启示［J］．世界地理研究，2008（2）：38-46.

［87］刘继来，刘彦随，李裕瑞．中国“三生空间”分类评价与时空格局分析［J］．地理学报，2017，72（7）：1290-1304.

［88］刘金花，李向，郑新奇．多尺度视角下资源环境承载力评价及其空间特征分析——以济南市为例［J］．地域研究与开发，2019，38（4）：115-121.

［89］刘梅，原居林，倪蒙，等．基于环境容纳量的区域性养殖容量评估［J］．水生态学杂志，2019，40（2）：27-34.

［90］刘沛，段建南，王伟，等．土地利用系统功能分类与评价体系研究［J］．湖南农业大学学报（自然科学版），2010，36（1）：113-118.

［91］刘效龙．“空间治理”与“生态文明”双线逻辑下的空间规划改革［J］．国土与自然资源研究，2019（2）：60-63.

［92］刘彦随，王介勇．转型发展期“多规合一”理论认知与技术方法［J］．地理科学进展，2016，35（5）：529-536.

［93］刘燕．论“三生空间”的逻辑结构、制衡机制和发展原则［J］．湖北社会科学，2016（3）：5-9.

［94］刘玉，刘彦随，郭丽英．乡村地域多功能的内涵及其政策启示［J］．人文地理，2011，26（6）：103-106.

［95］刘愿理，廖和平，李靖，等．生态脆弱区土地利用多功能空间格局特征及影响因素分析［J］．中国土地科学，2020，34（2）：75-83.

［96］鲁春霞，李亦秋，闵庆文，等．首都生态圈生态功能分区与评价［J］．资源科学，2015，37（8）：1520-1528.

［97］陆大道，郭来喜．地理学的研究核心——人地关系地域系统——论吴传钧院士的地理学思想与学术贡献［J］．地理学报，1998（2）：3-11.

[98] 罗鼎，月卿，邵晓梅，等．土地利用空间优化配置研究进展与展望［J］．地理科学进展，2009，28（5）：791-797.

[99] 罗刚．重庆市土地利用多功能性时空分异特征及影响因素分析［D］．重庆：西南大学，2019.

[100] 罗雅丽，李同昇，张常新，等．乡镇地域多功能性评价与主导功能定位——以金湖县为例［J］．人文地理，2016，31（3）：94-101.

[101] 马海涛．科学认知“国土空间”［J］．科学，2015，67（5）：42-44.

[102] 马利邦，牛叔文，石培基，等．天水市国土空间功能区划与未来空间发展格局——基于主体功能区划框架［J］．经济地理，2015，35（6）：68-77.

[103] 马世发，黄宏源，蔡玉梅，等．基于三生功能优化的国土空间综合分区理论框架［J］．中国国土资源经济，2014，27（11）：31-34.

[104] 蒙莉娜，郑新奇，赵璐，等．基于生态位适宜度模型的土地利用功能分区［J］．农业工程学报，2011，27（3）：282-287.

[105] 孟宝，邓伟，彭立．基于地理学的空间认识及中国国土空间功能优化方向分析［J］．生态经济，2019，35（9）：170-176.

[106] 孟霖，郭杰，孙驰，等．基于供求关系的城镇建设用地适宜性评价——以扬州市为例［J］．资源科学，2018，40（1）：11-21.

[107] 苗婷婷，单菁菁．21世纪以来欧洲国家国土空间规划比较及启示——以英德法荷为例［J］．北京工业大学学报（社会科学版），2019，19（6）：63-70.

[108] 莫维燊．基于土地资源承载力评价的国土空间优化研究［D］．南宁：南宁师范大学，2019.

[109] 念沛豪，蔡玉梅，马世发，等．国土空间综合分区研究综述［J］．中国土地科学，2014a，28（1）：20-25.

[110] 念沛豪，蔡玉梅，谢秀珍，等．基于生态位理论的湖南省国土空间综合功能分区［J］．资源科学，2014b，36（9）：1958-1968.

[111] 念沛豪，蔡玉梅，张文新，等．面向综合区划的国土空间地理实体分类与功能识别［J］．经济地理，2014c，34（12）：7-14.

[112] 潘方杰，王宏志，李仁东，等．江汉平原不同土壤类型下土地利用空间结构及变化特征分析［J］．湖北大学学报（自然科学版），2018，40（2）：162-171.

[113] 潘海霞．日本国土规划的发展及借鉴意义［J］．国外城市规划，2006（3）：10-14.

[114] 潘竟虎，石培基，孙鹏举．统筹甘肃省土地利用分区研究［J］．中国土地科学，2009，23（9）：9-14.

[115] 潘竟虎．基于遥感的黄土丘陵沟壑区人口密度分布模拟——以甘肃省榆中县为例［J］．世界科技研究与发展，2009，31（6）：1117-1120.

[116] 彭慧，郑琰琳．农村建设用地调查与城乡国土空间优化：进展与研究设想［J］．国土资源情报，2019（9）：52-56.

[117] 彭佳捷，周国华，唐承丽，等．基于生态安全的快速城市化地区空间冲突测度——以长株潭城市群为例［J］．自然资源学报，2012，27（9）：1507-1519.

[118] 彭金金．基于空间化粒子群算法的土地利用优化配置研究［D］．武汉：武汉大学，2017.

[119] 秦艳丽，时鹏，何文虹，等．西安市城市化对景观格局及生态系统服务价值的影响［J］．生态学报，2020（22）：1-12.

[120] 任彩凤，程艳妹，郑欣，等．基于均方差决策法的淮北市生态承载力评价［J］．生态科学，2019，38（5）：168-177.

[121] 沈悦，严金明，陈昊．基于“三生”空间优化的城乡交错区土地整治功能单元划定［J］．农业工程学报，2018，34（11）：243-252.

［122］时振钦，邓伟，张少尧．近25年横断山区国土空间格局与时空变化研究［J］．地理研究，2018，37（3）：607-621.

［123］孙久文，年猛．中国国土开发空间格局的演变研究［J］．东岳论丛，2011，32（11）：30-36.

［124］谭纵波，高浩歌．日本国土利用规划概观［J］．国际城市规划，2018，33（6）：1-12.

［125］唐常春，孙威．长江流域国土空间开发适宜性综合评价［J］．地理学报，2012，67（12）：1587-1598.

［126］陶岸君，王兴平．面向协同规划的县域空间功能分区实践研究——以安徽省郎溪县为例［J］．城市规划，2016a，40（11）：101-112.

［127］陶岸君，王兴平．市县空间规划"多规合一"中的国土空间功能分区实践研究——以江苏省如东县为例［J］．现代城市研究，2016b（9）：17-25.

［128］汪洋，王力力，祁鹏卫，等．重庆市主体功能区识别的主导因素与空间稳定性约束机理［J］．地理学报，2019，74（1）：44-62.

［129］王传胜，赵海英，孙贵艳，等．主体功能优化开发县域的功能区划探索——以浙江省上虞市为例［J］．地理研究，2010，29（3）：481-490.

［130］王枫，董玉祥．广州市土地利用多功能的空间差异及影响因素分析［J］．资源科学，2015，37（11）：2179-2192.

［131］王宏志，潘方杰，周勇，等．异质景观条件下江汉平原土壤的空间分异［J］．生态学报，2016，36（18）：5682-5690.

［132］王华，刘耀林，姬盈利．基于多目标微粒群优化算法的土地利用分区模型［J］．农业工程学报，2012，28（12）：237-244.

［133］王琳，朱天明，杨桂山，等．基于GIS空间分析的县域建设功能空间分区研究——以江苏省昆山市为例［J］．长江流域资源与环境，

2010，19（7）：725-731.

［134］王明涛．多指标综合评价中权数确定的离差、均方差决策方法［J］．中国软科学，1999（8）：100-101.

［135］王强，伍世代，李永实，等．福建省域主体功能区划分实践［J］．地理学报，2009，64（6）：725-735.

［136］王秀兰，王霄．基于 MOLA 方法的重点生态功能区“城镇、农业、生态”空间分区研究——以神农架林区为例［J］．国土资源科技管理，2018，35（4）：1-14.

［137］王亚飞，樊杰，周侃．基于“双评价”集成的国土空间地域功能优化分区［J］．地理研究，2019，38（10）：2415-2429.

［138］王元．国土空间标准地域单元识别与划分机制研究［D］．武汉：湖北大学，2018.

［139］魏海，秦博，彭建，等．基于 GRNN 模型与邻域计算的低丘缓坡综合开发适宜性评价——以乌蒙山集中连片特殊困难片区为例［J］．地理研究，2014，33（5）：831-841.

［140］魏旭红，开欣，王颖，等．基于“双评价”的市县级国土空间“三区三线”技术方法探讨［J］．城市规划，2019，43（7）：10-20.

［141］吴传钧．论地理学的研究核心——人地关系地域系统［J］．经济地理，1991（3）：1-6.

［142］吴殿廷，刘睿文，吴铮争，等．日本新国土规划考察和辽宁省新一轮国土规划的初步设计［J］．地理研究，2009，28（3）：761-770.

［143］吴文恒，徐泽伟，杨新军．功能分区视角下的西安市发展空间分异［J］．地理研究，2012，31（12）：2173-2184.

［144］吴艳娟，杨艳昭，杨玲，等．基于“三生空间”的城市国土空间开发建设适宜性评价——以宁波市为例［J］．资源科学，2016，38（11）：2072-2081.

［145］夏艳阳，雷书彦，张智，等．基于氮平衡的 G 县畜禽养殖分析［J］．河南农业科学，2019，48（12）：63-72.

［146］肖金成，刘保奎．国土空间开发格局形成机制研究［J］．区域经济评论，2013（1）：53-57.

［147］肖雪，吕志祥，冼翠玲．平原水网地区“一河一策”探索与思考——以湖北省 G 县为例［J］．中国水利，2019（6）：22-24.

［148］谢高地，曹淑艳，冷允法，等．中国可持续发展功能分区［J］．资源科学，2012，34（9）：1600-1609.

［149］徐晶，朱志兵，余亦奇．空间规划用地分类体系初探［J］．中国土地，2018（7）：22-24.

［150］徐磊，董捷，李璐，等．基于功能分区视角的长江中游城市群国土空间特征及优化［J］．经济地理，2017，37（6）：76-83.

［151］徐磊．基于“三生”功能的长江中游城市群国土空间格局优化研究［D］．武汉：华中农业大学，2017.

［152］徐勇，赵燊，段健．国土空间规划的土地利用分类方案研究［J］．地理研究，2019，38（10）：2388-2401.

［153］宣晓伟．中国空间规划体系的构建和完善——以中央与地方关系为视角［J］．区域经济评论，2019（2）：15-31.

［154］闫婧，张必辉，高超，等．湖北省土壤可蚀性研究［J］．中国水土保持，2018（9）：44-46.

［155］严圣华，黄跃飞，熊娟，等．基于“双评价”的市县土地资源评价——以大冶市为例［J］．国土与自然资源研究，2020（1）：43-47.

［156］杨发相，付强，穆桂金，等．中国绿洲区划探讨［J］．干旱区研究，2007（5）：569-573.

［157］杨清可，段学军，王磊．基于水环境约束分区的产业优化调整——以江苏省太湖流域为例［J］．地理科学，2016，36（10）：

1539-1545.

［158］杨剩富，胡守庚，叶菁，等．中部地区新型城镇化发展协调度时空变化及形成机制［J］．经济地理，2014，34（11）：23-29.

［159］杨晓红，张双双，汪鑫．基于地理国情数据的土地利用景观格局分析［J］．地理空间信息，2019，17（10）：32-36.

［160］叶菁，谢巧巧，谭宁焱．基于生态承载力的国土空间开发布局方法研究［J］．农业工程学报，2017，33（11）：262-271.

［161］易斌，沈丹婷，盛鸣，等．市县国土空间总体规划中全域全要素分类探讨［J］．规划师，2019，35（24）：48-53.

［162］于莉，宋安安，郑宇，等．“三生用地”分类及其空间格局分析——以昌黎县为例［J］．中国农业资源与区划，2017，38（2）：89-96.

［163］袁国华，郑娟尔，周伟．国土空间功能分区与土地承载力评价［J］．资源与产业，2016，18（6）：40-44.

［164］袁满，刘耀林．基于多智能体遗传算法的土地利用优化配置［J］．农业工程学报，2014，30（1）：191-199.

［165］张红旗，许尔琪，朱会义．中国“三生用地”分类及其空间格局［J］．资源科学，2015，37（7）：1332-1338.

［166］张洁瑕，陈佑启，姚艳敏．现代土地利用区划新设想［J］．地理与地理信息科学，2008（4）：75-79.

［167］张京祥，夏天慈．治理现代化目标下国家空间规划体系的变迁与重构［J］．自然资源学报，2019，34（10）：2040-2050.

［168］张骏杰，高延利，蔡玉梅，等．基于“多规合一”的市级国土空间优化方法——以烟台市为例［J］．地理科学进展，2018，37（8）：1045-1054.

［169］张骏杰．基于“多规合一”的地级市国土空间优化方法研究［D］．北京：中国地质大学，2018.

［170］张路路．湖南省国土空间共生分区研究［D］．北京：中国地质大学，2017.

［171］张茂省，刘江，董英，等．国土空间优化中的关键地质要素分析与“双评价”方法［J］．地学前缘，2020，27（4）：311-321.

［172］张年国，王娜，殷健．国土空间规划“三条控制线”划定的沈阳实践与优化探索［J］．自然资源学报，2019，34（10）：2175-2185.

［173］张若菡．G县域生态化发展路径与策略研究［D］．武汉：华中师范大学，2014.

［174］张甜，彭建，刘焱序，等．基于植被动态的黄土高原生态地理分区［J］．地理研究，2015，34（9）：1643-1661.

［175］张晓平，朱道林，许祖学．西藏土地利用多功能性评价［J］．农业工程学报，2014，30（6）：185-194.

［176］赵海霞，崔建鑫，董雅文，等．基于生态—经济协调发展的乡镇空间功能分区［J］．长江流域资源与环境，2016，25（3）：375-386.

［177］郑度，欧阳，周成虎．对自然地理区划方法的认识与思考［J］．地理学报，2008（6）：563-573.

［178］郑度．人地关系与环境伦理［J］．云南师范大学学报（哲学社会科学版），2005（3）：1-6.

［179］钟文，钟昌标．西南边疆山区耕地可持续利用评价指标体系探讨及评价［J］．中国农业资源与区划，2018，39（12）：48-53.

［180］周成虎，程维明，钱金凯，等．中国陆地1∶100万数字地貌分类体系研究［J］．地球信息科学学报，2009，11（6）：707-724.

［181］周道静，徐勇，王亚飞，等．国土空间格局优化中的“双评价”方法与作用［J］．中国科学院院刊，2020，35（7）：814-824.

［182］周德，徐建春，王莉．环杭州湾城市群土地利用的空间冲突与复杂性［J］．地理研究，2015，34（9）：1630-1642.

［183］朱道才，陆林，晋秀龙，等．基于引力模型的安徽城市空间格局研究［J］．地理科学，2011，31（5）：551-556.

［184］朱媛媛，余斌，曾菊新，等．国家限制开发区“生产—生活—生态”空间的优化——以湖北省五峰县为例［J］．经济地理，2015，35（4）：26-32.

后　记

指缝很宽，时间很瘦。转眼间已参加工作一年有余了，每每在夜深人静时会想起求学时光的纯粹与美好。本书的主要内容是我攻读博士期间及参加工作以来的研究成果，从选题敲定、研究框架构建、研究方案制定和实施、数据采集与文本资料汇总、数据处理与结果分析、书稿撰写和完善等，无不见证了求学路上的一路成长，意义非凡。

本书考虑现实背景，在系统认知和研究综述的基础上形成理论支撑，并引入案例研究作为实证补充，分环境背景、理论框架、对象界定、体系梳理、尺度衡量、方法搭建、案例介绍七个部分对国土空间功能“双评价”及分区优化进行研究和探索，希望能对今后相关领域的研究起到抛砖引玉的作用。同时，书中所运用到的数据和资料尽可能地列出，以便读者直接查用，在一定程度上达到资源共享的目的。

在本书数据收集处理和写作中，我得到了许多帮助，在此一并表示感谢。感谢我的博士生导师敖荣军教授给予我的指导和帮助，在特殊情况下给予我的理解和鼓励。感谢我学术生涯的启蒙老师王宏志教授对本研究给予悉心指导并提出建设性修改意见，每当我研究遇到困惑时总能从王老师那里得到暖心的建议和抚慰。感谢我的同门兄弟姐妹在研究汇报讨论中所给予的宝贵意见，在此衷心地祝愿他们前程似锦。此外，还要衷心地感谢其他关心和给予我帮助的专家和学者。

心之所向，素履以往。我会不忘初心，乘风破浪，去迎接未来新的机遇与挑战，做最好的自己。

王璐瑶

2022 年 5 月于九朝古都洛阳

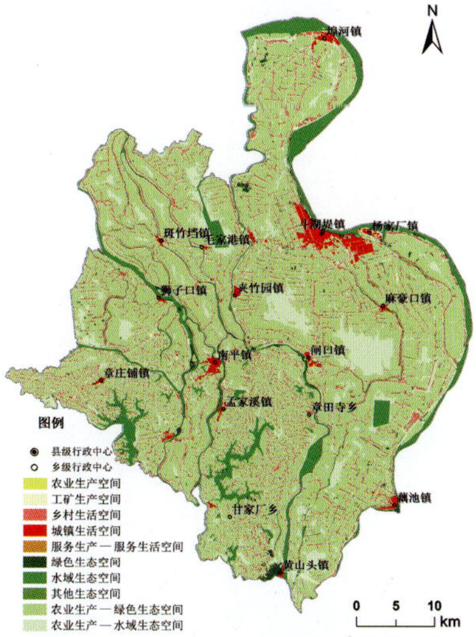

图 7-8　2018 年国土功能空间分布

（c）河湖岸线缓冲区

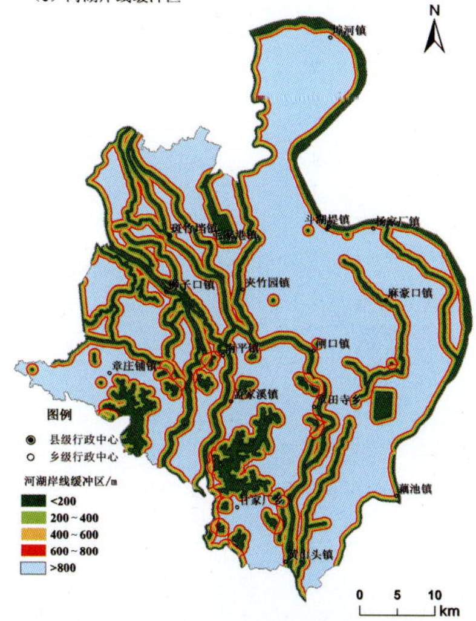

图 7-11　G 县生态保护功能“双评价”因子空间分布

（d）河网密度

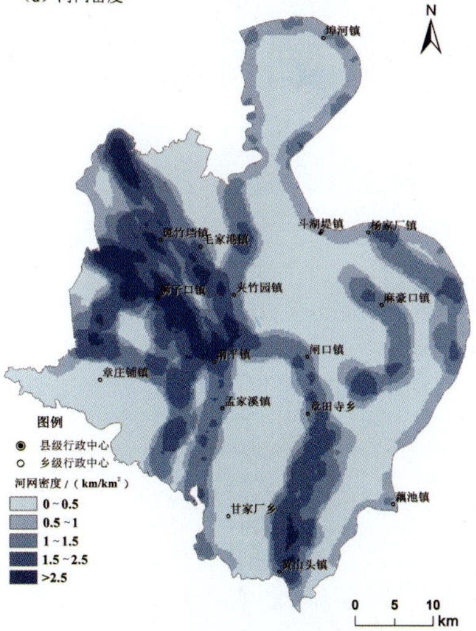

（e）土地利用功能空间分类

图 7-11　G 县生态保护功能“双评价”因子空间分布（续）

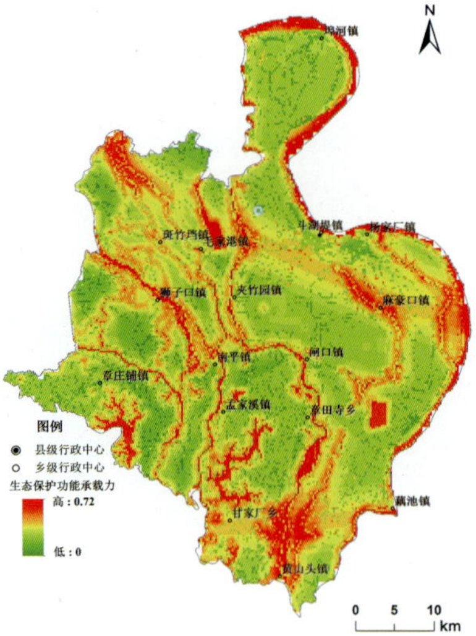

图 7-12　G 县生态保护功能承载力空间分布

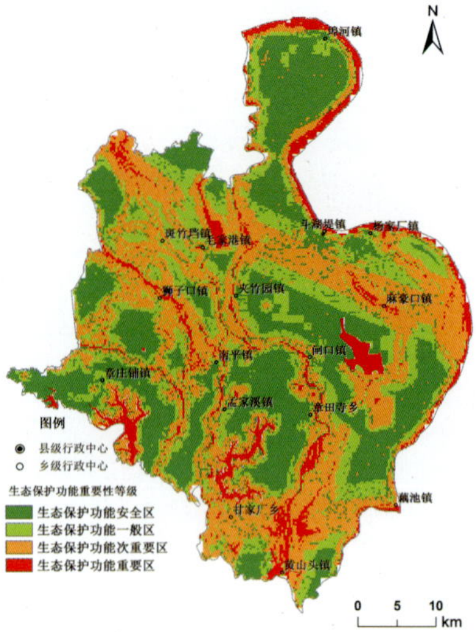

图 7-13　G 县生态保护功能“双评价”空间分布

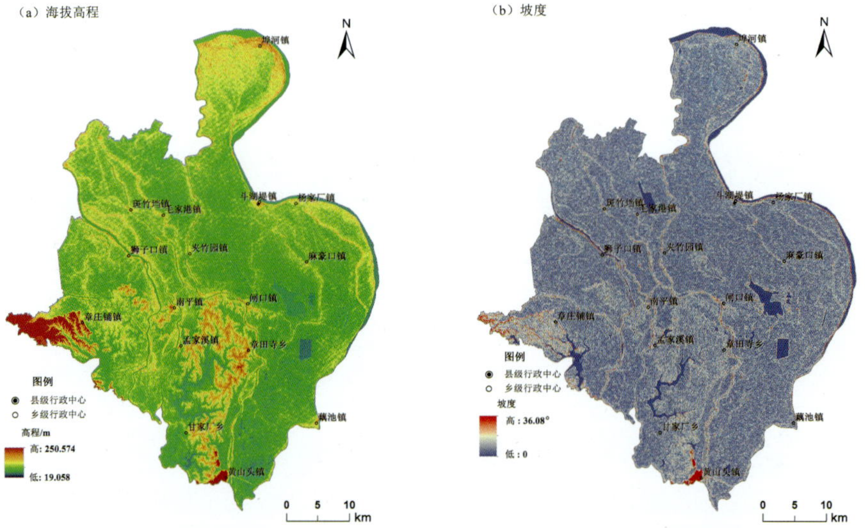

图 7-14　G 县城镇开发功能“双评价”因子空间分布

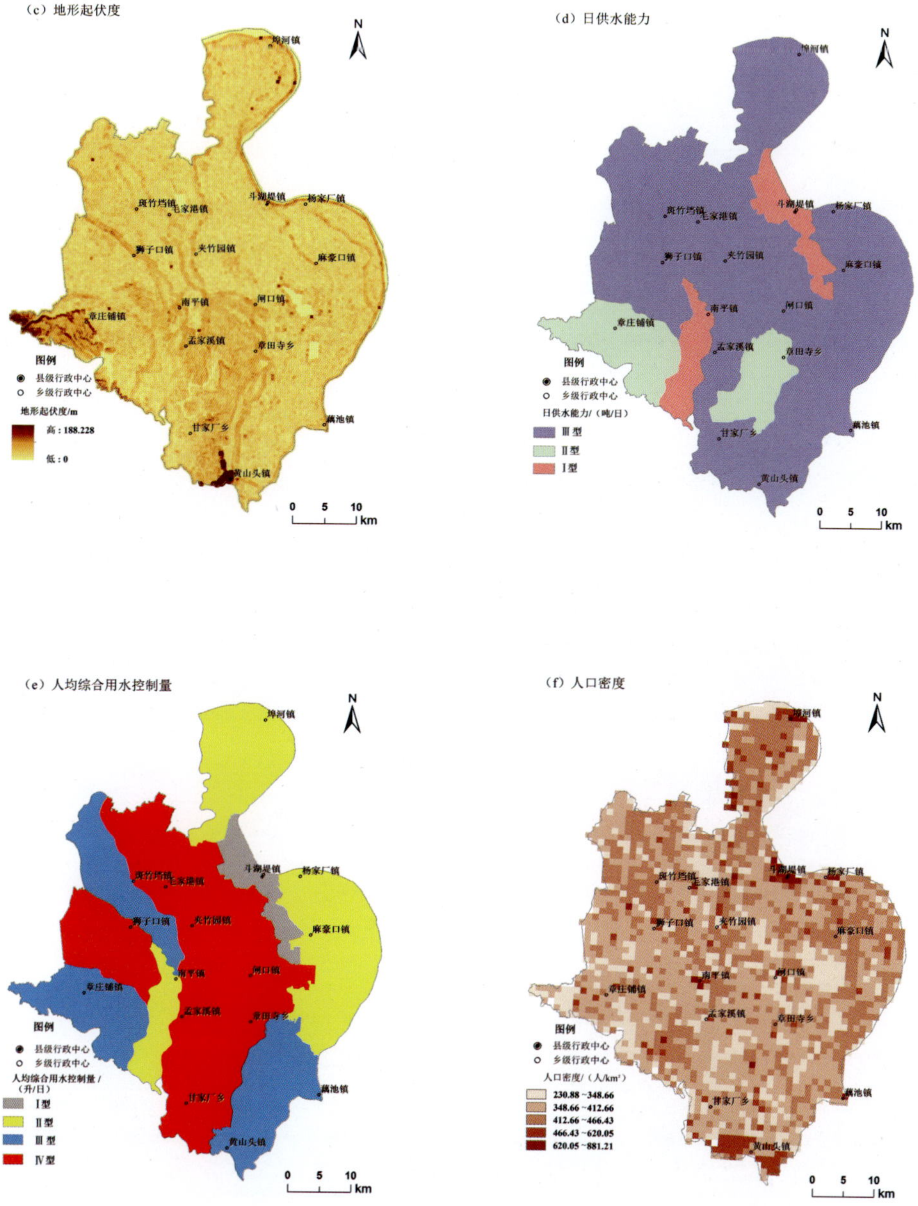

图 7-14 G 县城镇开发功能“双评价”因子空间分布（续）

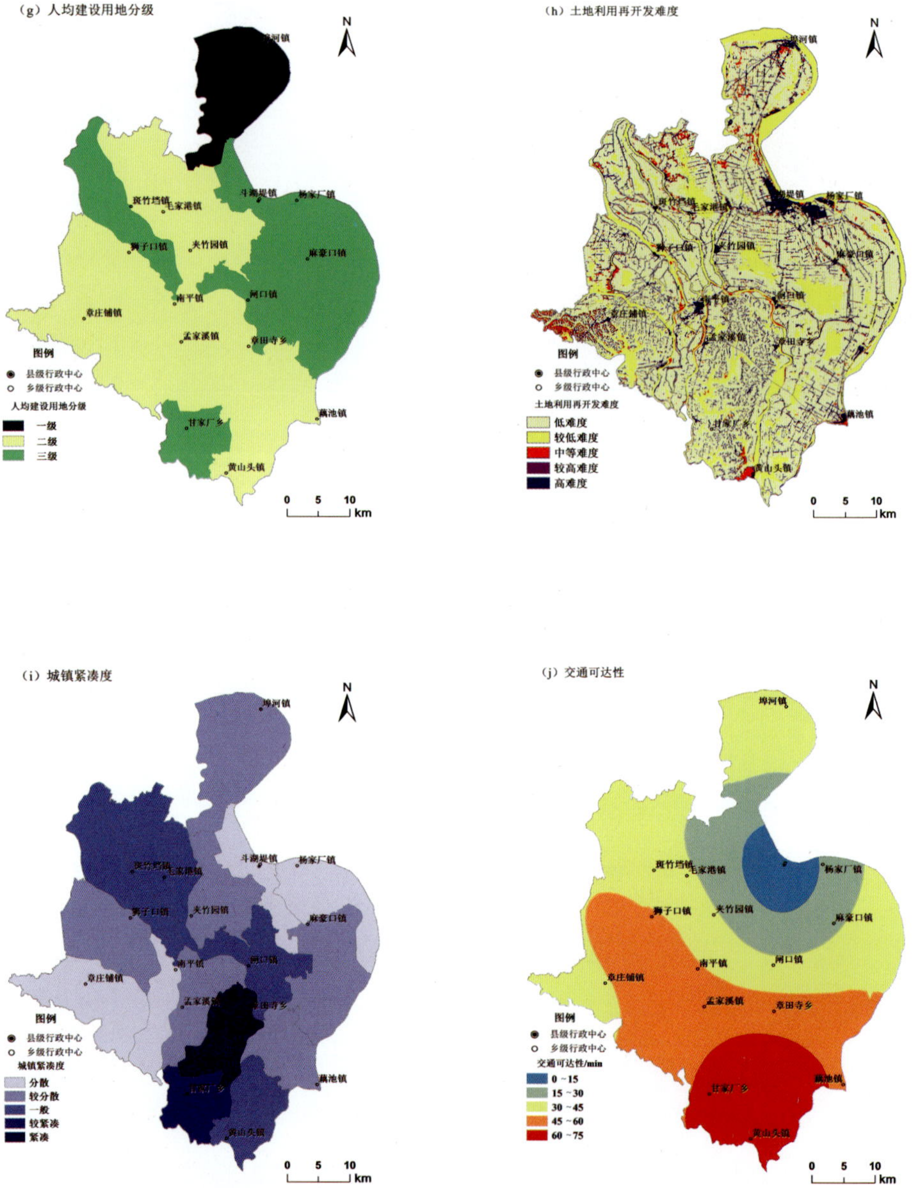

图 7-14　G 县城镇开发功能“双评价”因子空间分布（续）

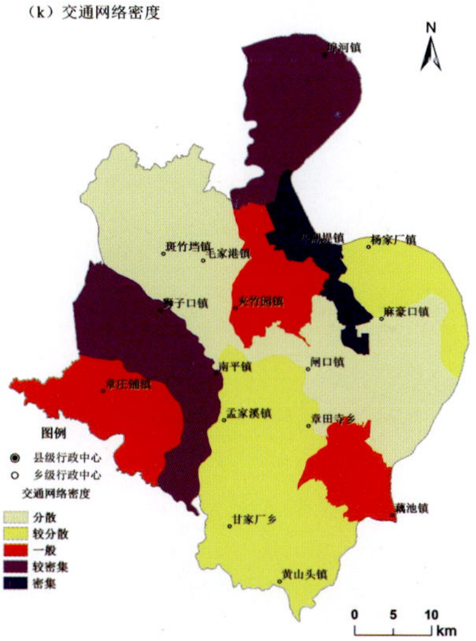

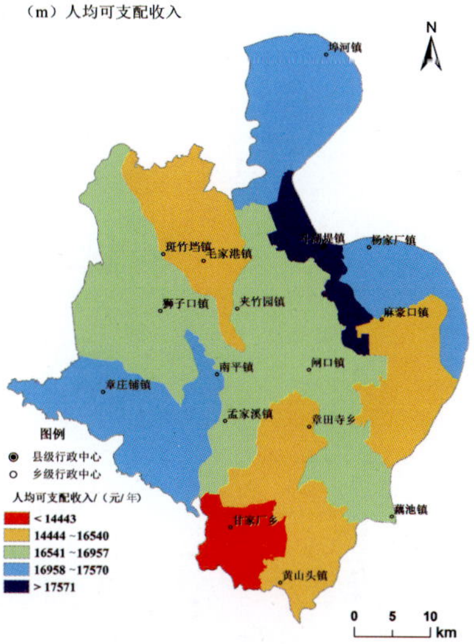

图 7-14　G 县城镇开发功能“双评价”因子空间分布（续）

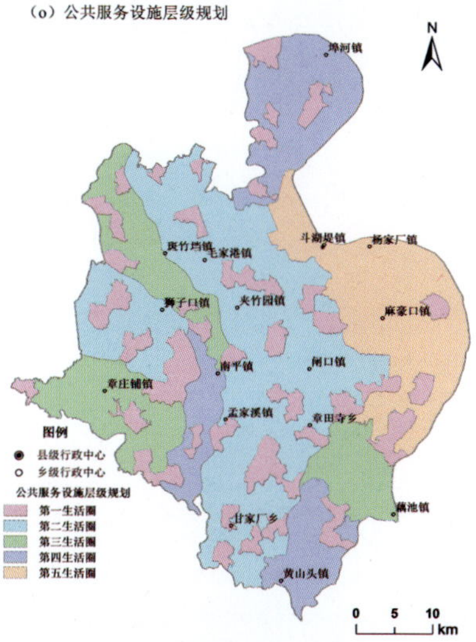

图 7-14　G 县城镇开发功能“双评价”因子空间分布（续）

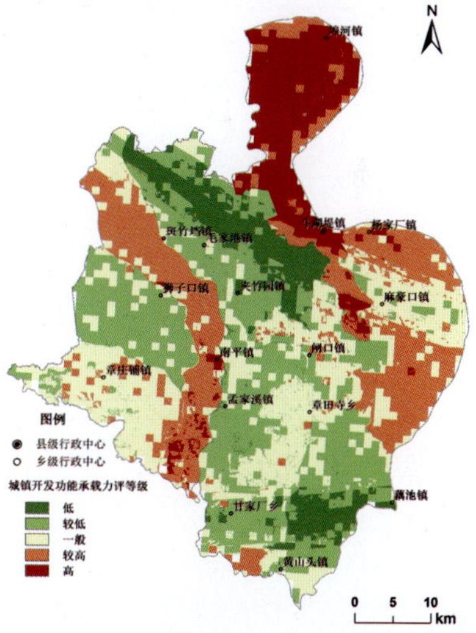

图 7-15　G 县城镇开发功能承载力等级分布

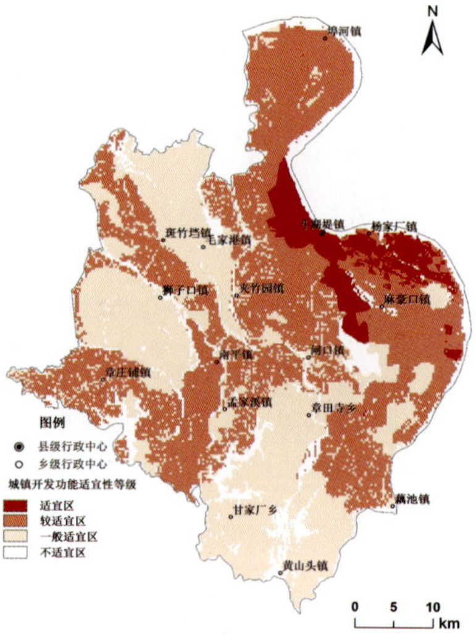

图 7-16 G 县城镇开发功能适宜性等级分布

（c）土壤可蚀性等级

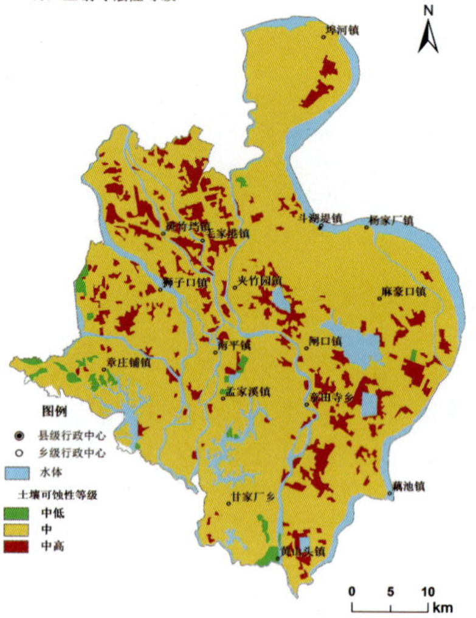

图 7-17 G 县农业生产功能“双评价”因子空间分布

（d）单位面积化肥施用量等级

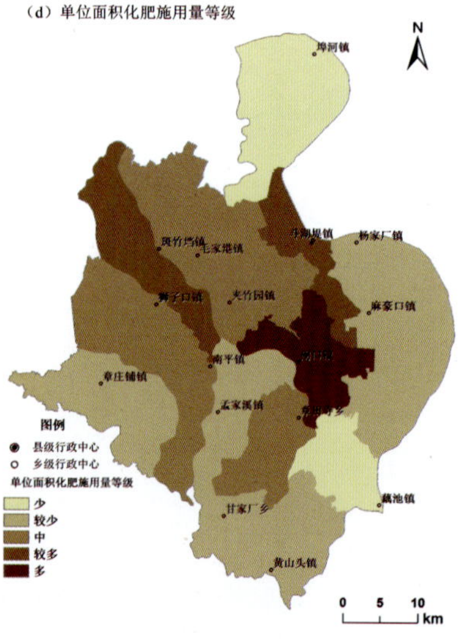

（e）单位面积农药使用量等级

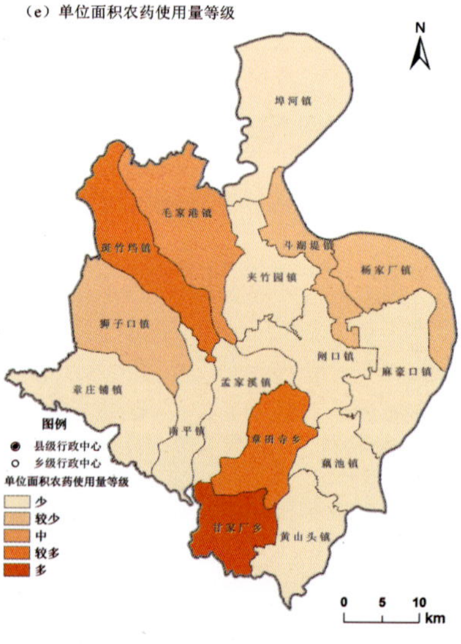

图 7-17 G 县农业生产功能“双评价”因子空间分布（续）

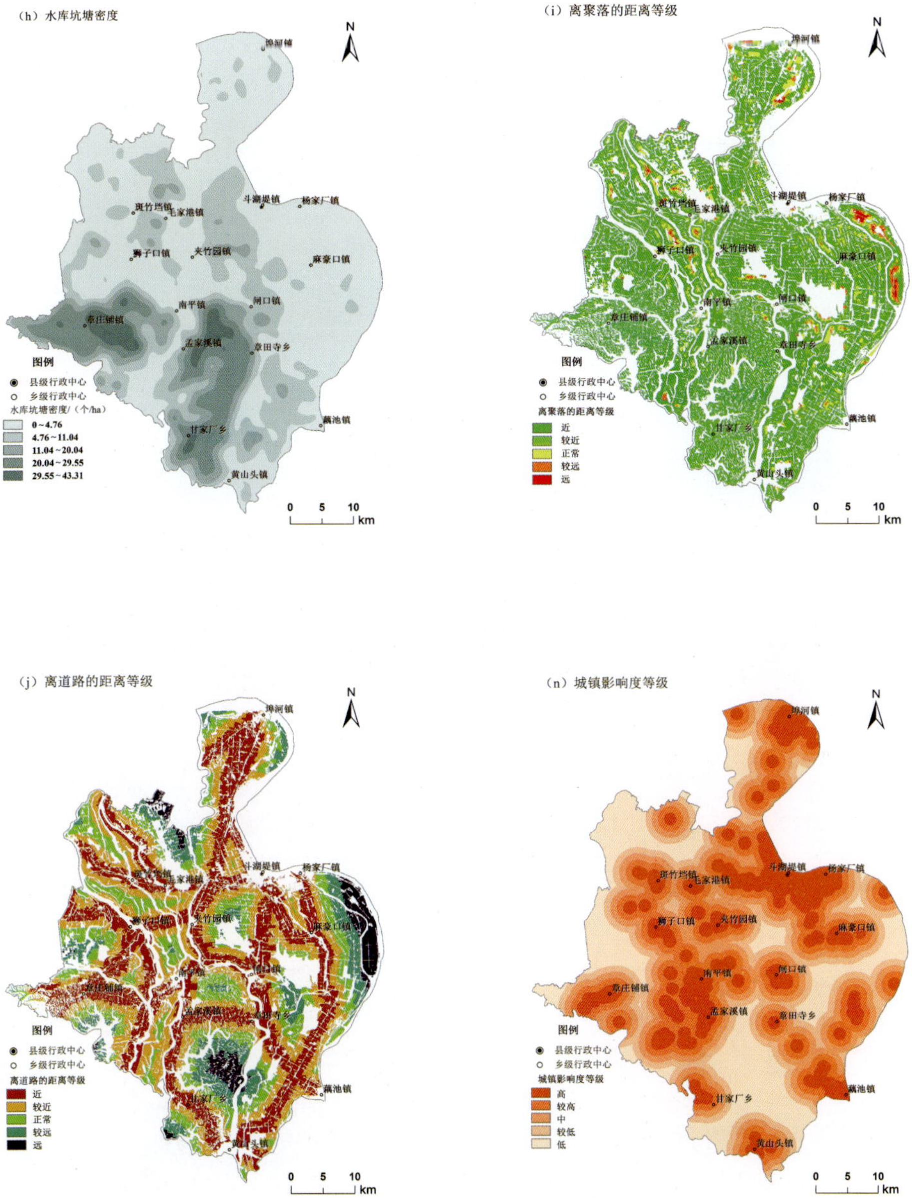

图 7-17　G 县农业生产功能“双评价”因子空间分布（续）

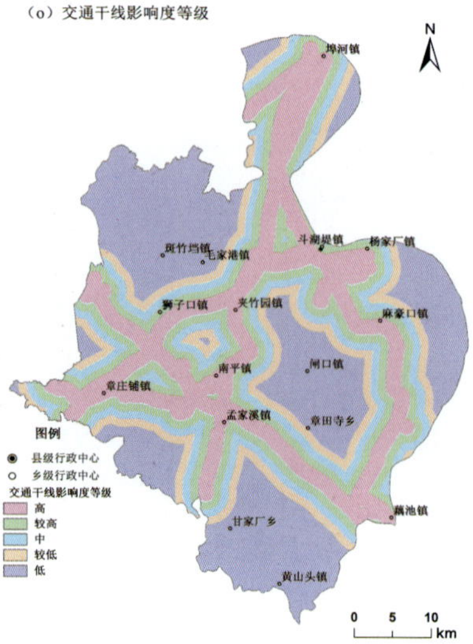

图 7-17 G 县农业生产功能“双评价”因子空间分布（续）

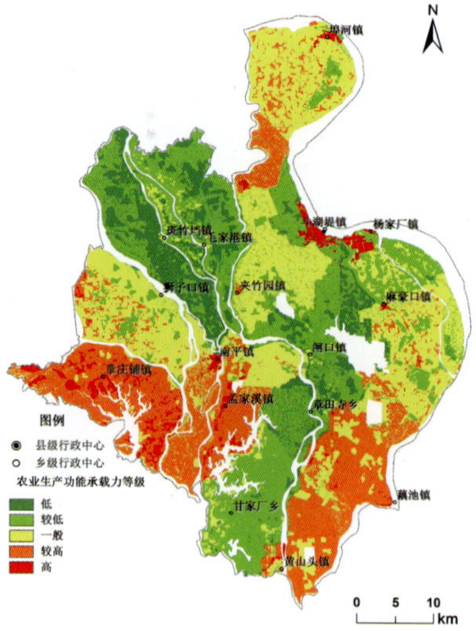

图 7-18 G 县农业生产功能承载力等级分布

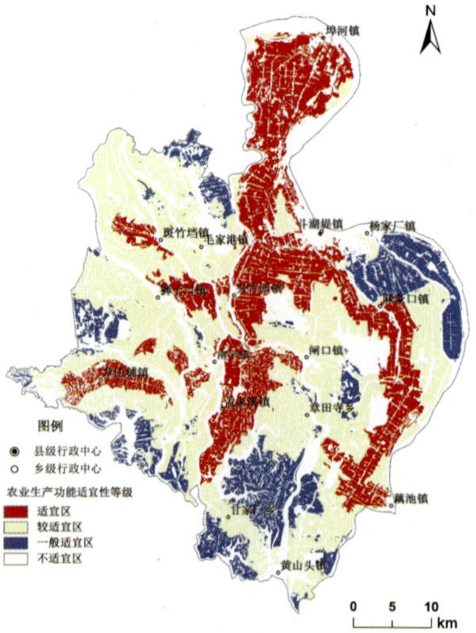

图 7-19 G 县农业生产功能适宜性等级分布

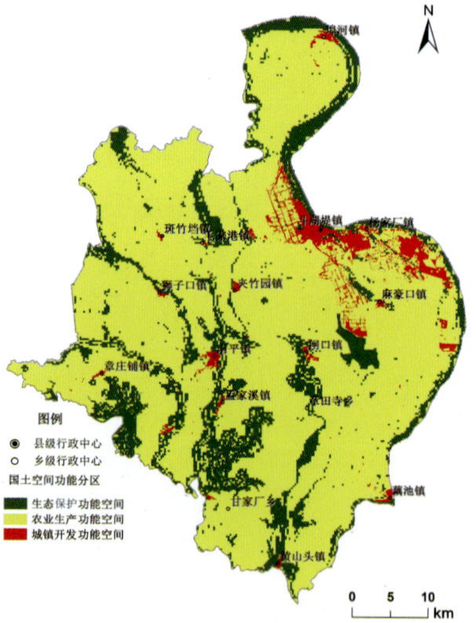

图 7-20 G 县国土空间功能分区划定结果